Corporate Social Responsibility – Mythen und Maßnahmen

Lizenz zum Wissen.

Sichern Sie sich umfassendes Wirtschaftswissen mit Sofortzugriff auf tausende Fachbücher und Fachzeitschriften aus den Bereichen: Management, Finance & Controlling, Business IT, Marketing, Public Relations, Vertrieb und Banking.

Exklusiv für Leser von Springer-Fachbüchern: Testen Sie Springer für Professionals 30 Tage unverbindlich. Nutzen Sie dazu im Bestellverlauf Ihren persönlichen Aktionscode C0005407 auf *www.springerprofessional.de/buchkunden/*

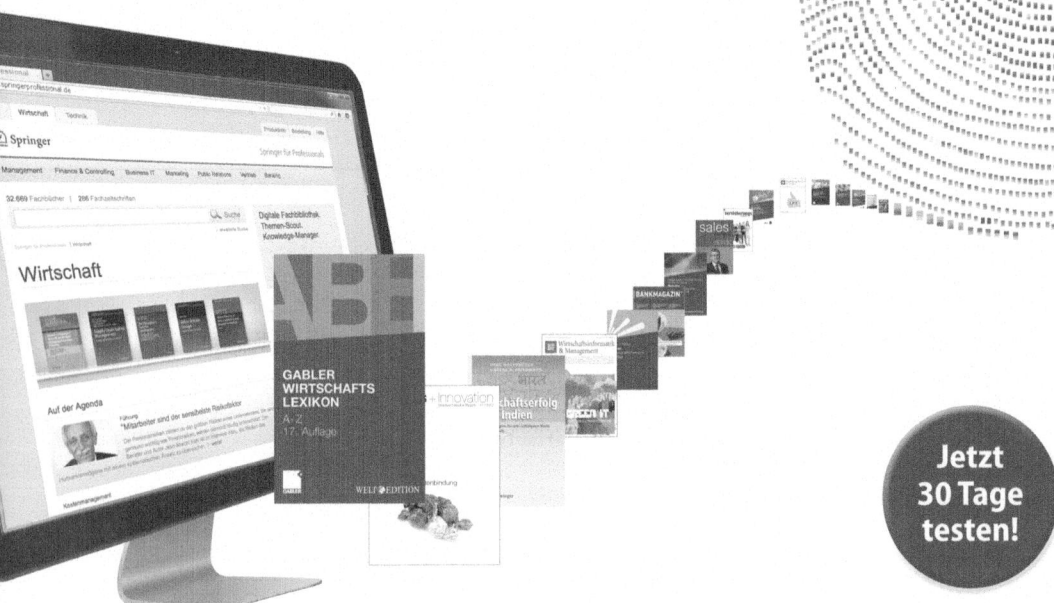

Jetzt 30 Tage testen!

Springer für Professionals.
Digitale Fachbibliothek. Themen-Scout. Knowledge-Manager.

- 🔍 Zugriff auf tausende von Fachbüchern und Fachzeitschriften
- ⏲ Selektion, Komprimierung und Verknüpfung relevanter Themen durch Fachredaktionen
- ✎ Tools zur persönlichen Wissensorganisation und Vernetzung

www.entschieden-intelligenter.de

Springer für Professionals

Gisela Burckhardt
(Hrsg.)

Corporate Social Responsibility – Mythen und Maßnahmen

Unternehmen verantwortungsvoll führen, Regulierungslücken schließen

2. Auflage

 Springer Gabler

Herausgeber
Gisela Burckhardt
Bonn
Deutschland

ISBN 978-3-658-02841-1   ISBN 978-3-658-02842-8 (eBook)
DOI 10.1007/978-3-658-02842-8

Die Deutsche Nationalbibliothek verzeichnet diese Publikation in der Deutschen Nationalbibliografie; detaillierte bibliografische Daten sind im Internet über http://dnb.d-nb.de abrufbar.

Springer Gabler
© Springer Fachmedien Wiesbaden 2011, 2013

Gedruckt auf säurefreiem und chlorfrei gebleichtem Papier

Springer Gabler ist eine Marke von Springer DE. Springer DE ist Teil der Fachverlagsgruppe Springer Science+Business Media
www.springer-gabler.de

Vorwort zur Neuausgabe

Seit dem Erscheinen der ersten Auflage dieses Buches im November 2011 haben sich in Asien weitere schlimme Katastrophen in Textilfabriken ereignet. In Pakistan brannte im September 2012 die Fabrik Ali Enterprises mit rund 300 Toten ab. In Bangladesch hatte im November 2012 der Brand in der Fabrik Tazreen 112 Tote zur Folge, und durch den Einsturz im April 2013 des Rana Plaza Hochhauses, in dem fünf Textilfabriken untergebracht waren, sind 1127 Menschen ums Leben gekommen. 1650 Personen, die meisten davon Frauen, wurden zum Teil schwer verletzt, viele verloren Beine oder Arme. In allen Fabriken kauften europäische Unternehmen ein, darunter auch viele deutsche.

Wie viele Menschen müssen noch sterben und verstümmelt werden, bis endlich Unternehmen verantwortlich handeln?

Auch in anderen Branchen wie in der Mobiltelefonindustrie gibt es gewaltige soziale Probleme sowie Umweltprobleme. Beim Rohstoffabbau werden Kinder als Arbeiter in Minen eingesetzt, Ackerland und Flüsse werden verseucht und Bürgerkriege wie zum Beispiel im Kongo werden angeheizt.

Einerseits wird immer mehr über unternehmerische Sozialverantwortung oder „Corporate Social Responsibility" (CSR) gesprochen, andererseits nimmt die Verlogenheit zu: Viele CSR-Maßnahmen sind reines Marketing und dienen nur dazu, den Umsatz zu steigern. So wirbt H&M mit einer „Conscious Collection", die laut CEO Karl-Johan Persson „mit Rücksicht auf Mensch und Umwelt" produziert wird. In Kambodscha aber werden Näherinnen, die für H&M-Zulieferer nähen, aufgrund von Mangelernährung ohnmächtig – unconscious – weil ihre Löhne zu niedrig sind.

CSR-Maßnahmen dienen allzu häufig nur der Schönfärberei. Mit dem Hinweis auf die Mitgliedschaft in Initiativen wie der Business Social Compliance Initiative (BSCI) glauben viele Unternehmen – branchenübergreifend von der Lebensmittel- bis zu Bekleidungsindustrie –, in Sachen Sozialverantwortung genug getan zu haben.

Das ist ein Trugschluss, denn die Arbeitsbedingungen bei den Zulieferern europäischer Unternehmen in den Ländern Südasiens haben sich bisher nicht verbessert. Näherinnen in den Bekleidungsfabriken Bangladeschs, Indiens oder Kambodschas schuften oft zehn, zwölf Stunden am Tag, manchmal sogar Nächte hindurch und erhalten nur einen Hungerlohn. Überstunden, Diskriminierung, Beschimpfungen und sexuelle Übergriffe gehören

zu ihrem Arbeitsalltag. Versuchen sie, sich in der Fabrik zu organisieren, werden sie bedroht oder gefeuert, aktive Gewerkschafter und Gewerkschafterinnen riskieren ihr Leben.

Damit sich etwas ändert, darf es nicht bei freiwilligen CSR-Maßnahmen von Unternehmen bleiben. Denn viele freiwillige Maßnahmen dienen geradezu dazu, verbindliche
gesetzliche Regulierungen zu verhindern. Sie sollen den Regierungen suggerieren, dass die
Unternehmen freiwillig schon sehr viel tun, es also gesetzlicher Maßnahmen nicht bedarf.
Diese aber sind dringend nötig, wie es 2011 auch die UN-Leitprinzipien für Wirtschaft und
Menschenrechte und die EU-Kommission in ihrer CSR-Strategie empfehlen. Unterneh-
menshaftung (Corporate Accountability), rechtlich verbindliche Verpflichtungen, müssen
eingeführt werden. Denn einerseits lassen Unternehmen in den Ländern produzieren, wo
sie Kostenvorteile aufgrund niedriger Sozial- und Umweltstandards haben. Außerdem
schützen bi- und multilaterale Investitionsabkommen die Unternehmen und erschweren
es den Ländern im Süden, die Rechte ihrer eigenen Bevölkerung gegenüber großen Unternehmen durchzusetzen. Andererseits können die gleichen Unternehmen nicht aufgrund
von Arbeits- und Menschenrechtsverstößen ihrer Lieferanten in Deutschland zur Rechenschaft gezogen werden. Opfer von Menschenrechtsverstößen haben keinen Anspruch auf
Wiedergutmachung und Entschädigung. Diese Regulierungslücken zeigt der vorliegende
Band auf, der mit über 35 Beiträgen von verschiedenen AutorInnen 2013 aktueller denn je
ist. Denn: Leider hat sich in den letzten beiden Jahren wenig bis gar nichts getan. Deutschland hat noch immer keinen Plan zur Umsetzung der UN-Leitpinzipien entwickelt, wie
von der EU-Kommission gefordert. Nur im Bereich Transparenz gibt es inzwischen einen
Vorschlag der EU-Kommission zur Offenlegung von nicht-finanziellen Informationen. Es
wurden daher vor allem die Artikel im Kap. 6 überarbeitet, bei zahlreichen anderen Arti-
keln hatten die AutorInnen ebenfalls den Wunsch, Verbesserungen und Aktualisierungen
vorzunehmen.

Eine Kombination von freiwilligen CSR-Maßnahmen von Unternehmen und gesetzlichen Vorschriften, die zu einer stärkeren Regulierung bis hin zu einer Unternehmens-
haftung führen, ist nötig. Dieses Buch formuliert zum Schluss Forderungen an die Bundesregierung und die Politik zu den wichtigsten Bereichen, in denen es einer Regulierung
bedarf.

Gisela Burckhardt

Vorwort von Thomas Jorberg

Es gibt eine breite gesellschaftliche Akzeptanz, dass das Ziel der Unternehmen und der Wirtschaft ist, Gewinne zu machen. Nachhaltigkeit ist dabei oft nur ein Synonym für Langfristigkeit und CSR bedeutet, dass man neben den ökonomischen nachgeordnet auch auf soziale und ökologische Kriterien achtet. Dabei eröffnet sich ein sogenanntes „Spannungsfeld zwischen Ökologie und Ökonomie". Das ist nachvollziehbar solange Gewinnmaximierung das oberste Ziel der wirtschaftlichen Tätigkeit bleibt und soziale sowie ökologische Kriterien nur Rahmenbedingungen sind, die es zu beachten gilt, damit die Kollateralschäden der ausschließlichen Orientierung auf der Gewinnmaximierung möglichst gering gehalten werden.

Die drei gängigen Dimensionen der Nachhaltigkeit „sozial, ökologisch, ökonomisch" oder „people, planet, profit" sind auch nicht gleichwertig, sozial und ökologisch schon gar keine Rahmen oder Nebenbedingungen von ökonomisch. In der GLS Bank haben wir die drei Dimensionen der Nachhaltigkeit wie folgt formuliert und priorisiert:

1. Wirtschaft ist für die Menschen und deren Bedürfnisdeckung da (sozial/people).
2. Dies muss im Einklang sowie unter Bewahrung und Weiterentwicklung der Natur, der Schöpfung und des Klimas geschehen (ökologisch/planet).
3. Monetärer Gewinn ist eine Folge effizienten ökonomischen Handelns (ökonomisch/ profit).

Im Prinzip ist der Sinn und Zweck von Wirtschaft ganz einfach die Befriedigung der unterschiedlichsten Bedürfnisse der Menschen durch die Produktion von Gütern und Dienstleistungen für Kunden. Der Gewinn ist dabei der Gradmesser, der aufzeigt, ob dieses Ziel effizient verfolgt wurde. Ökonomie ist die Methode, ein Ziel mit den geringstmöglichen Mitteln zu erreichen oder mit gegebenen Mitteln möglichst viel vom Ziel zu erreichen. Nachhaltigkeit heißt dementsprechend, den Menschen zu dienen mit dem geringstmöglichen Ressourcenverbrauch.

Im Rahmen eines solchen Verständnisses von Nachhaltigkeit wird deutlich, dass die Ökonomie eine dienende Funktion hat und somit nicht im Widerspruch zu sozialen oder ökologischen Fragen steht. In diesem Sinne steht das heutige Verständnis von Gewinn und Ökonomie auf dem Kopf. Das scheinbare Spannungsfeld löst sich auf, indem das ein-

zig sinnvolle Ziel wirtschaftlicher Tätigkeit – die ganzheitliche Deckung menschlicher Bedürfnisse – wieder erste Priorität erlangt. Der Mensch mit seinen vielfältigen materiellen,
emotionalen und geistigen Bedürfnissen als Käufer und Kunde ist der einzig sinnvolle
Ausgangspunkt und das einzig sinnvolle Ziel unternehmerischer Tätigkeit. In dem Sinne
ist CSR kein Mythos, sondern Ausweg aus den Krisen unserer Zeit.

Thomas Jorberg, Vorstandssprecher GLS Bank

Vorwort von Klaus Priegnitz

Während einerseits Arbeitslosigkeit, Armut und Unsicherheit weltweitzunehmen, beherrschen andererseits Groß-Banken, Groß-Finanz und Groß-Unternehmen immer häufiger die Regierungspolitik. Die große Ungleichheit, die eine der Hauptursachen der weltweiten Wirtschaftskrise war, wächst weiter, und die Verletzung grundlegender internationaler Arbeitsnormen ist wiederum die Hauptursache für diese Ungleichheit.

Während sich diese Trends weltweit beschleunigen, sehen sich die Gewerkschaften in vielen Ländern schwersten Repressionen seitens Regierungen und Arbeitgebern gegenüber. Im Jahr 2010 wurden 90 Menschen aufgrund legitimer Gewerkschaftsaktivitäten getötet, weitere 75 erhielten Morddrohungen, 2050 wurden verhaftet und 5000 entlassen. Zahlreiche weitere Fälle werden nie bekannt, weil viele Beschäftigte, die Gewerkschaftsarbeit verrichten, eingeschüchtert werden und zu große Angst vor Repressalien haben, um sie anzuzeigen.

Alle Hoffnungen, die nach der großen Finanzkrise darauf ruhten, etwa eine Re-Regulierung der Finanzmärkte durch die Weltgemeinschaft der Staaten zu bekommen, haben sich als Illusion herausgestellt. Bis heute fehlt es auf internationaler Ebene an einer politischen und sozialen Einbettung der Wirtschaftsglobalisierung, es fehlt ein verbindliches internationales Regelwerk zur Durchsetzung sozialer und ökologischer Mindeststandards bei der Globalisierung.

Die Debatte in den internationalen Organisationen über freiwillige Verhaltenskodizes von Unternehmen und Vereinbarungen bekam Ende der 90er Jahre durch den Global Compact und die OECD-Leitsätze für multinationale Unternehmen Konjunktur. Das Zauberwort hieß nunmehr Corporate Social Responsibility (CSR). Es wurde schnell deutlich: Einerseits gibt es einige Unternehmen, die willens sind, sowohl im Inland als auch im Ausland Transparenz und Rechenschaft über die sozialen und ökologischen Folgen ihres Handels abzulegen. Andererseits aber gibt es zahlreiche Unternehmen, die Schönfärberei betreiben: Sie prahlen damit, weltweit in ihrer gesamten Zuliefererkette die Qualität ihrer Produkte kontrollieren und garantieren zu können, aber im Bereich sozialer Rechte sind sie nicht in der Lage, verbindliche Aussagen über deren Einhaltung zu machen.

CSR allein ist nicht geeignet, das notwendige Niveau zum Schutz von Arbeitnehmerrechten und Gewerkschaften zu gewährleisten. Zusätzlich zu den Kernarbeitsnormen und weiteren Normen der Internationalen Arbeitsorganisation, die lediglich Mindeststandards bedeuten, können freiwillige Vereinbarungen mit Unternehmen einen zusätzlichen Beitrag leisten. Aber eines bleibt klar (Erklärung der G8-Arbeitsminister, Dresden 2007): „Es ist vor allem Aufgabe des Staates, Menschenrechte und Arbeitsnormen umzusetzen und zu verbessern", ansonsten werden soziale Rechte faktisch privatisiert.

Klaus Priegnitz, Generalsekretär der Internationalen
Textil-, Bekleidungs- und Ledergewerkschaft (ITBLAV)

Inhaltsverzeichnis

Autorenverzeichnis

Khorshed Alam war Sozialwissenschaftler und Campaigner. Er arbeitete für das Alternative Movement for Resources and Freedom Society (AMRF) in Dhaka, Bangladesch und hat zahlreiche Untersuchungen zur Bekleidungsindustrie in Bangladesch durchgeführt. Er verstarb am 17. November 2012.

Daniel Augenstein arbeitet als Assistenzprofessor der Rechtsphilosophie an der Universität Tilburg in den Niederlanden. Sein primäres Forschungsgebiet ist der Menschenrechtsschutz, mit einem Schwerpunkt im Bereich staatliche Menschenrechtsverpflichtungen und Unternehmensverantwortung.

Sarah Bormann Politikwissenschaftlerin. Sie führte das Interview mit Jenny Chan durch. Sarah Bormann arbeitete bei WEED u. a. über die globale Elektronikindustrie. Derzeit promoviert sie in Soziologie zu globalen Gewerkschaftskampagnen.

Dr. Gisela Burckhardt Vorstand FEMNET e. V., vertritt die Frauenrechtsorganisation FEMNET e. V. im Trägerkreis der Kampagne für Saubere Kleidung (CCC) und im CorA-Netzwerk. Entwicklungspolitische Gutachterin und Trainerin seit über 20 Jahren, arbeitete mehrere Jahre in Nicaragua, Pakistan und Äthiopien für internationale und deutsche Organisationen. Sie führt Evaluierungen von Projekten der Entwicklungszusammenarbeit in Afrika, Asien und Lateinamerika durch. Diverse Veröffentlichungen.

Dr. Tatjana Chahoud Politikwissenschaftlerin, 1997–2011 Mitglied des wissenschaftlichen Stabs des *Deutschen Institutes für Entwicklungspolitik (DIE)*, Abt. Weltwirtschaft und Entwicklungsfinanzierung, 1995–1997 Umweltbundesamt, Geschäftsstellenleiterin für das Forschungsvorhaben „Mineralische Rohstoffe und nachhaltige Entwicklung", 1975–1995 Freie Universität Berlin, Fachbereich Politische Wissenschaft, Wissenschaftliche Mitarbeiterin/ Lehrbeauftragte.

Laura Ceresna-Chaturvedi Corporate Accountability Advisor für Cividep India, einer Arbeitsrechtsorganisation mit Sitz in Bangalore. Sie hat Development Studies in Amsterdam studiert und war als freie Mitarbeiterin für Oxfam Deutschland und als Referentin für Unternehmensverantwortung bei Germanwatch tätig. Sie arbeitet derzeit in Bangalore zu den Themen Unternehmensverantwortung und Arbeitsbedingungen in der Textil- und Elektronikindustrie in Indien.

Sandra Dusch Silva   Diplom-Politologin, Studium der Politik in Frankfurt, Madrid, Warschau und Berlin. Sie arbeitet seit 2003 bei der Christlichen Initiative Romero zu den Themen Arbeitsrechte und Kampagne für Saubere Kleidung (Grüne Mode, Discounter).

Dominic Eagleton   Policy Adviser, ActionAid UK arbeitet zur Rechenschaftspflicht von Unternehmen. Aktuelle Themen sind die Verbreitung eines Modells für Bekleidungsunternehmen/Handel zur Zahlung eines existenzsichernden Lohns sowie die Vorbereitung eines Gesetzentwurfs für das britische Parlament, das Supermärkte regulieren soll, um unverantwortliche Einkaufspraktiken von Nahrungsmitteln zu verhindern.

Dr. Sabine Ferenschild   kath. Theologin (Dipl.) und promovierte Sozialwissenschaftlerin, von 1996–2011 Geschäftsführerin und Referentin beim Ökumenischen Netz Rhein Mosel Saar, seit 2011 wissenschaftliche Mitarbeiterin im Fachbereich Frauen und Weltwirtschaft des Instituts Südwind in Siegburg.

David Hachfeld   Politologe arbeitet als Referent für europäische Handelspolitik bei Oxfam Deutschland.

Brigitte Hamm   ist wissenschaftliche Mitarbeiterin am Institut für Entwicklung und Frieden der Universität Duisburg-Essen und leitet dort das vom BMZ finanzierte Projekt „Menschenrechte, Unternehmensverantwortung und nachhaltige Entwicklung". Sie forscht seit vielen Jahren zu Wirtschaft und Menschenrechten, ebenso wie zu Corporate Social Responsibility als Governance-Konzept. Zahlreiche Veröffentlichungen.

Mila Hanke   freie Journalistin in München. Sie reiste im März 2011 nach China, um an einem Fabrik-Audít der Fair Wear Foundation teilzunehmen. Seitdem veröffentlichte sie zahlreiche Artikel zum Thema „Soziale und Ökologische Nachhaltigkeit in der (Outdoor) Bekleidungsindustrie".

Kathrin Hartmann   ist freie Autorin in München. Sie war Redakteurin bei der Frankfurter Rundschau und Neon. Ihre Bücher „Ende der Märchenstunde. Wie die Industrie die Lohas und Lifestyle-Ökos vereinnahmt" (2009) und „Wir müssen leider draußen bleiben. Die neue Armut in der Konsumgesellschaft" (2012) erschienen im Blessing Verlag. 2011 recherchierte sie in Bangladesch zu Mikrokrediten und Social Business: www.ende-der-maerchenstunde.de

Cornelia Heydenreich   ist Diplom-Geographin und arbeitet seit 2001 bei Germanwatch im Bereich Unternehmensverantwortung. Sie koordiniert die deutschen Aktivitäten des europäischen Projekts makeITfair zu den sozialen und ökologischen Auswirkungen der Elektronikindustrie. Sie hat das CorA-Netzwerk für Unternehmensverantwortung in Deutschland mitgegründet und ist dort im Koordinationskreis aktiv.

Dr. Franziska Humbert   Rechtsanwältin, seit 2004 Referentin für Soziale Unternehmensverantwortung bei Oxfam Deutschland e. V., im Sommersemester 2011 auch Lehrtätigkeit an der Universität Zürich, Vorlesung Wirtschaftsvölkerrecht, 2007–2009 wissenschaftliche Mitarbeiterin beim NCCR-Projekt Trade Regulation der Universität Bern, Zahlreiche Veröffentlichungen.

Stefanie Hiß ist Juniorprofessorin für Wirtschaftssoziologie/Soziologie der Finanz-
märkte an der Friedrich-Schiller-Universität Jena. Als Schumpeter-Fellow der Volkswagen
Stiftung leitet sie die Nachwuchsgruppe „Nachhaltigkeit und Finanzmarkt – institutionelle
Arrangements und Perzeptionsmuster".

Dr. Matthias John arbeitet seit 1980 ehrenamtlich bei Amnesty International zu den
Themengebieten „Wirtschaft und Menschenrechte" sowie „Rüstungstransfers". Er ist Spre-
cher der Koordinationsgruppe „Rüstung, Wirtschaft und Menschenrechte" der deutschen
Amnesty-Sektion.

Uwe Kleinert ist Mitarbeiter der Werkstatt Ökonomie in Heidelberg, unter anderem als
administrativer Geschäftsführer und Referent für Unternehmensverantwortung. Seit 2004
koordiniert er die von MISEREOR, der Kath. Frauengemeinschaft Deutschlands, der Ka-
tholischen Arbeitnehmer-Bewegung Deutschlands, dem Nürnberger Bündnis Fair Toys
und der Werkstatt Ökonomie betragene Aktion fair spielt (www.fair-spielt.de).

Dr. Eva Kocher Rechtswissenschaftlerin; seit 2009 Professorin für Bürgerliches Recht,
Europäisches und Deutsches Arbeitsrecht sowie Zivilverfahrensrecht, Juristische Fakultät,
Europa-Universität Frankfurt (Oder); 2004–2007 Leiterin des deutschen Teams im euro-
päischen Forschungsverbund ESTER (soziale Regulierung transnationaler europäischer
Unternehmen); veröffentlicht regelmäßig zu Rechtsfragen transnationaler Sozialstandards
und CSR.

Johanna Kusch ist Juristin und arbeitet seit 2009 bei Germanwatch im Bereich Unternehmensverantwortung. Sie koordiniert u. a. die deutschen Aktivitäten der europäischen
Kampagne „Rechte für Menschen – Regeln für Unternehmen" und vertritt das CorA-Netzwerk für Unternehmensverantwortung in der European Coalition for Corporate Justice,
dem europäischen Netzwerk für verbindliche Unternehmensverantwortung.

Jakob Kunzlmann ist wissenschaftlicher Mitarbeiter an der Friedrich-Schiller-Universität Jena und arbeitet im von der Volkswagen Stiftung geförderten Projekt „Nachhaltigkeit
und Finanzmarkt – institutionelle Arrangements und Perzeptionsmuster". Dort bearbeitet
er das Thema Nachhaltigkeits-Accounting.

Volkmar Lübke Seine Arbeitsschwerpunkte sind der Nachhaltige Konsum, der Faire Handel und die Unternehmensverantwortung. In allen drei Bereichen hat er seit den
1980er Jahren diverse Funktionen innegehabt, geforscht, veröffentlicht und als Interessenvertreter gewirkt. Er war bis Herbst 2012 Koordinator des CorA (Corporate Accountability) -Netzwerks für Unternehmensverantwortung.

Dr. Jeroen Merk arbeitet für das internationale Sekretariat der Clean Clothes Campaign.
Er promovierte an der University of Sussex, Brighton in Internationalen Beziehungen. Veröffentlichungen zur Sportschuh- und Bekleidungsindustrie.

Armin Paasch ist Referent für Wirtschaft und Menschenrechte bei MISEREOR. Seine aktuellen Arbeitsschwerpunkte sind Menschrechte in der Handels-, Investitions- und

Rohstoffpolitik sowie die Menschenrechtsverantwortung von Unternehmen. Zuvor hat er sich insbesondere mit Fragen der Agrar- und Ernährungspolitik beschäftigt. Von 2000 bis 2009 war er als Agrarreferent bei der deutschen Sektion von FIAN, einer internationalen Menschenrechtsorganisation für das Recht auf Nahrung, beschäftigt. Armin Paasch wurde 1974 in Belgien geboren und hat in Köln Geschichte und Germanistik studiert.

Timea Pal ist Doktorandin in den Politischen Wissenschaften am Massachusetts Institute of Technology (MIT) und Empfängerin des 2011–2012 Krupp Stipendiums des Minda de Gunzburg Zentrums für Europäische Studien, Harvard University. Sie arbeitet zu globalen Produktionsnetzwerken mit dem regionalen Fokus auf Osteuropa.

Maik Pflaum Politikwissenschaftler. Er arbeitet seit 1999 bei der Christlichen Initiative Romero (CIR) in Münster. Seit Ende 2009 im CIR-Büro in Nürnberg. Seine Arbeitsschwerpunkte sind die Betreuung der ProjektpartnerInnen in El Salvador sowie die Kampagne für Saubere Kleidung (CCC). Er vertritt die CIR im Geschäftsführenden Ausschuss der CCC. Im Multi-Stakeholder-Gremium zur Fair Wear Foundation in Deutschland ist er seit der Gründung 2005 einer der CCC-VertreterInnen.

Dr. Miriam Saage-Maaß ist promovierte Rechtsanwältin und Mitarbeiterin des European Center for Constitutional and Human Rights (ECCHR). Im Rahmen ihrer Arbeit beim ECCHR entwickelt und betreibt sie konkrete Fälle, in denen deutsche und europäische Unternehmen wegen Menschenrechtsverletzungen juristisch zur Verantwortung gezogen werden.

Christian Scheper arbeitet als wissenschaftlicher Mitarbeiter am Institut für Entwicklung und Frieden (INEF) der Universität Duisburg-Essen im Forschungsprojekt "Menschenrechte, Unternehmensverantwortung und Nachhaltige Entwicklung". Er hat Politikwissenschaft und Internationale Beziehungen in Münster, Twente (NL) und Exeter (GB) studiert und ist Doktorand am Kasseler Internationalen Graduiertenzentrum Gesellschaftswissenschaften.

Suhasini Singh arbeitet als Programmleiterin bei Cividep in Bangalore, Indien. Cividep untersucht Themen aus dem Bereich Arbeit und Unternehmensrechenschaft. Als Wissenschaftlerin hat sie Recherchen zu Arbeitsthemen in der exportorientierten Bekleidungsindustrie von Bangalore, Indien, durchgeführt.

Birgit Stahl arbeitet beim Vorstand der IG Metall in Frankfurt. Der Funktionsbereich heißt "Internationale Gewerkschaftsarbeit".

Dr. Mark Starmanns hat am Wuppertal Institut für Umwelt, Klima und Energie zu Unternehmensverantwortung in globalen Bekleidungslieferketten promoviert. Er forscht und lehrt an der Universität Zürich zu CSR und Fair Trade und berät Firmen und andere Organisationen zu den Themen. Derzeit eruiert er für das Schweizer Wirtschaftsdepartment, ob die Schweiz eine Multi-Stakeholder-Initiative wie die ETI benötigt.

Elisabeth Strohscheidt   arbeitet seit 2003 als Menschenrechtsreferentin in der Abteilung Entwicklungspolitik des Bischöflichen Hilfswerkes MISEREOR. Ein Schwerpunkt ihrer Arbeit ist das Thema menschenrechtliche Verantwortung von Unternehmen. Neben strukturellen Fragen befasst sie sich sektoral vor allem mit Fragen der Arbeitsbedingungen in der chinesischen Spielzeugindustrie sowie mit den extraktiven Industrien. Vor ihrer Tätigkeit für MISEREOR war sie fast zehn Jahre bei der deutschen Sektion von Amnesty International tätig.

Britta Utz   ist seit Juni 2009 Referentin für Menschenrechte bei der Friedrich-Ebert-Stiftung (FES) in Berlin. In dieser Funktion koordiniert sie die internationalen Aktivitäten der Stiftung im Bereich Menschenrechte, vertritt die FES in verschiedenen Gremien (u. a. dem Forum Menschenrechte) und ist Herausgeberin des Handbuchs der Menschenrechtsarbeit. 2007 bis 2009 arbeitete Britta Utz im Büro der FES in Istanbul/Türkei. Sie studierte an der Universität Bremen und ist Diplom-Politologin.

Judith Vitt   arbeitet seit 2009 als Referentin für Handel und Wirtschaftspolitik im Verbraucherzentrale Bundesverband e. V. (vzbv). Dort befasst sie sich vor allem mit Querschnittsfragen der Verbraucherpolitik. Von 2004 bis 2009 hat sie als CSR-Managerin und Beraterin für Social Compliance und Social Management Systems – u. a. für die Otto Group/Systain Consulting, Hamburg – gearbeitet. Sie ist zertifizierte SA8000-Auditorin und hat einen Magister-Abschluss in Politikwissenschaft, Geschichte und Öffentlichem Recht.

Uwe Wötzel   seit 1987 Gewerkschaftssekretär von ver.di. Er arbeitet seit 2001 im Bereich Politik und Planung der ver.di-Bundesverwaltung. Er hat in Marburg und Hannover Rechts- und Sozialwissenschaften studiert und vertritt ver.di im Trägerkreis der Kampagne für Saubere Kleidung und im Koordinationskreis des CorA-Netzwerkes für Unternehmensverantwortung.

Einführung und Überblick

Gisela Burckhardt

Der Einsturz des Hochhauses Rana Plaza mit fünf Textilfabriken in Bangladesch am 24. April 2013, der über 1.100 Menschen, vor allem Frauen, das Leben kostete, rief internationale Empörung hervor. Vielen wurde erneut bewusst, dass unsere Kleidung auf Kosten anderer Menschen hergestellt wird. Immer mehr Menschen erheben ihre Stimme nun gegen unsere die Umwelt zerstörende und Menschenrechte und Sozialstandards missachtende Produktionsweise und stellen die Notwendigkeit des Wachstums an sich in Frage. Ethische Fragen erhalten zunehmend an Bedeutung. Milton Friedmans 1970 im New York Times Magazine veröffentlichter Satz *„The social responsibility of business is to increase its profits"* würde heute wohl kaum ein Unternehmer noch äußern. Der Druck auf Unternehmen steigt, sich den weltweiten Auswirkungen ihrer Tätigkeit zu stellen. Das Reputationsrisiko wird mittlerweile für eines der größten Risiken in Unternehmenskreisen gehalten. Corporate Social Responsibility (CSR) – gesellschaftliche Verantwortung von Unternehmen – ist eine mögliche Antwort auf diese Herausforderung, Corporate Accountability – Rechenschaftspflicht von Unternehmen – eine andere.

CSR ist in Mode gekommen; große Unternehmen können es sich nicht mehr leisten, keine CSR-Abteilung zu haben. Was genau versteckt sich hinter dem Begriff CSR? Sind es moralische Appelle, Greenwashing oder überprüfbare Versprechen? Während einige Unternehmen eine gesellschaftliche Verantwortung für ihre gesamte Lieferkette übernehmen und diese Verantwortung auch in ihrer Strategie und in der Managementstruktur verankern wollen, täuschen andere die Öffentlichkeit ganz bewusst. Philanthropische Projekte wie das Sponsoring von lokalen Fußballvereinen werden vielfach genauso als CSR bezeichnet wie die Social Business-Idee von Joghurtbechern (siehe Beitrag über Danone von Kathrin Hartmann in diesem Buch) oder das Vorgaukeln einer Einhaltung von Sozial-

G. Burckhardt (✉)
Heidebergenstraße 14, 53229 Bonn, Deutschland
E-Mail: gisela.burckhardt@femnet-ev.de

G. Burckhardt (Hrsg.), *Corporate Social Responsibility – Mythen und Maßnahmen*,
DOI 10.1007/978-3-658-02842-8_1, © Springer Fachmedien Wiesbaden 2013

und Umweltstandards bei Produzenten in Niedriglohnländern in Hochglanzbroschüren. CSR-Abteilungen der Unternehmen sind in der Regel in den Kommunikationsabteilungen angesiedelt. Deshalb wird CSR oft als eine PR-Maßnahme oder Greenwashing in der Öffentlichkeit wahrgenommen. Anhand einer einzelnen vorbildlichen Maßnahme suggerieren Unternehmen, dass diese repräsentativ für das gesamte Unternehmen steht, womit sie schönfärben und die VerbraucherInnen täuschen.[1] Die Öffentlichkeit nimmt es als Doppelmoral wahr, wenn ein Unternehmen einerseits Spenden in Millionenhöhe nach Afrika vergibt, gleichzeitig aber im eigenen Unternehmen die Organisationsfreiheit unterdrückt (wie der Fall IKEA zeigt[2]) oder wenn bei seinen Zulieferern in Niedriglohnländern Hungerlöhne gezahlt werden.

Zwar gibt es einzelne Unternehmen, die sich um eine Verbesserung der Arbeits- und Umweltbedingungen ihrer Produzenten kümmern, aber die Maßnahmen konnten bisher die strukturellen Probleme in den Produktionsländern nicht wesentlich verändern, wie in diesem Buch aufgezeigt wird. Freiwillige CSR-Maßnahmen von Unternehmen sind entweder unzureichend oder Schönfärberei. Flankierende Maßnahmen sind von staatlicher Seite nötig und zwar sowohl in den Produktionsländern als auch in Europa. Unternehmenstätigkeit braucht stärkere gesetzliche Regulierung, wie sich auch in der Finanzkrise besonders gut erkennen lässt. Gesetzliche Vorgaben und Unternehmensverantwortung sind keine Gegensätze, sondern sollten sich sinnvoll ergänzen. Deshalb werden am Ende des Buches Forderungen an Bundesregierung und Politik in den Bereichen formuliert, wo ein dringender Handlungsbedarf besteht.

1.1   Ziel des Buches

Das vorliegende Buch geht zum einen der Frage nach der Unternehmensverantwortung in der Lieferkette nach: Welche Wirkungen hatten CSR-Maßnahmen von Unternehmen auf die Arbeitsbedingungen in den Produktionsländern? Was haben Verhaltenskodizes, Fabrikkontrollen mit Hilfe von Sozialaudits und Trainings von Produzenten zur Verbesserung der Arbeitsbedingungen beigetragen? Das Buch untersucht zum anderen die derzeitige Regulierung durch Staaten und zeigt auf, wo es Regulierungslücken – sowohl in Deutschland und Europa als auch in den Produktionsländern – gibt. Es wird am Beispiel der Bekleidungsindustrie in China, Bangladesch und Indien dargestellt, dass die Beschäftigten geringe Chancen haben, ihre Rechte einzuklagen, weil die Rechtssysteme dieser Länder schwach entwickelt sind. Dabei orientiert sich das Buch an den UN-Leitprinzipien für Wirtschaft und Menschenrechte, die auf Vorschlägen von John Ruggie beruhen, dem ehemaligen UN-Sonderbeauftragten für Wirtschaft und Menschenrechte. Die UN-Leitprinzipien basieren auf drei Säulen:

---

[1] Siehe hierzu die Informationen von CorA und dem Dachverband der kritischen Aktionäre über BP, RWE, Daimler und Deutsche Bank, http://www.kritischeaktionaere.de.

[2] IKEA spendete im August 2011 an UNHCR 43 Mio. €.

1. der staatlichen Pflicht, Menschenrechte zu schützen,
2. der unternehmerischen Verantwortung, Menschenrechte zu achten und
3. dem Zugang von Opfern von Menschenrechtsverletzungen zu Rechtsmitteln und Entschädigung (Protect, Respect and Remedy).

Einzelne Beiträge des Buches greifen Gedanken von John Ruggie auf, der vom intelligenten Mix von freiwilligen und verbindlichen Maßnahmen spricht („smart mix of measures – national and international, mandatory and voluntary").[3]

1.2 Begriffserläuterungen von CSR und Nachhaltiger Entwicklung

1.2.1 Die EU-Definition von CSR

Am 25. Oktober 2011 stellte die EU-Kommission eine neue EU-Strategie (2011–2014) für die soziale Verantwortung der Unternehmen vor. Sie ist eine Überarbeitung der so genannten CSR-Kommunikation von 2006 und definiert CSR „als die Verantwortung von Unternehmen für ihre Auswirkungen auf die Gesellschaft."

Weiter heißt es: „Nur wenn die geltenden Rechtsvorschriften und die zwischen Sozialpartnern bestehenden Tarifverträge eingehalten werden, kann diese Verantwortung wahrgenommen werden. Damit die Unternehmen ihrer sozialen Verantwortung in vollem Umfang gerecht werden, sollten sie auf ein Verfahren zurückgreifen können, mit dem soziale, ökologische, ethische, Menschenrechts- und Verbraucherbelange in enger Zusammenarbeit mit den Stakeholdern in die Betriebsführung und in ihre Kernstrategie integriert werden."[4] In der Strategie wird von einem „modernen" Verständnis von CSR gesprochen, das breiter angelegt ist als die frühere Definition: Neben sozialen und Umweltbelangen werden nun auch ethische Aspekte und Menschenrechte einbezogen. Die Strategie bezieht sich u. a. auf die kürzlich überarbeiteten OECD-Leitsätze für multinationale Unternehmen, die ein eigenes Kapitel über Menschenrechte aufgenommen haben sowie auf die UN-Leitprinzipien für Wirtschaft und Menschenrechte. Hinsichtlich der Rolle des Staates heißt es: „Behörden sollten eine unterstützende Rolle spielen und dabei eine intelligente Kombination aus freiwilligen Maßnahmen und nötigenfalls ergänzenden Vorschriften einsetzen, die etwa zur Förderung der Transparenz und zur Schaffung von Marktanreizen für verantwortliches unternehmerisches Handeln beitragen und die Rechenschaftspflicht von Unternehmen sicherstellen sollen." Die Kommission spricht von „ergänzenden Vorschriften", die sie immerhin zur Regulierung für notwendig erachtet.

In der Mitteilung heißt es weiterhin, dass von den rund 42.000 großen Unternehmen in der EU bisher nur ca. 2.500 einen Nachhaltigkeitsbericht veröffentlichen. Deshalb fordert die EU-Kommission die Unternehmen auf: „Damit etwaige negative Auswirkungen auf-

---

[3] Ruggie, 2011, S. 8.
[4] EU Kommission, 2011, S. 7 ff.

gezeigt, verhindert und abgefedert werden, werden große Unternehmen sowie Unternehmen, die von derartigen Auswirkungen besonders betroffen sein könnten, darin bestärkt, eine risikobasierte Sorgfaltsprüfung, auch auf der Ebene der Lieferketten, vorzunehmen."

Die Kommission kündigt zudem an, „einen Vorschlag für eine Rechtsvorschrift über die Transparenz der sozialen und ökologischen Informationen zu präsentieren, die von den Unternehmen aller Branchen bereitgestellt werden."

EU-Mitgliedsstaaten werden aufgefordert, bis Ende 2012 nationale Pläne für die Umsetzung der UN-Leitprinzipien zu erstellen. Bis Juni 2013 hat die deutsche Bundesregierung keinen Plan erarbeitet und wird dies vermutlich auch nicht mehr vor den Bundestagswahlen im Herbst 2013 tun.

1.2.2   Die deutsche CSR Definition

Die Bundesregierung hat im Oktober 2010 den Aktionsplan CSR[5] beschlossen. Dabei legte sie allerdings die frühere EU-Definition von CSR zugrunde, die enger ist: *„CSR bezeichnet die Wahrnehmung gesellschaftlicher Verantwortung durch Unternehmen über gesetzliche Anforderungen hinaus. CSR steht für eine nachhaltige Unternehmensführung im Kerngeschäft, die in der Geschäftsstrategie des Unternehmens verankert ist. CSR ist freiwillig, aber nicht beliebig."*

Die Strategie der EU-Kommission geht also einen Schritt weiter als die deutsche Bundesregierung, denn sie spricht nicht mehr einseitig nur von freiwilligen Maßnahmen, sondern von einer Komplementarität von ergänzenden Vorschriften und freiwilligen Maßnahmen. Gemäß der deutschen Definition ist unter CSR Folgendes zu verstehen:

a. CSR muss **im Kerngeschäft** geschehen: Karitative Maßnahmen wie die Finanzierung von Schulspeisungen oder Fußballvereinen etc. haben danach nichts mit CSR zu tun, denn sie finden in Bereichen außerhalb des Unternehmens statt, nicht im Kerngeschäft. Sponsoring und Spenden gehören zum Corporate Citizenship, aber nicht zu CSR.
b. CSR bezeichnet die Wahrnehmung gesellschaftlicher Verantwortung **über gesetzliche Anforderungen hinaus.** Die Durchsetzung von Gesetzen wird vorausgesetzt, CSR ist somit alles, was über das Gesetz hinausgeht. Gesetzliche Anforderungen beziehen sich hierbei auf die Gesetze eines jeden Landes. Ein deutsches Unternehmen kann derzeit jedoch nicht für die Einhaltung der Gesetze seiner Zulieferer in dessen Produktionsland verantwortlich gemacht werden. Nichtregierungsorganisationen sehen genau hier eine staatliche Regulierungslücke, denn die massive Verletzung von Sozial- und Umweltstandards in der Zuliefererkette von Unternehmen ist allseits bekannt. Weil viele Produktionsländer nur niedrige Umweltstandards haben oder Sozialstandards

---

[5] Das Bundeskabinett beschloss im Oktober 2010 den so genannten Aktionsplan CSR, der auf Empfehlungen des nationalen CSR-Forums beruht und der insbesondere die kleinen und mittleren Unternehmen mit der Notwendigkeit von CSR vertraut machen soll, BMAS, 2010.

nicht umsetzen, können sie so billig produzieren, und das ist der Grund, warum die Unternehmen dort ihre Waren herstellen lassen. Zur Rechenschaft kann man sie aber nicht ziehen, hier besteht eine Regulierungslücke. Zahlreiche Unternehmen schmücken sich mit CSR-Maßnahmen wie z. B. Schulungen von Managern in Sozialstandards, die nach der deutschen Definition keine CSR-Maßnahmen sind. Denn sie gehen nicht über gesetzliche Anforderungen hinaus.

c. **CSR ist freiwillig**: Unternehmensverbände äußern sich zufrieden mit dem von der Bundesregierung vorgelegten CSR-Aktionsplan und betonen insbesondere die Freiwilligkeit der Maßnahmen. Der frühere Wirtschaftsminister Rainer Brüderle schreibt[6]: „Freiwilligkeit bedeutet dabei nicht Beliebigkeit, sondern Verbindlichkeit." Nichtregierungsorganisationen (NRO) und Gewerkschaften sind jedoch der Meinung, dass freiwillige Maßnahmen alles sind, nur nicht verbindlich: Papier ist geduldig. Versprochen wird viel, aber solange es keine Verpflichtung gibt, die auch einklagbar ist, geschieht wenig, d. h. nicht genug. Freiwilligkeit suggeriert darüber hinaus, dass etwas zusätzlich geleistet wird, wobei jedoch die Maßnahmen oft nur zur Erfüllung gesetzlicher Vorschriften beitragen. Freiwilligkeit ist deshalb aus NRO-Sicht eine geradezu klassische Strategie zur Vermeidung von gesetzlich verbindlichen Regelungen.

1.2.3 Nachhaltige Entwicklung und CSR

Der deutsche Nachhaltigkeitsrat[7] definiert **nachhaltige Entwicklung** folgendermaßen: „Nachhaltige Entwicklung heißt, Umweltgesichtspunkte gleichberechtigt mit sozialen und wirtschaftlichen Gesichtspunkten zu berücksichtigen. Zukunftsfähig wirtschaften bedeutet also: Wir müssen unseren Kindern und Enkelkindern ein intaktes ökologisches, soziales und ökonomisches Gefüge hinterlassen. Das eine ist ohne das andere nicht zu haben."[8] Die drei Dimensionen Soziales, Ökologisches und Wirtschaftliches sollten gleichberechtigt nebeneinander stehen. Die Praxis zeigt uns jedoch, dass dies eher Wunschdenken ist, denn die Ökonomie hat in der Regel Vorrang.

Während nachhaltige Entwicklung auf die gesamte Gesellschaft bezogen ist, geht es bei **CSR** um die Verantwortung eines Unternehmens für eine nachhaltige Entwicklung, die Organisation steht also im Mittelpunkt.[9] Dabei betonen die einen mehr die (uneigennützige) Verantwortung eines Unternehmens für die nachhaltige Entwicklung der Gesellschaft und des Planeten (Umwelt). Für andere steht der Eigennutz im Vordergrund. „CSR-orientierte Unternehmen integrieren soziale und ökologische Belange auf freiwilliger Basis… Sie tun

---

[6] Grußwort von Rainer Brüderle in der Beilage zu CSR der Wochenzeitung Die ZEIT vom Mai 2011.

[7] Der Rat für nachhaltige Entwicklung wurde 2001 von der Bundesregierung ins Leben gerufen, ihm gehören 15 Personen des öffentlichen Lebens an. Seine Aufgabe besteht darin, die Bundesregierung bei der Umsetzung einer nationalen Nachhaltigkeitsstrategie zu beraten.

[8] http://www.nachhaltigkeitsrat.de/de/nachhaltigkeit/?size=rjtzgjkyqotzes.

[9] siehe Definition bei ISO 26.000.

das zu ihrem eigenen Nutzen, denn CSR bietet direkte Wettbewerbsvorteile."[10] Danach trägt CSR mittel- und längerfristig zur Steigerung des Unternehmenserfolges bei und dient vorrangig dem Zwecke des Risikomanagements[11], denn mit Hilfe von CSR sichert sich das Unternehmen auch das eigene langfristige Überleben. „Corporate Social Responsibility (CSR) ist im 21. Jahrhundert kein schmuckes Beiwerk, sondern ein immer bedeutender werdendes Element moderner Unternehmensführung."[12]

Ob nun CSR uneigennützig im Interesse des Überlebens auf unserem Planeten geschieht oder eigennützig im Interesse der langfristigen Sicherung eines Unternehmens, ist letztlich eine Frage nach der Moral und den Werten unserer Gesellschaft.[13] Eine KPMG – Befragung unter den DAX-30 Unternehmen kam zu dem Ergebnis, dass „compliance" (Einhaltung von Sozial- und Umweltstandards) für alle Unternehmen die Erfüllung gesetzlicher Vorgaben bedeutet, nur 17 % verstanden unter dem Begriff auch Ethik, Moral oder nachhaltiges Wirtschaften.[14] Natürlich besteht das Interesse von Unternehmen darin, Gewinne zu erzielen, wohl aber kann zwischen verantwortlicher Gewinnerzielung und unverantwortlicher Gewinnmaximierung auf Kosten von Beschäftigten und der Umwelt unterschieden werden Es ist bemerkenswert, dass zwei bundesdeutsche Ministerien Unternehmen für CSR gewinnen wollen, indem sie den Eigennutz in den Vordergrund stellen.

1.3   Struktur des vorliegenden Sammelbandes

Der vorliegende Band widmet sich dem Thema Unternehmensverantwortung bzw. Unternehmensrechenschaft und Anforderungen an die Regulierung. Seine Struktur orientiert sich in Teilen an den vom UN-Menschenrechtsrat verabschiedeten Leitprinzipien zu Wirtschaft und Menschenrechte mit den drei Säulen 1) der staatlichen Schutzpflicht zur Einhaltung der Menschenrechte 2) der unternehmerischen Eigenverantwortung, die Menschenrechte einzuhalten und 3) des Zugangs zu Rechtsmitteln und Wiedergutmachung für Geschädigte.[15] Dabei wird insbesondere der Frage nachgegangen, wie die derzeitigen verbindlichen Instrumente aussehen und wo es Handlungsbedarf auf Seiten des Staates gibt, um seiner staatlichen Schutzpflicht nachzukommen.

Im ersten Teil führen Beiträge in die Thematik ein: Zum einen werden die Arbeitsbedingungen in den globalen Lieferketten skizziert und ihre Auswirkungen insbesondere auf die Frauen dargestellt. Zum anderen wird ein Überblick über die Geschichte der Unternehmensverantwortung gegeben und der Frage nachgegangen, was die Aussage „CSR ist freiwillig, aber nicht beliebig" bedeutet. In einem weiteren einführenden Beitrag werden

---

[10] Grußwort von Rainer Brüderle in der Beilage zu CSR der Wochenzeitung Die ZEIT vom Mai 2011.

[11] Bundesministeriums für Umwelt, Naturschutz und Reaktorsicherheit, 2011, S. 8.

[12] Institut für Wirtschaftsethik der Universität St. Gallen, 2011.

[13] Zum Begriff der Uneigennützigkeit bei Emmanuel Kant vgl. Comte-Sponville, 2009, S. 48.

[14] KPMG compliance benchmark Studie 2011, siehe http://www.controllingportal.de (19.9.2011).

[15] Nähere Ausführungen, siehe Artikel von E. Strohscheidt.

die UN-Leitprinzipien für Wirtschaft und Menschenrechte kritisch aus Nichtregierungs-perspektive kommentiert.

Der zweite Teil befasst sich mit der ersten Säule der UN-Leitprinzipien. Es werden bestehende Rechtslücken und der Regulierungsbedarf sowohl auf EU-Ebene als auch in der deutschen Gesetzgebung aufgezeigt. Aussagen der von der EU-Kommission in Auftrag gegebenen Edinburgh-Studie[16] insbesondere hinsichtlich der extraterritorialen Dimension der staatlichen Schutzpflicht in Bezug auf multinationale Unternehmen werden dargestellt. Ein Artikel widmet sich der mangelnden Verpflichtung der Unternehmen durch den Staat, ihren Sorgfaltspflichten nachzukommen, und es wird auf den mangelnden Schutz von Menschenrechten bei Handels- und Investitionsgesetzen hingewiesen. Ein weiterer Artikel befasst sich mit der dritten Säule der UN-Leitprinzipien: den Hürden im – deutschen – Recht für Geschädigte aus dem Süden zu klagen.

Im dritten Teil wird die erste und dritte Säule der UN-Leitprinzipien am Beispiel von ausgewählten Produktionsländern in Asien (China, Bangladesch, Indien) untersucht. Das Kapitel geht der Frage nach: Wie schützen die Produktionsländer, die aufgrund von niedrigen Löhnen multinationale Unternehmen anziehen, ihre Bevölkerung? Welchen Schutz gibt ihnen ihr Staat bei der Verletzung von Menschenrechten durch Unternehmen? Wird das durch die ILO[17] verbriefte Recht auf Organisationsfreiheit in den Ländern gewährleistet? Ein weiterer Artikel untersucht das Better Factories Programm in Kambodscha; es stellt den Versuch eines Staates dar, Kernarbeitsnormen zumindest bei den exportierenden Fabriken flächendeckend einzuführen.

Das vierte und fünfte Kapitel widmet sich der zweiten Säule der UN-Leitprinzipien, der Verantwortung von Unternehmen, die Menschenrechte/Arbeitsrechte in der gesamten Lieferkette sicher zu stellen.

Der vierte Teil gibt einen Überblick über freiwillige CSR- Sozialstandardinitiativen – Unternehmensinitiativen und Multistakeholder-Initiativen – sowie Einschätzungen von anderen CSR-Initiativen wie den OECD-Leitsätzen, ISO 26.000, Global Compact und dem Runden Tisch Verhaltenskodizes. Da es hierzu schon zahlreiche Literatur gibt, sind die Artikel kurz und konzentrieren sich auf die Entwicklungen in letzter Zeit.

Im fünften Teil untersuchen die verschiedenen Beiträge die Wirkung von CSR- Maßnahmen einzelner Unternehmen aus den Bereichen Bekleidung, Spielzeug und Elektronik auf die Verbesserung der Arbeitsbedingungen. Es wird gefragt nach der Wirkung von Verhaltenskodizes, von Sozialaudits und von Trainingsmaßnahmen, die im Auftrag von Einkäufern bei ihren Zulieferern durchgeführt werden. Am Beispiel Bangladesch werden mehrere Trainings – ASDA/GTZ[18], Lidl/GTZ, Tchibo/GTZ – untersucht, die scheinbar ähnlich sind, doch sich letztlich stark unterscheiden. Ein Artikel bewertet kritisch die ein-

---

[16] Augenstein, Daniel (2010).

[17] Die Mitgliedsstaaten der ILO (Internationale Arbeitsorganisation) beschlossen 1998 die Kernarbeitsnormen als verpflichtend für alle ihre Mitglieder.

[18] GTZ = Gesellschaft für Technische Zusammenarbeit, seit Januar 2011 Gesellschaft für Internationale Zusammenarbeit (GIZ).

seitig die Unternehmensseite unterstützende Arbeit der GIZ. Zwei Artikel widmen sich den CSR Instrumenten der Fair Wear Foundation (FWF). Ein Beitrag untersucht CSR-Maßnahmen in der Spielzeugindustrie, andere analysieren die Wirkungen von CSR-Maßnahmen in der IT Branche. Ein Artikel geht der Frage nach, inwiefern staatliche Regulierungen CSR-Maßnahmen von Unternehmen unterstützen können, und spannt damit wieder den Bogen zur ersten Säule der UN-Leitprinzipien. Das Thema Social Business kann nur am Rande behandelt werden, aber am Beispiel mehrerer Social Business-Projekte von Unternehmen in Bangladesch werden erstaunliche Einblicke vermittelt.

Grundsätzlich ist festzuhalten, dass es kaum öffentlich zugängliche Wirkungsanalysen von CSR-Maßnahmen gibt[19]– die wohltuende Ausnahme stellt das WE Projekt von Tchibo dar, das sich um Transparenz bemüht. Unternehmen führen entweder keine Wirkungsanalysen ihrer CSR-Maßnahmen durch oder veröffentlichen sie nicht. Hier besteht ein großer Mangel an Transparenz.

Genau diesem Thema widmet sich der **sechste Teil**. Es fragt zum einen nach der Rolle der VerbraucherInnen und der Suche nach glaubwürdigen Informationen und zeigt die Problematik des Labeldschungels auf. Zum anderen untersuchen mehrere Beiträge die Berichtsformate von Unternehmen über ihre Geschäftstätigkeit. Die Herstellung von mehr Transparenz ist u. a. eine CSR-Maßnahme, womit Unternehmen nachweisen können, dass sie ihrer Pflicht zur Verhinderung von Arbeitsrechtsverletzungen nachgekommen sind. Sinnvoll ist eine solche Berichterstattung vor allem dann, wenn sie nach einheitlichen umfassenden Kriterien erstellt wird. Erste Empfehlungen zur Verpflichtung von Unternehmen, über die Auswirkungen ihrer Tätigkeit auf Umwelt und Gesellschaft zu berichten, gibt es auf EU-Ebene, wie ein Artikel darlegt. Andere Artikel zeigen, wie es unsere Nachbarländer mit Offenlegungspflichten halten, welche Stärken und Schwächen ein so genanntes „integriertes reporting" vorweist und welche Aussagekraft die Berichte nach der Global Reporting Initiative (GRI) haben.

Im **siebten Teil** werden die Forderungen an die Bundesregierung dargestellt, die sich aus den kritischen Beiträgen des Buches zur ungenügenden Regulierung von Unternehmenstätigkeit in Drittländern ergeben. Die Forderungen richten sich an die Politik, Gesetzeslücken zu füllen, damit Unternehmen ihrer Sorgfaltspflicht durch mehr Transparenz nachkommen, damit Geschädigte in Deutschland/Europa ihre Rechte einklagen können und Sozialstandards und Menschenrechte in der Außenwirtschaftsförderung und der Entwicklungszusammenarbeit berücksichtigt werden.

---

[19] Auf Anfrage konnten weder die unternehmensnahe Bertelsmann Stiftung noch die GIZ auf Studien verweisen.

Teil I
Unternehmensverantwortung zwischen Freiwilligkeit und Regulierung

Arbeitsbedingungen von Frauen in globalen Zulieferketten

Gisela Burckhardt

Ein Ansatz, um die eigene Unternehmensverantwortung in der globalen Zulieferkette wahrzunehmen, besteht für die meisten Unternehmen[1] darin, Fabrikkontrollen (Sozialaudits) durchzuführen. Dies geschieht seit nunmehr über fünfzehn Jahren, ohne dass sich die Arbeitssituation in den Fabriken in wichtigen Bereichen (Löhne, Überstunden, Diskriminierung, Organisationsfreiheit) wesentlich verbessert hätte.[2] Die Arbeitsbedingungen von Millionen von Frauen, sie stellen 70 bis 90 % der Beschäftigten, wird deshalb im Folgenden exemplarisch am Beispiel der Bekleidungs- und Elektronikindustrie dargestellt.

Die Handelsliberalisierung hat Millionen von Frauen Arbeit verschafft, aber die Arbeit ist prekär, schlecht bezahlt und ohne jegliche Sicherheiten wie Arbeitsverträge, Krankenversicherung, Rente, Mutterschutz u. v. m. Die Frauen erhalten überall niedrigere Löhne als Männer. Die besser bezahlten Positionen nehmen Männer ein als Aufseher und Produktionsleiter auf der mittleren und oberen Managementebene. Frauen arbeiten häufig als illegale Immigrantinnen in den *sweat shops* in großen europäischen und US-amerikanischen Industriestädten, als besonders niedrig bezahlte Heimarbeiterinnen in der Türkei und Osteuropa, als billige Wanderarbeiterinnen in China und als millionenfache „Reservearmee" in den vielen informellen kleinen Fabriken weltweit.

---

[1] Gallard (2010) untersuchte im Jahr 2010 fünfzehn US Unternehmen bezüglich der Einhaltung von Sozialstandards und stellte fest, dass die Mehrheit Verbesserungen nur über Audits zu erreichen sucht, nur zwei Unternehmen beraten und schulen auch ihre Lieferanten.

[2] Barrientos und Smith 2006.

G. Burckhardt (✉)
Heidebergenstraße 14, 53229 Bonn, Deutschland
E-Mail: gisela.burckhardt@femnet-ev.de

G. Burckhardt (Hrsg.), *Corporate Social Responsibility – Mythen und Maßnahmen*,
DOI 10.1007/978-3-658-02842-8_2, © Springer Fachmedien Wiesbaden 2013

Einzelhandel und große Markenfirmen beherrschen heute den Handel und die Bekleidungsindustrie weltweit, so z. B. der weltgrößte Einzelhändler Walmart aus den USA[3], oder Li & Fung Ltd.[4] aus Hongkong. Mit ihrer Marktmacht können die großen Handelshäuser die Einkaufspreise und Lieferzeiten diktieren. Die *„Just in time"*-Lieferungen haben die Produktionszeiten in fünf Jahren um 30 % gesenkt. Marokkanische Frauen müssen für Spaniens Kaufhauskette El Corte Inglés Aufträge in weniger als sieben Tagen erfüllen.[5] Die Zulieferer sind einem Druck ausgesetzt, den sie an die Beschäftigten weitergeben. Dies führt sowohl zu einem verstärkten *Subcontracting* (Vergabe von Unteraufträgen an kleinere Fabriken) als auch zu einer steigenden Flexibilisierung der Beschäftigung: In den letzten Jahren nahmen Zeitarbeitsverträge sowie die Auslagerung von Arbeitsschritten an kleine Fabriken oder in Heimarbeit zu.

2.1   Arbeitsbedingungen in der Bekleidungsindustrie Bangladeschs

Die Arbeit in der Bekleidungsindustrie stellt für die Frauen zwar einen Emanzipationsschritt dar, da sie ihnen ermöglicht, ein eigenes Einkommen zu erwirtschaften, jedoch belegen Studien, dass die meisten Frauen nicht über dieses Einkommen verfügen und nicht einmal Geld zurücklegen können.[6] Auch wird dieser Schritt teuer erkauft: Eine Befragung von 988 weiblichen Beschäftigten aus 41 Textilfabriken in Bangladesch[7] im Jahr 2010 brachte zutage, dass 96 % der Befragten nach einem täglich vorgegeben Produktionsziel bezahlt werden, das so unrealistisch hoch ist, dass die Näherinnen es nicht in einer normalen Arbeitszeit von acht Stunden pro Tag erreichen können. Die Frauen leisten monatlich zwischen 11 bis 30 unbezahlte Überstunden, allein um das Produktionssoll zu erreichen. Zusätzlich machen viele Frauen weitere 60 bis 100 Überstunden im Monat, um einen Lohn zu erhalten, der ihrer Familie das Überleben sichert. In der Regel werden Überstunden nur kurzfristig einige Stunden vorher angekündigt. 80 % der Befragten verlassen die Fabrik erst zwischen 20–22 Uhr, nachdem sie ab 8.00 Uhr morgens gearbeitet haben. Viele der Frauen brauchen ca. eine Stunde für den Weg nach Hause, wo dann die Hausarbeit auf sie wartet.[8]

---

[3] Walmart kauft Produkte von 65.000 Zulieferern aus der ganzen Welt und verkauft sie an über 138 Mio. Verbraucher in zehn Ländern (2003), siehe Oxfam 2004.

[4] Li & Fung, das seinen Sitz in Hongkong hat und einen Jahresumsatz von etwa 7 Mrd. US-Dollar erwirtschaftet, zählt mit 66 Niederlassungen in über 40 Produktionsländern zu den größten Handelshäusern der Welt.

[5] Oxfam 2004.

[6] 75 % von 80 befragten Frauen verfügten nicht über ihr Einkommen, sondern gaben es an Ehemänner, Väter oder Brüder ab und 52 von ihnen hatten keine Ersparnisse, vgl. GIZ und PSES 2011.

[7] War on Want und Khorshed 2011.

[8] Ca. die Hälfte der weiblichen Beschäftigten im Alter von 18 bis 30 Jahren ist verheiratet, siehe GIZ und PSES 2011.

Drei Viertel der befragten Frauen leisten auch Nachtschichten, wenn es dringend wird und eine Verschiffung von Waren ansteht. Sie arbeiten dann bis Mitternacht ohne Unterbrechung und ohne Essen. Viele schlafen auf dem nackten Boden in der Fabrik, weil sie sich fürchten, nachts allein nach Hause zurückzukehren. Rund die Hälfte der Frauen wurde schon bestraft, wenn sie sich weigerte, Überstunden oder Nachtschichten zu machen. Bestrafungen werden in Form von Lohnabzügen, aber auch durch Verweigerung von Urlaub oder Krankschreibung ausgeübt. Näherinnen müssen zur Bestrafung auch schon mal „in der Ecke stehen". 80 % der befragten Frauen gaben an, dass in den Nachtschichten weder ein Arzt noch eine Schwester anwesend sind, obwohl dies bei einer Fabrik mit mehr als 300 Beschäftigten Vorschrift ist. In einer Fabrik in Chittagong in Bangladesch wurde 2009 einer Näherin verweigert, den Arbeitsplatz zu verlassen, um ins Krankenhaus zu gehen. Die Frau verstarb nach einigen Tagen.[9]

Besonders schlimm sind für die Frauen die täglichen Beschimpfungen und Demütigungen, es gibt sogar Klapse und Ohrfeigen[10] durch Vorgesetzte. Sexuelle Belästigungen gibt es zwar, werden aber von den Frauen aus Scham selten erwähnt. Auch Fehlgeburten sind häufig, weil schwangere Frauen keinen besonderen Schutz erhalten. Viele müssen im schwangeren Zustand stehend arbeiten. In einigen Ländern verlangen Fabriken von den Frauen Schwangerschaftstests, bevor sie eingestellt werden, eine eindeutige Diskriminierung von Frauen. Zusätzliche Pausen für stillende Mütter gibt es nicht.

2.2 Gründe für die bevorzugte Einstellung von Frauen in der Bekleidungsindustrie

Es heißt, Frauen seien manuell geschickter und könnten deshalb eine Nähmaschine besser bedienen als Männer. Dem widerspricht die Tatsache, dass, sobald eine Tätigkeit besser entlohnt wird, sie von Männern ausgeübt wird. So gibt es zahlreiche männliche Schneider in vielen Ländern Asiens und Afrikas, die ein eigenes Geschäft führen. Fakt ist eher, dass Frauen niedriger bezahlt werden als Männer.

Frauen gelten als fügsam. Die patriarchalische Erziehung verlangt von ihnen Unterordnung unter Autoritäten und generell unter den Mann, sodass sie sich kaum gegen Ausbeutung wehren. Viele Frauen in Bangladesch können kein Selbstwertgefühl entwickeln und finden keinen Zugang zu ihren Rechten, weshalb sie der Gewalt am Arbeitsplatz und auch zu Hause hilflos ausgeliefert sind.[11]

Frauen organisieren sich seltener gewerkschaftlich, was Unternehmern entgegenkommt. Aufgrund ihrer Mehrfachbelastung, für Mann und Familie zusätzlich zur Arbeit zu sorgen, finden Frauen nicht die Zeit, nach der Arbeit sich noch mit anderen Aufgaben zu befassen. Die ungleiche Verteilung von Hausarbeit und die reproduktiven Pflichten

---

[9] Der Fall wurde 2009 auf der Homepage der Kampagne für Saubere Kleidung dokumentiert.
[10] Burckhardt 2010, S. 11.
[11] GIZ und PSES 2011.

werden auch dann beibehalten, wenn der Mann arbeitslos ist. Zudem verbieten kulturelle Zwänge den Frauen abends noch alleine außer Haus zu gehen. In den Fällen, wo Teile der Produktion in Heimarbeit hergestellt werden oder Frauen prekär nur vorübergehend beschäftigt sind, kümmern sich Gewerkschaften kaum um ihre Angelegenheiten. In vielen Gewerkschaften nehmen die Männer Führungspositionen ein und haben kulturell bedingt wenig Verständnis für Frauenbelange.

Auch in den Verhaltenskodizes von Unternehmen und bei Sozialaudits werden die Frauenbelange nicht wirklich ernst genommen. Für die Kinderbetreuung wird oft nur der Form halber – wenn die Audits durchgeführt werden – ein Raum bereitgestellt; in Wirklichkeit aber gibt es kein Betreuungspersonal, deshalb sind selten Kinder in der Betreuung. Es wird in den Audits meistens nicht überprüft, ob bezahlter Mutterschutz geleistet wird, zudem werden die Unterlagen massiv gefälscht. Auch vor Gericht haben Frauen es schwer, angehört zu werden. Sie werden vorgeladen, aber der – männliche – Prozessgegner erscheint nicht und so dauert es oft Monate bis Jahre, bis überhaupt eine mündliche Verhandlung zustande kommt.

Die weiblichen Beschäftigten in den globalen Zulieferketten arbeiten also weiterhin trotz tausender von Fabrikkontrollen unter miserablen Bedingungen. Unzureichende Rechtsprechung und mangelnder Schutz durch Gerichte setzt die Frauendiskriminierung fort.

Geschichte der Unternehmensverantwortung – Primat des Kapitals über die Politik

3

Uwe Wötzel

Wenn Menschen, die zur Sicherung ihrer Existenz auf den Verkauf ihrer Arbeitskraft angewiesen sind, keine demokratischen und sozialen Rechte, keine Vereinigungsfreiheit, keine befriedigende Entlohnung haben, dann können sie kein würdevolles Leben führen. In der Praxis bleiben sie schutzlos der Not, den Krankheiten, dem Hunger, der Arbeitslosigkeit oder der Ausbeutung und Unterdrückung ausgeliefert und dürfen bestenfalls darauf hoffen, dass Arbeitgeber ihre Not nicht hemmungslos ausnutzen. Dagegen verfügen Investoren von Unternehmen inzwischen weltweit über verbriefte Eigentumsrechte und mächtige private und staatliche Institutionen, die ihre politischen und ökonomischen Rechte schützen und ihre Macht sichern. Gleichzeitig nutzen die Unternehmen die in jeder Hinsicht grenzenlose Lohnkonkurrenz zur Steigerung ihrer Rendite, ihrer ökonomischen und politischen Macht. Eine kleine Gruppe von nur 500 Global Players unter den inzwischen ca. 85.000 transnational operierenden Unternehmen kontrolliert mit ihren Lieferketten und Absatzmärkten mehr als die Hälfte des globalen Sozialprodukts.

Die bereits 1947 begonnene und in den siebziger Jahren beschleunigte Politik der Senkung von Zöllen und anderer Handelsbarrieren führte bei gleichzeitiger Ausblendung von globalen menschenwürdigen Sozialstandards zu dem heute herrschenden Bild der neoliberalen Globalisierung. Die Politik ließ den Kräften des Kapitals freie Hand und kümmerte sich nicht um die Lage der Menschen, die mit ihrer Arbeit den in wenigen Händen angehäuften Reichtum vermehren. Eines der wichtigsten Resultate der neoliberalen Beseitigung von Marktschranken ist die globale Lohnkonkurrenz. Und dieses ausbeuterische Konkurrenzprinzip wirkt besonders brutal in den Ländern, in denen mit Zwangsarbeit,

U. Wötzel (✉)
Verdi Bundeszentrale, Berlin, Deutschland
E-Mail: uwe.woetzel@verdi.de

G. Burckhardt (Hrsg.), *Corporate Social Responsibility – Mythen und Maßnahmen*,
DOI 10.1007/978-3-658-02842-8_3, © Springer Fachmedien Wiesbaden 2013

Kinderarbeit, Diskriminierung von Menschen oder Unterdrückung von Gewerkschaftsrechten[1] der Reichtum der Investoren vermehrt wird.

Zahlreiche Berichte der Vereinten Nationen, der Internationalen Arbeitsorganisation
(ILO), des Internationalen Gewerkschaftsbundes und der Sozialforschung zeigen schon
seit Jahren, dass der Neoliberalismus mit einer von Regulierungen befreiten Marktwirt-
schaft nicht mehr individuelle Freiheiten, Wachstum und Wohlstand für alle schaffen kann.
Die Legitimationskrise des Neoliberalismus ist für viele Kritiker seit vielen Jahren unüber-
sehbar. Die wirtschaftlich und politisch einflussreichen Staaten verfolgten in den letzten
Jahrzehnten in den Vereinten Nationen oder der Europäischen Union keine glaubhaften
Initiativen zu einer global wirksamen wirtschaftspolitischen Rahmensetzung zur Beseitigung von extremer Armut, Hungerlöhnen und überlangen Arbeitszeiten. Im Gegenteil,
in der Welthandelsorganisation (WTO) und in bilateralen Handelsverträgen leisten nach
wie vor viele Regierungen Widerstand gegen die Forderung nach einer Implementierung
von Sozialklauseln und Kernarbeitsnormen der ILO. Damit sichert die Politik einseitig die
Profitinteressen der transnational agierenden Marken und Handelsunternehmen.

Die weitreichenden Veränderungen in Politik und Ökonomie haben die strenge Un-
terscheidung zwischen öffentlicher und privater Sphäre weiter unterhöhlt. Der Übergang
zu einer neuen Form von begrenzter Staatlichkeit, beschrieben als mehrdeutige Global
Governance, schuf ein neues Macht- und Kampffeld, in dem nach wie vor die privaten
Akteure einer politischen Public Private Partnership die Macht besitzen. Diese Politik von
Global Governance und die asymmetrische Public Private Partnership fand in der aufgeklärten sozial engagierten Zivilgesellschaft keinen Beifall, sondern scharfe Kritik, Protest
und Widerstand. Im Laufe der letzten Jahrzehnte wuchs die globalisierungskritische Bewegung in vielen Ländern und über die Grenzen hinaus stärker zusammen und trat mit
gemeinsamen Forderungen an die Öffentlichkeit. Zwar wurden die politischen Machtzen-
tren des Neoliberalismus nicht erschüttert, aber sie wurden sensibel und reagierten auch auf
Druck von wachsenden Kräften, die eine soziale Einbettung des kapitalistischen Systems
verlangten. Eine dieser Reaktionen ist die seit 2001 von der EU-Kommission gepuschte
Kampagne zu Corporate Social Responsibility (CSR)[2]. Diese Politik soll Unternehmen fördern, die freiwillig über die unzureichenden gesetzlichen Regelungen hinaus agieren. Damit soll insbesondere ein Schaufenster für ethisches Investment entwickelt werden. Dieses
marktförmige Instrument kann unter Umständen punktuelle, aber nicht strukturelle Verbesserungen bewirken.

Das politische Machtgefüge in den Vereinten Nationen und der EU unterliegt dem
ständigen Druck sich verändernder Kräfteverhältnisse. Wechselnde politische Mehrheiten
und starker öffentlicher Druck können etwas bewirken. Die folgende Übersicht zeigt Aus-
schnitte einer wechselvollen Geschichte. Politische Initiativen zur sozialen Regulierung
der globalen Lohnkonkurrenz wurden und werden stets mit Gegenoffensiven beantwor-
tet, die sehr geschickt und gut verpackt den Anschein erwecken, als würde man nun die

---

[1] Internationaler Gewerkschaftsbund 2011.
[2] EU Kommission, 2001, Grünbuch.

sozialen Probleme ernst nehmen und an Lösungen arbeiten. Leider werden Strukturen, die zu Arbeitsrechtsverletzungen führen, nicht angetastet. Verbindliche Regeln mit Berichtspflichten, Sanktionen, Ersatzansprüchen und Haftpflicht wären die ersten notwendigen Hebel zur Beseitigung von Arbeitsrechtsverletzungen.

Die folgende kommentierte Zeittafel mit ausgewählten Daten zur Geschichte der Auseinandersetzung über die Regulierung der gesellschaftlichen Verantwortung von transnational agierenden Unternehmen zeigt auf, was seit den Siebziger Jahren, dem Beginn der Debatte, geschah und wie bisher durch wirtschaftlich und politisch Mächtige das Primat der Politik zur Regulierung der Ökonomie erfolgreich blockiert wurde.

Tab. 3.1 Zeittafel: Geschichte der Regulierung von CSR

1974	UN gründen auf Initiative der Entwicklungsländer (G77) das „United Nations Centre on Transnational Corporations" (UNCTC), um einen UN-Verhaltenskodex für transnationale Unternehmen zu erarbeiten. Dieses Projekt wurde 1992 nach langer Auseinandersetzung endgültig aufgegeben
1976	**OECD Guidelines for Multinational Enterprises**: Die OECD verabschiedet die Leitsätze für multinationale Unternehmen, einen Verhaltenskodex für weltweit verantwortliches Handeln von Unternehmen, Empfehlungen von Regierungen an die Wirtschaft
	Kritik: Verbindliche Pflichten mit Haftung und Sanktionen sind nicht vorgesehen
1977	Die ILO-Konferenz beschließt nach fünfjähriger Vorbereitung die „Die Dreigliedrige Grundsatzerklärung über multinationale Unternehmen und Sozialpolitik". Diese behandelt alle Themen, die für die ILO „im Zusammenhang mit den sozialpolitischen Aspekten der Tätigkeit der multinationalen Unternehmen, einschließlich der Schaffung von Arbeitsplätzen in den Entwicklungsländern, von Belang sind". 2000 und 2006 wird die Erklärung überarbeitet. Unterzeichner sind die Mitgliedstaaten der ILO, die sich bereit erklärt haben, die in dem Abkommen niedergeschriebenen Grundsätze einzuhalten und durch geeignete Gesetze, Politiken und Maßnahmen umzusetzen
	Kritik: Verbindliche Pflichten mit Haftung und Sanktionen sind nicht vorgesehen
1992	Die Konferenz der Vereinten Nationen über Umwelt und Entwicklung (UNCED) findet in Rio de Janeiro statt. Sie gilt als Meilenstein für die Integration von Umwelt- und Entwicklungsbestrebungen und verabschiedet die **Agenda 21** (nachhaltige Entwicklung). Private Akteure werden in den politischen Prozess einbezogen, so der Business Council on Sustainable Development (BCSD). In der Agenda 21 heißt es u. a.: „Die Wirtschaft einschließlich der transnationalen Unternehmen sollte die Umweltbewirtschaftung als eine der höchsten unternehmerischen Prioritäten und als Schlüsseldeterminante für eine nachhaltige Entwicklung anerkennen. Einige aufgeklärte Unternehmensführer setzen heute bereits das Konzept des verantwortlichen Handelns und der Produktverantwortung um und führen entsprechende Programme durch, fördern Offenheit und Dialog mit den Beschäftigten und der Öffentlichkeit und führen Umweltbetriebsprüfungen und Überprüfungen der Einhaltung von Umweltauflagen durch. Diese Führungsspitzen der Wirtschaft einschließlich der transnationalen Unternehmen leiten zunehmend freiwillige Eigeninitiativen ein, fördern und ergreifen Maßnahmen zur Eigenkontrolle und größeren Eigenverantwortlichkeit …"
	Kritik: Verbindliche Pflichten mit Haftung und Sanktionen sind nicht vorgesehen

1994	Dem Welthandelsabkommen GATT folgt die Gründung der Welthandelsorganisation **WTO**. Eine neue Ära der Liberalisierung der Weltmärkte wird eröffnet
1998	„Erklärung der **ILO über Grundlegende Prinzipien und Rechte bei der Arbeit und ihre Folgemaßnahmen**". Damit bekennen sich die Mitgliedstaaten der ILO zu den vier tragenden Grundprinzipien mit ihren acht Kernarbeitsnormen, die Selbstverständnis und Handeln der ILO seit ihrer Gründung bestimmen: Vereinigungsfreiheit und Recht auf Kollektivverhandlungen, Abschaffung der Kinderarbeit, Verbot der Diskriminierung in Beschäftigung und Beruf, Verbot von Zwangsarbeit
	Kritik: Es mangelt an einer wirksamen Regulierung zum Vollzug dieser inhaltlich guten Erklärung. Verbindliche Pflichten mit Haftung und Sanktionen sind nicht vorgesehen
1999	In Davos stellt der UN-Generalsekretär die in Kooperation mit der Internationalen Handelskammer (ICC) geplante Lernplattform **Global Compact** vor. Der ehemalige ICC-Präsident Helmut Maucher, (Mitglied des Nestlé-Verwaltungsrats und Leiter des European Round Table in Brüssel), benannte als Ziel des Dialogs zwischen der ICC und der UNO: „die Spitzen internationaler Unternehmen und die Führer internationaler Organisationen an einen Tisch zu bekommen, um die Erfahrung der Unternehmer und den Sachverstand der Experten für Entscheidungsprozesse im Rahmen der globalen Wirtschaft fruchtbar zu machen"[a]. Die ICC ist nach eigenen Angaben die akkreditierte Vertretung der Wirtschaft bei den Vereinten Nationen. Die Lobbyistenverbände sind zufrieden, weil der Einfluss der Wirtschaft auf die Vereinten Nationen zugenommen hat (s. Artikel hierzu in diesem Band)
	Kritik: Eine Anwendung der Grundsätze wird nicht kontrolliert. Mit dem Global Compact siegt (zunächst) die „Selbstregulierung" gegenüber der öffentlichen Kontrolle und verbindlichen Rechenschaftspflicht. Verbindliche Pflichten mit Haftung und Sanktionen sind nicht vorgesehen
2000	Update: OECD Guidelines for Multinational Enterprises (s. Artikel hierzu in diesem Band)
2001	Das **Grünbuch der EU** begründet CSR als Reaktion: „Immer mehr europäische Unternehmen agieren sozial verantwortlich als Reaktion auf mannigfaltigen gesellschaftlichen, wirtschaftlichen und ökologischen Druck…. Die Unternehmen sehen ihr freiwilliges Engagement als Zukunftsinvestition, die letztlich auch dazu beitragen soll, ihre Ertragskraft zu steigern." Die **CSR Definition der EU** lautet: Soziale Verantwortung der Unternehmen (Corporate Social Responsibility – CSR) ist ein Konzept, das den Unternehmen als Grundlage dient, um auf freiwilliger Basis soziale und ökologische Belange in ihre Unternehmenstätigkeit und ihre Beziehungen zu den Stakeholdern zu integrieren. Weiter heißt es: „Sozial verantwortlich handeln heißt nicht nur, die gesetzlichen Bestimmungen einhalten, sondern über die bloße Gesetzeskonformität hinaus „mehr" investieren in Humankapital, in die Umwelt und in die Beziehungen zu anderen Stakeholdern."
	Kritik: Verbindliche Pflichten mit Haftung und Sanktionen sind nicht vorgesehen
2001	Der Runde Tisch Verhaltenskodizes beim Bundesministerium für Wirtschaftliche Zusammenarbeit (BMZ) nimmt seine Arbeit auf und bildet ein Forum für Ministerien, Wirtschaft, Gewerkschaften und NGOs zu Fragen der Unternehmensverantwortung

2002	Weltgipfel für nachhaltige Entwicklung, Johannesburg: „Wir sind der einmütigen Auffassung, dass die Unternehmen der Privatwirtschaft ihre Rechenschaftspflicht erfüllen müssen, was innerhalb eines transparenten und stabilen ordnungspolitischen Rahmens geschehen sollte."
	Kritik: Verbindliche Pflichten mit Haftung und Sanktionen sind nicht vorgesehen
2003	Im August 2003 verabschiedet die „UN Sub Commission for the Promotion and Protection of Human Rights" nach fünfjähriger Vorarbeit einstimmig die „UN Norms on the Responsibilities of Multinational Corporations and other Business Enterprises with Regard to Human Rights"[b], die im Fall ihrer Annahme einen enormen Schritt in Richtung verbindlicher Regulierung transnationaler Unternehmen bedeutet hätten. Die UNO-Normen wären die erste umfassende Menschenrechtsnorm, die sich nicht an Staaten, sondern explizit an Unternehmen gerichtet hätte. Besonders weit gehen die UNO-Normen bei den vorgesehenen Implementierungsmechanismen: Neben regelmäßiger Berichterstattung sollen die Unternehmen einem externen Monitoring durch UNO-Organisationen oder andere Gremien unterliegen. Bei Verletzung der UNO-Normen sollen die Unternehmen weiter verpflichtet werden können, Reparationszahlungen an die Geschädigten zu leisten
	Kritik: Die Lobby der Unternehmen sorgt dafür, dass dieser Ansatz von der Tagesordnung genommen wird
2008	Anstelle der UNO-Normen wird **John Ruggie** 2005 zum **UN Sonderbeauftragten für Menschenrechte und Wirtschaft** berufen. Er legt 2008 das Rahmenwerk mit den drei Säulen „Protect, Respect, Remedy" vor (siehe ausführlichen Artikel hierzu im Band)
2009/2010	Die Bundesregierung beruft ein **CSR-Forum** ein mit dem Auftrag, Vorschläge für einen nationalen Aktionsplan der Bundesregierung zur gesellschaftlichen Verantwortung der Unternehmen zu entwickeln. Das CSR-Forum einigt sich auf folgende **Definition von CSR**[c]: „Corporate Social Responsibility (CSR) bezeichnet die Wahrnehmung gesellschaftlicher Verantwortung durch Unternehmen über gesetzliche Anforderungen hinaus. CSR steht für eine nachhaltige Unternehmensführung im Kerngeschäft, die in der Geschäftsstrategie des Unternehmens verankert ist. CSR ist freiwillig, aber nicht beliebig."
	Kritik: Aus den Vorschlägen formt die Bundesregierung 2010 ihren Aktionsplan, der den bisherigen CSR-Ansatz fördert und von den Unternehmen nichts verlangt. Wirtschaftsvertreter blockieren den Vorschlag, staatliche Außenwirtschaftsförderung an die Einhaltung von anerkannten Standards (OECD-Leitsätze, Dreigliedrige Erklärung) zu binden. Verbindliche Pflichten mit Haftung und Sanktionen sind nicht vorgesehen
2011	2. Update:OECD Guidelines for Multinational Enterprises (s. Artikel hierzu in diesem Band)

[a] Christian G. Caubet, zitiert nach LE MONDE diplomatique vom 16.09.2005
[b] http://www1.umn.edu/humanrts/links/norms-Aug2003.html
[c] Nationale Strategie zur gesellschaftlichen Verantwortung von Unternehmen (Corporate Social Responsibility – CSR) Aktionsplan CSR der Bundesregierung, Berlin (2010), S. 35

Freiwillig, aber nicht beliebig

4

Eva Kocher

Einer der Mythen um Corporate Social Responsibility (CSR) lautet: Alles freiwillig – und damit völlig unverbindlich. Das ist häufig aber nur zur ersten Hälfte richtig: Unternehmen sind nicht dazu verpflichtet, eine CSR-Politik zu betreiben: CSR ist „ein Konzept, wonach Unternehmen sich freiwillig dazu entscheiden, zu einer besseren Gesellschaft und einer saubereren Umwelt beizutragen"[1]. Das heißt aber nicht, dass ein Unternehmen, das sich „freiwillig" zu einer CSR-Politik entschlossen hat, diese auch jederzeit wieder aufgeben kann: Wie im Folgenden genauer gezeigt wird, können viele der im CSR-Kontext verwendeten Instrumente durchaus rechtlich verbindlich sein.

4.1 Gegenstand der Versprechen

Die Frage der rechtlichen Bindung stellt sich auf den ersten Blick nur, soweit ein Unternehmen „freiwillig" etwas verspricht, zu dem es nicht ohnehin bereits durch Gesetz und Recht verpflichtet ist. Wirft man jedoch einen genaueren Blick auf die Gegenstände von CSR-Politiken, so können da schnell Zweifel kommen. So werden z. B. im Bereich „Sozialstandards" Verbote von Kinderarbeit und Zwangsarbeit, Vereinigungs- und Kollektivverhandlungsfreiheit, Diskriminierungsschutz, Mindestentgelte oder Höchstarbeitszeiten geregelt. Die CSR-Texte verweisen dabei sogar mehr oder weniger explizit auf geltende völkerrechtliche Regeln sowie auf das jeweilige nationale Recht am Produktionsort.

Ermächtigen sich die Unternehmen hier also großzügig dazu, sich freiwillig an Regeln halten zu wollen, an die sie ohnehin gebunden sind? Für das internationale Recht stimmt

---

[1] Europäische Kommission 2001; Europäische Kommission 2006.

E. Kocher (✉)
Europa-Universität Viadrina, Frankfurt a. M., Deutschland
E-Mail: kocher@euv-frankfurt-o.de

G. Burckhardt (Hrsg.), *Corporate Social Responsibility – Mythen und Maßnahmen*,
DOI 10.1007/978-3-658-02842-8_4, © Springer Fachmedien Wiesbaden 2013

das nicht. Denn rechtlich sind private Unternehmen nicht an völkerrechtliche Standards gebunden. Und selbst wenn in CSR-Politiken nur die Einhaltung von Regeln des nationalen Rechts versprochen wird, an die Unternehmen ohnehin rechtlich gebunden sind, sollte dies nicht von vornherein als illegitim abgetan werden. CSR-Politiken könnten ein Instrument sein, rechtliche Anforderungen effektiv in die tägliche unternehmerische Praxis zu transportieren – allerdings zum Preis einer Privatisierung staatlicher und internationaler Normen und Rechte.[2]

Interessant wird es jedoch bei der Frage, ob die Wiederholung gesetzlicher Anforderungen in CSR-Dokumenten noch zusätzliche rechtliche Durchsetzungsmöglichkeiten anbietet, die über die gesetzlichen Durchsetzungsmöglichkeiten hinausgehen.

4.2   Die Verbindlichkeit von Verträgen und Versprechen

Als Instrumente zur privaten Regulierung von Sozialstandards dienen im CSR-Kontext vor allem einseitige unternehmerische Erklärungen (Selbstverpflichtungserklärungen, Verhaltenskodizes, Codes of Conduct, Standards of Engagement) oder Internationale Rahmenabkommen (International Framework Agreements, IFAs).

Soweit diese als Verträge formuliert und ausgestaltet sind, kann an der rechtlichen Verbindlichkeit kaum ein Zweifel bestehen.[3] Und auch einseitige Selbstverpflichtungen können in vertragliche Instrumente integriert sein. Wenn ein Unternehmen z. B. ein CSR-Label beantragt, wird es sich gegenüber der Zertifizierungsagentur Pflichten unterwerfen, vor allem in Bezug auf Monitoring und Kontrolle. Außerdem werden die Kodizes in der Regel in die Zuliefer-Verträge oder als „Ethik-Richtlinien" in die Verträge mit Beschäftigten oder Leitenden Angestellten aufgenommen.

Interessant sind aber auch solche vertraglichen Formen, die die Einhaltung bestimmter CSR-Standards gegenüber den KundInnen versprechen. Man könnte fragen: Wenn sich ein Unternehmen auf bestimmte CSR-Politiken beruft, indem es auf seiner Website einen Verhaltenskodex veröffentlicht und mit diesem wirbt, verspricht es dann nicht allen VerbraucherInnen, dass seine Produkte unter menschenwürdigen Arbeitsbedingungen produziert wurden? Und kann dann nicht jede/r Verbraucher/in dieses Versprechen auch einklagen? Im Prinzip ja – das Vertragsrecht jedenfalls betrachtet jede verbindliche Aussage gegenüber (potenziellen) VertragspartnerInnen als bindendes Versprechen. Werbeaussagen können so zu Vertragsinhalten werden.[4]

Aber was heißt „vertragliche Verbindlichkeit" in diesen Fällen? Wer könnte aus diesen Vereinbarungen Rechte herleiten? Und um welche Rechte könnte es sich handeln?

---

[2] Siehe genauer Kocher 2010, S. 39 ff.

[3] Für Internationale Rahmenabkommen (IFAs) siehe Mund und Priegnitz 2007, S. 675; zur Rechtsqualität zum Beispiel Kocher 2006, Rn 97; Seifert 2006, S. 205, 219.

[4] Siehe § 434 Abs. 1 Satz 3 BGB; genauer Dilling 2005, S. 283 ff.

Zunächst ist die Frage der Verbindlichkeit eines Vertrags vom Wortlaut abhängig: „Verpflichtet" sich das Unternehmen zur Einhaltung von Standards, verpflichtet es sich nur (wie in vielen IFAs) zum steten Dialog und zur gegenseitigen Information oder „erklärt" es sogar lediglich, sich um eine stete Verbesserung der Sozialstandards zu kümmern? Ob man sich vor Gericht auf eine solche Vereinbarung berufen kann, hängt dann von der konkreten Formulierung, von der Auslegung durch das jeweilige Gericht sowie davon ab, wie das Gericht den Verständnishorizont der ErklärungsempfängerInnen einschätzt.

Außerdem: Selbst wenn man feststellt, dass eine verbindliche Erklärung abgegeben wurde, so kann nur der/die jeweilige Vertragspartner/in Rechte daraus herleiten. Bei der Aufnahme in Zulieferverträge hat ein Verstoß gegen den Kodex meist die Möglichkeit einer Abmahnung bzw. einer Kündigung des Liefervertrags zur Folge. Bei der Aufnahme einer Ethik-Richtlinie in Arbeitsverträge bedeutet ein Verstoß ebenfalls Rechte zu Abmahnung und Kündigung für den jeweiligen Arbeitgeber. Kann man im Ausnahmefall einmal von einer verbindlichen Erklärung gegenüber den betroffenen Beschäftigten ausgehen, so können diese nach dem jeweiligen nationalen Recht klagen.

4.3 Irreführung durch nicht eingehaltene Versprechen

In Deutschland wird es am ehesten möglich sein, verbindliche Erklärungen gegenüber VerbraucherInnen festzustellen; diese können bei Verstößen die konkrete Ware zurückgeben. Außerdem könnte ein nicht eingehaltenes Versprechen gegenüber AbnehmerInnen oder VerbraucherInnen als irreführende Werbung unzulässig sein. Im deutschen Recht hätte dies dann Klagerechte von (Verbraucher-)Verbänden zur Folge, die Unterlassung und Beseitigung bzw. bei Verschulden sogar Schadensersatz oder Gewinnabschöpfung verlangen könnten.

Meist versprechen die Unternehmen gar nicht, dass die Standards wirklich eingehalten werden, sondern sie versprechen bei genauerem Hinsehen nur, sich um eine Verbesserung der Bedingungen zu bemühen. Aber selbst wenn eine Werbung objektiv richtig sein sollte, kann sie irreführend sein. Eine Werbung eignet sich schon dann zur Täuschung, wenn es eine relevante Zielgruppe des fraglichen Produkts gibt, für die es eine signifikante Rolle bei der Kaufentscheidung spielt, unter welchen Bedingungen die Ware produziert wurde; die Irreführung von 10 bis15 % der KundInnen kann ausreichen.[5]

Nachdem in den USA bereits Ende der 1990er Jahre entsprechende Gerichtsverfahren geführt wurden[6], erhoben im April 2010 die Verbraucher-Zentrale Hamburg zusammen mit NROs[7] Klage wegen unlauteren Wettbewerbs gegen das deutsche Unternehmen Lidl. Das Unternehmen hatte in der Öffentlichkeit immer wieder darauf hingewiesen, es habe

---

[5] Z. B. Bundesgerichtshof1998, S. 294, 295.

[6] Siehe ausführlich Kocher 2004, S. 201 ff.

[7] Kampagne für Saubere Kleidung (CCC) und European Center for Constitutional and Human Rights (ECCHR).

sich dazu verpflichtet, die Einhaltung des BSCI-Verhaltenskodex über menschenwürdige Arbeitsbedingungen bei den Lieferanten – in einem „Entwicklungsansatz" – durchzusetzen. Durch die Befragung von Näherinnen in vier Firmen in Bangladesch konnte jedoch festgestellt werden, dass das Unternehmen in Wirklichkeit keine ernsthaften Bemühungen in diese Richtung unternahm. Lidl wiederum kam der in der Unterlassungsklage enthaltenen Forderung bereits kurze Zeit nach Klageerhebung nach und erklärte, in Zukunft die Werbung mit der Einhaltung von Sozialstandards zu unterlassen.

4.4   Illegitime Spiele mit Menschenrechten?

Die Klagen aus Verbraucherperspektive greifen die CSR-Politiken in der Sache an einer wichtigen Stelle an: Indem sie die Versprechen ernst nehmen, stellen sie gleichzeitig deren Seriosität in Frage. Es geht um Entmystifizierung und Aufdeckung der Täuschungseignung, die CSR-Politiken inhärent ist. Und das ist aus mehreren Gründen bedeutsam und wichtig:

Erstens kritisiert sie die vage und in sich widersprüchliche Politik der „Freiwilligkeit" und des „soft law", indem sie deutlich macht, dass selbst ein freiwillig ausgesprochenes Versprechen nicht gebrochen werden darf.

Zweitens zeigt sie auf, wie hier mit dem Recht gespielt wird: Denn die Unternehmen beziehen sich für ihre CSR-Politiken auf völkerrechtliche Konventionen und nehmen dadurch deren Legitimität für sich in Anspruch – ohne sie in entsprechende Autorität und Effektivität zu übersetzen. Sie privatisieren damit internationale Menschen- und Grundrechte.

Drittens fordert die Entmystifizierung den Gesetzgeber. Die Gefahren dieses „Spiels mit dem Recht" liegen mittlerweile so deutlich auf der Hand, dass eine begleitende gesetzliche Regulierung dringend erforderlich scheint. Es bedarf einer entsprechenden Publizität und Offenlegung sowie der Einhaltung von Mindeststandards für „Corporate Social Responsibility", wenn mit diesen öffentlich Werbung betrieben wird.

Die UN Leitprinzipien zur menschenrechtlichen Verantwortung von Unternehmen – Ist das Glas halb voll oder halb leer?

Elisabeth Strohscheidt und Armin Paasch

Am 16. Juni 2011 nahm der UN-Menschenrechtsrat auf seiner 17. Sitzung die UN-Leit-prinzipien zur menschenrechtlichen Verantwortung von transnationalen Konzernen und anderen Wirtschaftsunternehmen an.[1]Sie sind das Ergebnis der sechsjährigen Arbeit des Harvard Politik-Professors und UN-Sonderbeauftragten zum Thema Wirtschaft und Menschrechte [2], John Ruggie. Die Leitprinzipien dienen der Operationalisierung des Re-ferenzrahmens zur menschenrechtlichen Verantwortung von Unternehmen, den Ruggie dem Menschenrechtsrat im April 2008 vorgestellt hatte.

5.1 Vorgeschichte

Die Berufung John Ruggies durch den UN-Generalsekretär erfolgte 2005 auf Empfehlung der damaligen UN-Menschenrechtskommission. Diese hatte zuvor den von ihrem eigenen Expertengremium vorgelegten Entwurf von 23 Normen zur menschenrechtlichen Verant-wortung von Unternehmen ohne vorherige inhaltliche Diskussion verworfen.[3] Damit war

---

[1] UN Human Rights Council 2011. Für eine Analyse der Diskussion beim UN-Menschenrechtsrat vgl. Strohscheidt 2011.

[2] Special Representative of the Secretary-General on the issue of human rights and transnational corporations and other business enterprises.

[3] Für eine detaillierte Auseinandersetzung mit Inhalt und Diskussionsprozess um die UN-Normen „UN Norms on the Responsibility of Transnational Corporations and Other Business Enterprises with Regard to Human Rights" vgl. Strohscheidt 2005 sowie Feldt 2006.

E. Strohscheidt (✉) · A. Paasch
MISEREOR, Aachen, Deutschland
E-Mail: Elisabeth.Strohscheidt@misereor.de

A. Paasch
E-Mail: Armin.Paasch@misereor.de

G. Burckhardt (Hrsg.), *Corporate Social Responsibility – Mythen und Maßnahmen*,
DOI 10.1007/978-3-658-02842-8_5, © Springer Fachmedien Wiesbaden 2013

erneut ein Versuch gescheitert, innerhalb der UN zu einem international verbindlichen Regelwerk zu gelangen, das außerhalb der ILO auch übergreifende Fragen der menschenrechtlichen Verantwortung und Kontrolle transnationaler und anderer Wirtschaftsunternehmen beinhaltete. Bereits in den 1960er und 1970er Jahren waren die in der Gruppe der G77 zusammengeschlossenen Entwicklungsländer mit ihrer Forderung gescheitert, das Verhalten von Konzernen auf internationaler Ebene zu regulieren.[4] Statt Kontrolle wurde die Deregulierung zum Mantra der internationalen Politik der 1980er und 1990er Jahre. Statt verbindlicher Regeln für Unternehmen gewann der Gedanke der „Partnerschaft mit der Wirtschaft" an Einfluss. Vor diesem Hintergrund, insbesondere der polarisierten Diskussion um die o.g. UN-Normen zur Unternehmensverantwortung, übernahm Ruggie 2005 sein Mandat.

Der UN-Sonderbeauftragte sollte insbesondere Standards in Hinsicht auf die menschenrechtliche Verantwortung und Rechenschaftspflicht (*Corporate Responsibility and Accountability*) von Unternehmen identifizieren und bewerten sowie sich zur Rolle der Staaten und ihrer Verantwortung zur effektiven Kontrolle von transnationalen und anderen Wirtschaftsunternehmen äußern. Ursprünglich auf zwei Jahre befristet, wurde sein Mandat 2007 um ein Jahr und 2008 um weitere drei Jahre verlängert.

5.2   Inhalt und Bewertung von Referenzrahmen und Leitprinzipien

Eine wesentliche Ursache für die bestehenden Probleme im Bereich Wirtschaft und Menschenrechte sieht Ruggie in der mangelnden Steuerungs- und Regulierungsfähigkeit der Staaten. „The root cause of the business and human rights predicament today lies in the governance gaps created by globalization – between the scope and impact of economic forces and actors, and the capacity of societies to manage their adverse consequences. These governance gaps provide the permissive environment for wrongful acts by companies of all kinds without adequate sanctions or reparation. How to narrow and ultimately bridge the gaps in relation to human rights is our fundamental challenge." So der Sonderbeauftragte 2008 in seinem Bericht an den UN Menschenrechtsrat.[5] Der Menschenrechtsrat begrüßte den vorgelegten Referenzrahmen „Protect, Respect and Remedy" und bat den Sonderbeauftragten, bis zur 17. Tagung des Rates im Mai/Juni 2011 Vorschläge zur Operationalisierung zu erarbeiten.

Der „Protect, Respect and Remedy" Referenzrahmen baut auf drei Säulen auf: Er enthält erstens die staatliche Pflicht, die Menschenrechte zu schützen, auch gegen Übergriffe durch Dritte, wie etwa Unternehmen (*State Duty to Protect*). Diese Schutzpflicht der Staaten ist völkerrechtlich verbindlich. Die zweite Säule des Referenzrahmens befasst sich mit

---

[4] Auch der auf Initiative der G77 vom United Nations Center on Transnational Corporations (UNCTC) im Auftrag des Wirtschafts- und Sozialrat der Vereinten Nationen (ECOSOC) erarbeitete internationale Verhaltenskodex für Unternehmen kam nie zur Abstimmung.

[5] Der Menschenrechtsrat ist die Nachfolgeorganisation der Menschenrechtskommission.

der Verantwortung der Unternehmen, die Menschenrechte zu achten (*Corporate Responsibility to Respect*). Hierbei handelt es sich nach Überzeugung von Ruggie zwar nicht um eine völkerrechtliche Verpflichtung, wohl aber um einen „globalen Standard" (Prinzip 11) für das Verhalten aller Unternehmen, dessen Erfüllung überdies auch im Interesse der Unternehmen selbst liegt. Die dritte Säule seines Modells befasst sich mit dem (mangelnden) Zugang von Opfern von Menschenrechtsverletzungen durch Unternehmen zu Wiedergutmachung und Entschädigung (*Access to Remedy*).

5.2.1 Stärken und Schwächen[6]

Eine Stärke des Referenzrahmens liegt in der Betonung der Staatenpflicht zur Kontrolle und Regulierung der Unternehmen. Staaten werden unter anderem aufgefordert, bestehende Gesetze zum Schutz gegen Menschenrechtsverletzungen durch Unternehmen durchzusetzen sowie regelmäßig zu überprüfen, ob die Gesetze ausreichen und entsprechende Lücken zu schließen. Die Staaten sollen auch sicherstellen, dass Investitions- und Handelsabkommen nicht zur Einschränkung und Gefährdung der Menschenrechte führen und der Vergabe von Mitteln der Außenwirtschaftsförderung menschenrechtliche Kriterien zugrunde liegen. Eine weitere Stärke liegt in der expliziten Bestätigung, dass Unternehmen gegen alle Menschenrechte verstoßen können, so z. B. auch das Recht auf Nahrung, auf sauberes Wasser, auf Gesundheit, auf freie Meinungsäußerung oder Versammlungs- oder Vereinigungsfreiheit.

Ruggie fordert die Unternehmen auf, die menschenrechtlichen Folgen (*Impact*) ihres Handelns im Vorfeld abzuschätzen und sicherzustellen, dass kein Schaden angerichtet wird (*Do No Harm*). Im Sinne eines effektiven menschenrechtlichen Risikomanagements rät Ruggie den Unternehmen zur nötigen Sorgfaltspflicht (*Due Diligence*). Dazu gehören Menschenrechtsverträglichkeitsprüfungen. Die Verantwortung des Unternehmens umfasst dabei die gesamte Wertschöpfungskette sowie das gesellschaftliche Umfeld.

Leider sind die Empfehlungen in den Leitprinzipien an einigen Stellen schwächer als die Empfehlungen im Referenzrahmen von 2008. Dies betrifft u. a. Fragen der Verantwortung für die Wertschöpfungskette wie auch die extraterritorialen Staatenpflichten.[7] In einer gemeinsamen Erklärung hatten rund 125 Nichtregierungsorganisationen[8] im Janu-

---

[6] Für eine detaillierte Analyse der Stärken und Schwächen des Referenzrahmens vgl. Martens 2008.

[7] In den „Maastrichter Prinzipien zu Extraterritorialen Staatenpflichten im Bereich der Wirtschaftliche, Sozialen und Kulturellen Rechten" von September 2011 vertreten Menschenrechtsexperten aus Wissenschaft, Zivilgesellschaft und UN-Institutionen in dieser Hinsicht eine deutlich weiter reichende Interpretation des Völkerrechts als die UN-Leitprinzipien. Siehe dazu auch Windfuhr 2012.

[8] Darunter Amnesty International, Human Rights Watch, die International Commission of Jurists, FIDH, ESCR-Net und die CIDSE, ein internationales Netzwerk katholischer Werke der Entwicklungszusammenarbeit, in der auch MISEREOR aktiv mitarbeitet. Zu den verschiedenen mündlichen und schriftlichen Stellungnahmen der CIDSE zur Arbeit des UN Sonderbeauftragten siehe www.cidse.org.

ar 2011 auf Schwachstellen im Entwurf der Leitprinzipien hingewiesen. Einer der Kritikpunkte betraf die konservative Interpretation extraterritorialer Staatenpflichten, ein anderer die Betonung nicht-juristischer Maßnahmen in Fragen des Zugangs der Opfer zu
Wiedergutmachung und Entschädigung. Zwar betont Ruggie die Bedeutung des Rechts-
weges für den Opferschutz, die konkreten Empfehlungen beziehen sich jedoch vor allem
auf Beschwerdemechanismen der Unternehmen selbst. Auch das international verankerte
Recht auf Entschädigung als substantieller Bestandteil des Rechts auf Wiedergutmachung
werde in den *Guiding Principles* nicht hinreichend bestärkt. Andererseits legen die *Guiding
Principles* zumindest Effektivitätskriterien für staatliche und nicht-staatliche Beschwerdemechanismen fest.

Viele Organisationen der Zivilgesellschaft hatten auf eine stärkere Vision gehofft. Ein
klares Bekenntnis zur Weiterentwicklung internationaler Rechtsnormen bleibt Ruggie –
mit Ausnahme auf Konfliktregionen – schuldig. Seine Empfehlungen sind vor allem nati-
onalstaatlich umzusetzen, doch die Probleme sind global. Was Ruggies Konzept ebenfalls
fehlt, ist die Beziehung der Säulen aufeinander. So fehlt z. B. eine klare Aufforderung an
die Staaten, im Rahmen ihrer Schutzpflicht die von den Unternehmen geforderte *Due Diligence* falls nötig auch über Gesetze oder Sanktionen durchzusetzen.[9] Insbesondere die
dritte Säule seines Modells bleibt zu schwach, um den im Referenzrahmen 2008 analysierten „Flickenteppich" bestehender Maßnahmen zum Opferschutz zu einem vollständigen
Schutzsystem weiterzuentwickeln, wie Ruggie es selbst gefordert hatte.

Der Sonderbeauftragte bezeichnete seinen Ansatz als „prinzipientreuen Pragmatismus".
Er hat ihm breiten Konsens in der UN gesichert und Zustimmung von Seiten namhafter
Unternehmen und Verbände. Der Preis war eine inhaltliche Schwächung von Rahmenwerk
und Leitprinzipien. Gemessen an der Herausforderung bleiben die vorgelegten Prinzipien
insgesamt bescheiden. Vielleicht sind sie gerade deshalb mehrheitsfähig und umsetzbar.

5.3 Schwerfälliger Start bei der Umsetzung

Trotz der beschriebenen Schwächen ist zu würdigen, dass die *Guiding Principles* in der Debatte um Wirtschaft und Menschenrechte eine neue Dynamik entfacht haben. Inwieweit
dies zu spürbaren Verbesserungen für die Betroffenen führen wird, ist bislang eine offene
Frage. Um die Verbreitung und Umsetzung der *Guiding Principles* international zu unterstützen, hat der UN-Menschenrechtsrat im September 2011 als Nachfolge für den UN-
Sonderbeauftragten John Ruggie eine fünfköpfige Arbeitsgruppe eingerichtet.[10] Seither

---

[9] vgl. De Schutter et al. 2012.

[10] Die Mitglieder sind: Michael Addo (Afrikanische Gruppe), Puvan Selvanathan (Asiatische Gruppe), Pavel Sulyandziga, bekannt als Vertreter indigener Rechte (Osteuropäische Gruppe), Alexandra
Guaqueta (Gruppe der lateinamerikanischen Staaten und der Karibik). Wegen ihrer Tätigkeit für die
umstrittenen Zeche Cerréjon in Kolumbien sehen NROs diese Mitgliedschaft sehr kritisch. Für die
westliche Gruppe wurde Margarat Jungk berufen, die weithin anerkannte Gründerin der Arbeitsgruppe zu Wirtschaft und Menschenrechten des Dänischen Menschenrechtsinstituts.

hat die Arbeitsgruppe einen Länderbesuch in die Mongolei durchgeführt (Oktober 2012), in Genf ein Forum zu Wirtschaft und Menschenrechten ausgerichtet (Dezember 2012) sowie unter Regierungen und Unternehmen eine Umfrage zum Stand der Umsetzung der *Guiding Principles* durchgeführt. Auf dieser Grundlage hat sie dem UN-Menschenrechtsrat im März 2013 einen Bericht mit Empfehlungen an Regierungen, Unternehmen, die Vereinten Nationen sowie weitere *Stakeholders* vorgelegt. Den Regierungen empfiehlt die Arbeitsgruppe unter anderem, interministerielle Arbeitsgruppen zur Umsetzung der Leitlinien einzurichten, rechtliche Lücken und Hindernisse beim Zugang zu Rechtsmitteln zu identifizieren und zu schließen sowie nationale Aktionspläne zur Umsetzung der *Guiding Principles* zu entwickeln. Die Arbeitsgruppe selbst will in nächster Zeit Empfehlungen zur Verbesserung des Zugangs zu Rechtsmitteln erarbeiten sowie einen eigenen Bericht zur Relevanz der Prinzipien zum Menschenrechtsschutz indigener Völker vorlegen.[11]

Wenngleich die Empfehlungen und Prioritäten der Arbeitsgruppe grundsätzlich in die richtige Richtung weisen, ist die Wirkung bislang aufgrund der mangelnden finanziellen und politischen Unterstützung sehr fraglich. Das internationale Desinteresse äußerte sich unter anderem darin, dass die Arbeitsgruppe auf ihre Umfrage von Seiten der Regierungen lediglich 26 Rückmeldungen erhielt. Zu der schweigenden Mehrheit zählt auch die deutsche Bundesregierung, welche einen systematischen Umsetzungsprozess auch auf nationaler Ebene bislang verweigert. Zwar hat das Bundesministerium für Arbeit und Soziales ein Gutachten zu möglichen Umsetzungsschritten in Auftrag gegeben. Allerdings beschränkte sich der Auftrag explizit auf die zweite Säule der *Guiding Principles*, also jene Maßnahmen, die eigentlich in die Zuständigkeit von Unternehmen fallen. Mit ihrer eigenen Schutzpflicht vor Menschenrechtsverstößen durch Unternehmen und der Frage des Zugangs zu Rechtsmitteln hat sich die Bundesregierung bislang nicht beschäftigt. Die Forderung der UN-Arbeitsgruppe, der EU-Kommission und der deutschen NRO zur Erarbeitung eines nationalen Aktionsplans hat sie sowohl gegenüber den NRO als auch gegenüber dem Bundestag bislang abschlägig beschieden. Selbst eine Klärung der Zuständigkeiten innerhalb der Bundesregierung ist noch nicht erfolgt.

Das Forum Menschenrechte und das Netzwerk für Unternehmensverantwortung (CorA) haben die Bundesregierung gebeten, diese Blockadehaltung aufzugeben und einen partizipativen Prozess zur Erarbeitung eines umfassenden Aktionsplans zu ermöglichen. In einem gemeinsamen Positionspapier fordern sie vor allem verbindliche Regeln für die menschenrechtliche Sorgfalt deutscher Unternehmen, die Kopplung von Außenwirtschaftsförderung und öffentlichen Aufträgen an eine solche Sorgfaltspflicht sowie den Vorrang von Menschenrechten in der Handels-, Investitions- und Rohstoffpolitik (CorA und Forum Menschenrechte 2013). Die *Guiding Principles* betrachten sie ausdrücklich nicht als Maß aller Dinge, sondern als einen „ersten unverzichtbaren Baustein". Ihren Forderungen haben sie daher auch andere einschlägige Dokumente wie die UN-Leitprinzipien zu extre-

---

[11] UN Human Rights Council: Report of the Working Group on the issue of human rights and transnational corporations and other business enterprises, 14.3.2013: http://www.ohchr.org/Documents/ HRBodies/HRCouncil/RegularSession/Session23/A-HRC-23-32_en.pdf.

mer Armut und Menschenrechten sowie die Maastrichter Prinzipien zugrunde gelegt, die an vielen Stellen verbindlicher formuliert sind und die extraterritorialen Staatenpflichten stärker betonen.

Eine solche Herangehensweise ist mit dem Grundgedanken der *Guiding Principles* durchaus vereinbar; hatte Ruggy sie doch selbst als das „Ende vom Anfang" – und gerade nicht als den „Anfang vom Ende" – eines Prozesses bezeichnet. Damit aus dem „Ende vom Anfang" nicht doch der Anfang vom Ende wird, wird es allerdings eines deutlich stärkeren politischen Willens seitens der Regierungen bedürfen. Dies gilt sowohl für die Umsetzung der *Guiding Principles* als absoluten Mindeststandard auf den nationalen Ebenen als auch auf internationaler Ebene. In der UN-Debatte im Juni 2011 hatten sich einige Regierungen offen für einen stärkeren internationalen Rechtsrahmen ausgesprochen, darunter Ägypten, Ecuador, Ghana und Südafrika. Die von Ruggie analysierten *Global Governance Gaps* werden mittel- und langfristig auch *Global Governance Solutions* brauchen.

Teil II
Staatliche Schutzpflicht und Rechtsschutz in Europa, insbesondere in Deutschland

Extraterritorialer Menschenrechtsschutz und Unternehmensverantwortung: Eine europäische Perspektive

6

Daniel Augenstein

Im Herbst 2009 hat die Europäische Kommission eine Studie in Auftrag gegeben, die auf Grundlage der Arbeit des UN Sonderbeauftragten für Wirtschaft und Menschenrechte, John Ruggie, den für den Menschenrechts- und Umweltschutz relevanten Rechtsrahmen für europäische Unternehmen, die außerhalb der EU operieren, beleuchten sollte. Die Studie sollte sich insbesondere mit der extraterritorialen Dimension der staatlichen Schutzpflicht (die erste Säule des *UN Protect Respect Remedy Framework*) in Bezug auf multinationale Unternehmen beschäftigen. Eine Zielsetzung war es, die allgemeinen rechtlichen Problemstellungen und Regelungslücken, die sich aus dem Spannungsverhältnis von staatsbezogenen Menschenrechtsverpflichtungen und global operierenden Wirtschaftsunternehmen ergeben, aus europäischer Perspektive darzustellen. Auf dieser Grundlage sollten einzelne Rechtsbereiche – vom Menschen- und Umweltrecht über Handels- und Investitionsrecht bis hin zum Strafrecht, Gesellschaftsrecht und internationalen Privatrecht, näher beleuchtet werden. Dieser Beitrag fasst in groben Zügen einige der wesentlichen Forschungsergebnisse der nun vorliegenden Studie zusammen.[1] Die grundlegenden Aussagen der Studie bleiben von den später veröffentlichten UN Richtlinien, mit denen der UN Sonderbeauftragte[2] sein Mandat abgeschlossen hat, unberührt.

---

[1] Siehe Augenstein et al. 2010. Diese Kurzabhandlung, wie auch die Studie selbst, reflektiert nicht unbedingt die Ansichten der Europäischen Kommission.

[2] Ruggie 2011.

D. Augenstein (✉)
Tilburg University, Tillburg, The Netherlands
E-Mail: D.H.Augenstein@uvt.nl

G. Burckhardt (Hrsg.), *Corporate Social Responsibility – Mythen und Maßnahmen*,
DOI 10.1007/978-3-658-02842-8_6, © Springer Fachmedien Wiesbaden 2013

6.1 Mangelnde extraterritoriale Schutzpflichten der EU Staaten gegenüber global operierenden Wirtschaftsunternehmen

Vereinfacht lassen sich die rechtlichen Probleme und Regelungslücken im Bereich des extraterritorialen Menschenrechtsschutzes wie folgt darstellen: Zum einen lässt sich derzeit weder aus dem nationalen noch aus dem internationalen Recht eine allgemein anerkannte direkte Menschenrechtsbindung multinationaler Konzerne ableiten. Zum anderen beschränken sich anerkannte staatliche Schutzpflichten gegen private Menschenrechtsverletzungen prinzipiell auf Individuen innerhalb des Staatsgebietes. Während der Staat mithin verpflichtet ist, Individuen innerhalb seines Territoriums gegen Menschenrechtsverletzungen privater Unternehmen zu schützen, bleibt die extraterritoriale Dimension dieser Schutzpflicht höchst umstritten. Vor diesem Hintergrund erweist es sich als schwierig, Menschenrechtsverpflichtungen europäischer Staaten und der Europäischen Union in Bezug auf extraterritoriale Menschenrechtsverletzungen europäischer Unternehmen zu begründen. Dieses Ergebnis ist aus normativer wie politischer Hinsicht unbefriedigend und fragwürdig, bedenkt man einerseits die Vielzahl dokumentierter Menschenrechtsverletzungen in Drittstaaten, in die europäische Unternehmen (einschließlich deren Tochterunternehmen und Zulieferer) involviert waren und sind, und andererseits die Tatsache, dass viele dieser Menschenrechtsverletzungen mit schwach ausgebildeten Rechtsstaatsstrukturen in diesen Staaten und einer wirtschaftlichen Abhängigkeit von ausländischen Investitionen in Verbindung gebracht werden können.

Vor diesem Hintergrund diskutiert die Studie Möglichkeiten, entsprechende extraterritoriale Schutzpflichten der Europäischen Union und ihrer Mitgliedsstaaten aus der Europäischen Menschenrechtskonvention (EMRK) herzuleiten. Gleichzeitig wird aufgezeigt, dass die internationale Staatengemeinschaft in anderen Rechtsgebieten, wie etwa dem Umweltrecht oder der Korruptionsbekämpfung, schon vergleichbare Schutzpflichten anerkannt hat. Diese wirken einerseits in den Menschenrechtsschutz hinein und können andererseits Modellcharakter für die Weiterentwicklung der einschlägigen internationalen Menschenrechtskonventionen haben. Das internationale Umweltrecht beispielsweise verpflichtet die Europäische Union und die Europäischen Mitgliedsstaaten, die Umwelt in anderen Staaten vor negativen Einwirkungen europäischer Unternehmen zu schützen und im Falle von Verstößen effektive strafrechtliche oder zivilrechtliche Sanktionsmechanismen vorzusehen. Einige dieser Prinzipien haben schon Eingang in die Rechtsprechung des Europäischen Menschenrechtsgerichtshofs gefunden.

6.2 Verbesserung der Kohärenz zwischen für den Menschenrechtsschutz relevanten Rechtsgebieten und Politikfeldern

Die Schwierigkeit, aus dem geltenden Recht extraterritoriale Schutzpflichten von Staaten oder direkte Menschenrechtsverpflichtungen von Unternehmen herzuleiten, wirft die Frage auf, inwieweit Menschenrechte jenseits staatlicher Schutzpflichten im Rahmen anderer

Rechtsgebiete – wie etwa dem internationalen Handels- und Investitionsrecht, dem Deliktsrecht oder dem internationalen Privatrecht – geschützt werden können. Diese Frage ist eng mit der von dem UN Sonderbeauftragten angemahnten Kohärenz zwischen für den Menschenrechtsschutz relevanten Rechtsgebieten und Politikfeldern verknüpft. Rechtsgebiete wie etwa das Gesellschaftsrecht oder das internationale Handelsrecht verfolgen Zwecke, die nicht unbedingt mit dem Menschenrechtsschutz kompatibel sein müssen. Gleichzeitig sind Politikbereiche wie etwa der Außenhandel, die die Wirtschaftspraktiken multinationaler Konzerne unmittelbar prägen, oft nicht hinreichend mit den internationalen Menschenrechtsverpflichtungen des Staates abgestimmt. Mangelnde Kohärenz in diesen Bereichen kann erhebliche negative Auswirkungen haben – nicht nur für die Opfer von Menschenrechtsverletzungen sondern auch für Unternehmen und den Staat selbst.

Abgesehen von der bereits erwähnten Möglichkeit, Menschenrechte im Rahmen des Umweltschutzes stärker zu berücksichtigen, diskutiert die Studie etwa existierende Bestrebungen, die Außenhandelspolitik stärker auf Menschenrechtsbelange auszurichten, einschließlich menschenrechtsbezogener Einfuhr- und Ausfuhrbeschränkungen (etwa in Bezug auf Konfliktdiamanten oder Folterinstrumente) und Menschenrechtsklauseln in EU Freihandels-Abkommen. Die Studie beleuchtet zudem das gesellschaftsrechtliche Verhältnis zwischen europäischen Muttergesellschaften und Tochtergesellschaften in Drittstaaten, das eine Haftbarmachung europäischer Unternehmen für extraterritoriale Menschenrechtsverletzungen erheblich erschwert. Während sich im strafrechtlichen Bereich – etwa in der Korruptionsbekämpfung – in verschiedenen europäischen Mitgliedsstaaten Tendenzen abzeichnen, europäische Muttergesellschaften für bestimmte Rechtsverletzungen ihrer Tochtergesellschaften in Drittstaaten zur Verantwortung zu ziehen, bietet die Situation in privatrechtlichen Bereich allenfalls Anlass zu verhaltenem Optimismus. Mit Blick auf die Stärkung der Rechtsdurchsetzung zugunsten von Opfern von Menschenrechtsverletzungen in Drittstaaten werden die (begrenzten) Zugangsmöglichkeiten zu europäischen Gerichten für Geschädigte außerhalb der Europäischen Union diskutiert. Ob die gegenwärtige Reform des europäischen internationalen Privatrechts (Brüssel I Konvention) den Zugang von Drittstaatsangehörigen zu europäischen Gerichten verbessern oder verschlechtern wird, ist derzeit nicht abzusehen.

6.3 Ausschöpfung des Potenzials von territorialem Menschenrechtsschutz mit extraterritorialem Effekt

Territorialer Menschenrechtsschutz mit extraterritorialem Effekt bezieht sich auf Maßnahmen, die innerhalb der Europäischen Union getroffen und umgesetzt werden, mit dem Ziel, die Menschenrechte in Drittstaaten im Verhältnis zu dort operierenden europäischen Unternehmen zu schützen. Solche Maßnahmen beinhalten die bereits angesprochene Möglichkeit, Muttergesellschaften in europäischen Mitgliedsstaaten durch nationale oder europäische Gesetzgebung zu verpflichten, Kontrolle über ihre Tochtergesellschaften in Drittstaaten auszuüben, oder zumindest über deren Menschenrechtsbilanz Rechenschaft abzulegen (sogenannte *Home State Regulation*). Sie beinhalten darüber hinaus aber auch indirektere Formen der Regulierung und Einflussnahme, die sich, wenngleich rechtlich verankert, weniger auf rechtliche, denn auf wirtschaftliche Sanktionen stützen.

Die Studie diskutiert verschiedene Optionen im Investitions- und öffentlichen Wirtschaftsrecht. Ein Beispiel aus dem ersten Bereich wäre die konsequente Koppelung der Gewährung staatlicher Ausfuhrbürgschaften und Risikoversicherungen an die Respektierung der Menschenrechte in Drittstaaten durch das begünstigte Unternehmen. Auch könnten Investitionen staatseigener oder staatlich beherrschter Banken und staatlicher Pensionsfonds in private Unternehmungen, die Menschenrechte in Drittstaaten verletzen, besser kontrolliert bzw. unterbunden werden. Schließlich könnte das europäische öffentliche Vergaberecht – etwa nach dem Vorbild der EU ‚*Green Public Procurement*' Initiative – extraterritoriale menschenrechtliche Belange als Vergabekriterien mit einbeziehen. Keine dieser Optionen gewährt den Opfern von Menschenrechtsverletzungen durch europäische Unternehmen in Drittstaaten eine gesicherte Rechtsposition gegenüber der Europäischen Union, EU-Mitgliedstaaten oder dem betroffenen Unternehmen. Insoweit kann ihre Effektivität im Einzelfall bezweifelt werden. Solange es jedoch an politischem Willen mangelt, die überfälligen Reformen eines Systems des Menschenrechtsschutzes vorzunehmen, das nach wie vor auf die Bedürfnisse des frühen territorialen Nationalstaates zugeschnitten ist, mag ihre Implementierung jedenfalls kurzfristig realistischer erscheinen als die zuvor diskutierten Optionen.

Aufgabe des Staates: Menschenrechte weltweit schützen, Haftungs- und Sorgfaltspflichten für Unternehmen

Johanna Kusch

Immer wieder werden Menschenrechte durch europäische Unternehmen, die im Ausland operieren, verletzt. Typische unternehmerische Handlungen, wie die Erhöhung der Produktionsquoten, der Erwerb von Schürfrechten oder der Bau eines Stahlwerks können erhebliche menschenrechtliche Relevanz haben. Wenn etwa das Tochterunternehmen eines großen deutschen Stahlkonzerns in Brasilien ein Stahlwerk baut und Fischer aufgrund der verseuchten Bucht ihre Lebensgrundlage verlieren, dann ist das Menschenrecht der brasilianischen Fischer auf Nahrung und Arbeit verletzt. Wenn ein multinationales Bergbauunternehmen Schürfrechte in Ghana auf einem Gebiet erhält, das zuvor vom Staat zwangsgeräumt worden ist, liegt ein Eingriff in das Menschenrecht auf Wohnen vor. Und wenn ein bekanntes deutsches Modeunternehmen kurzfristig die Produktionsquoten erhöht, und die Arbeiterinnen des chinesischen Zulieferers an mehreren Wochen hintereinander sieben Tage die Woche zehn Stunden und mehr arbeiten müssen, dann sind u. a. das Menschenrecht auf gerechte Arbeitsbedingungen sowie das Menschenrecht auf Gesundheit verletzt.

7.1 Menschenrechtsschutz unzureichend

Unternehmen unterliegen – spätestens seit der UN-Menschenrechtsrat das von John Ruggie vorgeschlagene UN Rahmenwerk *Protect, Respect, Remedy*[1] angenommen hat – einer international anerkannten menschenrechtlichen Sorgfaltspflicht (*Due Diligence*). Diese

---

[1] Zum Rahmenwerk von John Ruggie, Sonderberichterstatter für Wirtschaft und Menschenrechte, siehe den Artikel von E. Strohscheidt in diesem Band.

J. Kusch (✉)
Germanwatch e. V., Berlin, Deutschland
E-Mail: kusch@germanwatch.org

G. Burckhardt (Hrsg.), *Corporate Social Responsibility – Mythen und Maßnahmen*,
DOI 10.1007/978-3-658-02842-8_7, © Springer Fachmedien Wiesbaden 2013

menschenrechtliche Sorgfaltspflicht beinhaltet, dass Unternehmen Menschenrechte res-
pektieren und Vorkehrungen treffen müssen, um mögliche nachteilige Auswirkungen des
eigenen Handelns auf Menschenrechte zu identifizieren und zu vermeiden und dort, wo
bereits Schäden entstanden sind, Wiedergutmachung zu leisten. Sie erstreckt sich auch auf
die Operationen im Ausland. Allerdings ist sie rechtlich nicht verbindlich ausgestaltet und
soll es – wenn es nach Ruggie geht – auch in Zukunft nicht sein. Die Nichteinhaltung bleibt
also für das Unternehmen folgenlos.

Staaten wiederum unterliegen einer international anerkannten Pflicht, die Menschenrechte zu schützen. Diese Schutzpflicht beinhaltet, dass Dritte – also auch Unternehmen
– Menschenrechte nicht verletzen, dass Menschenrechtsverstöße durch Unternehmen verhindert, begangene Verstöße bestraft und Betroffene entschädigt werden.

Der Menschenrechtsschutz ist aber unzureichend, wenn Länder, in denen europäische
Unternehmen operieren, nicht willens oder nicht in der Lage sind, das Verhalten von
transnationalen Unternehmen so zu regulieren, dass durch sie Menschenrechte und Umwelt nicht verletzt werden, und wenn die bestehenden Instrumente in den Ländern, in denen das Mutterunternehmen seinen Sitz hat, nicht ausreichen und unverbindlich bleiben.
Dann bestehen Verantwortungslücken.

7.2 Ausgestaltung der menschenrechtlichen Schutzpflicht in Europa

Der Menschenrechtsschutz der Europäischen Menschenrechtskonvention (EMRK) ist
in Bezug auf Unternehmenstätigkeiten im Ausland beschränkt und weit davon entfernt,
den Staaten klar und eindeutig aufzugeben, wie sie ihren Menschenrechtsverpflichtungen diesbezüglich nachkommen können. Allerdings wird die Frage nach dem territorialen Geltungsbereich der Konvention vom Europäischen Gerichtshof für Menschenrechte
(EGMR) im Einzelfall durchaus weiter ausgelegt.

Die Rechtsprechung des EGMR kann als Indikator genutzt werden, wenn bei grenz-
überschreitenden Umweltverschmutzungen, die in Menschenrechtsverletzungen münden,
Mitgliedstaaten für Versäumnisse verantwortlich gemacht werden können, wenn sie die
Unternehmenstätigkeiten in ihrem Staatsgebiet nicht ausreichend geregelt haben.

Auch hält das europäische und internationale Umweltrecht Regelungen bereit, die zum
einen extraterritoriale Wirkung entfalten und zum anderen die Verpflichtung des Staates
in Umweltfragen konkretisieren. Beispielhaft seien das Basler Übereinkommen über die
Kontrolle der grenzüberschreitenden Verbringung gefährlicher Abfälle und ihrer Entsorgung genannt, die Aarhaus-Konvention, die Standards setzt für den Zugang zu Umwelt-
informationen, die Beteiligung in umweltrelevanten Entscheidungen und den Zugang zu
Gerichten, sowie die Espoo-Konvention.[2] Es bietet sich an, die Prozesse und Standards, die

---

[2] Die Espoo-Konvention regelt die Beteiligung betroffener Staaten und deren Öffentlichkeit an Um-
weltverträglichkeitsprüfungen bei Vorhaben in anderen Staaten mit möglicherweise erheblichen
grenzüberschreitenden Auswirkungen.

im Umweltbereich entwickelt worden sind, daraufhin zu prüfen, ob Übertragungen auf den staatlichen Menschenrechtsschutz sinnvoll und möglich sind.

7.3 Ansatzpunkte im nationalen Recht

Für die EU und ihre Mitgliedstaaten gibt es außerhalb der EMRK und der Rechtsprechung des EGMR eine Reihe von Ansatzpunkten, um im Rahmen ihrer menschenrechtlichen Schutzpflichten bei grenzüberschreitenden Unternehmenstätigkeiten aktiv zu werden.

Bereits bei der Frage, wer eigentlich der richtige Klagegegner einer Klage etwa gegen das internationale Bergbauunternehmen ist, welches in Ghana zwangsenteignetes Land nutzt, zeigen sich Haftungslücken. Konzerne können sich einer Haftung entziehen, indem sie sich innerhalb einer weitverzweigten Konzernstruktur in Rechtssystemen verschiedener Staaten bewegen. Eine solche erlaubte Geschäftspraxis erschwert den Zugang für Betroffene zu Gerichten. Das deutsche Gesellschaftsrecht erschwert oder macht eine Klage brasilianischer Fischer, etwa gegen den oben erwähnten deutschen Stahlkonzern, derzeit unmöglich. So sind Tochterunternehmen nach dem gesellschaftsrechtlichen Trennungsprinzip eigenständige juristische Personen, für die das Mutterunternehmen nicht haftungsrechtlich einzustehen hat, selbst wenn es sich um eine 73-prozentige Tochter handelt. Rechtlich verbindliche Haftungspflichten des Mutterunternehmens für Menschenrechtsverletzungen des Tochterunternehmens gibt es bisher nicht.[3] Die im Auftrag der EU-Kommission verfasste Edinburgh Studie[4] empfiehlt, die in den Mitgliedsstaaten bestehenden Ausnahmen des Trennungsprinzips heranzuziehen und auf dieser Basis zu spezifizieren, unter welchen Umständen ein Mutterunternehmen für Menschenrechtsverletzungen oder Umweltverschmutzungen der Tochter haftet. In nationalen Regelungen könnten zudem schon jetzt Unternehmen bestimmte Überwachungs- oder Kontrollpflichten auferlegt werden, bei deren Nichtbeachtung die Unternehmen zur Rechenschaft gezogen werden könnten.[5]

Aber auch für das Verhalten ihrer Zulieferer sind Unternehmen rechtlich nicht verantwortlich. Diese Ausgangslage ist besonders bedenklich vor dem Hintergrund, dass – wie auch in der Edinburgh-Studie zentral festgehalten – die Mehrzahl der Menschenrechtsverletzungen von Zulieferern und Vertragspartnern transnationaler Konzerne begangen werden. Will das bekannte deutsche Textilunternehmen nun die Produktionsquote erhöht sehen, um so noch stärker von den schnell und billig produzierten Waren profitieren zu können, hat diese Entscheidung negative Auswirkungen auf die Menschenrechte, aber keinerlei haftungsrechtliche Relevanz für den Auftraggeber. Die menschenrechtliche

---

[3] Die SPD-Fraktion unterstützt eine solche Forderung in ihrem Antrag vom 7.6.2011, vgl. SPD Bundestagsfraktion 2011, BT Drucksache 17/6087.

[4] Siehe Beitrag von Augenstein in diesem Band.

[5] Überlegt z. B. von dem UK House of Lords and House of Commons Joint Committee on Human Rights.

Sorgfaltspflicht gebietet Unternehmen zwar in solchen Fällen eine andere Entscheidung zu treffen, da sie aber auf Freiwilligkeit beruht, bleibt ein Zuwiderhandeln für das Unternehmen folgenlos. Eine rechtliche Ausgestaltung der unternehmerischen Sorgfaltspflicht für Menschenrechte ist daher notwendig.

Auch eine Ausweitung der Geschäftsführerhaftung wäre sinnvoll. Bisher regelt kein EU-Mitgliedsstaat verpflichtend, dass die Geschäftsführung die menschenrechtlichen Auswirkungen bei der generellen Sorgfalt, die ihr im Zusammenhang mit der Geschäftstätigkeit des Unternehmens obliegt, berücksichtigen muss. Die Edinburgh-Studie empfiehlt hier, eine Klarstellung der Pflichten zum Menschenrechtsschutz für die Geschäftsführung. Diese Klarstellung müsse ebenfalls die Auswirkungen des Unternehmens auf Tochterunternehmen und Zulieferer in Drittstaaten beinhalten. Ebenfalls fehlt es an Offenlegungs- und Berichtspflichten für Unternehmen hinsichtlich der menschenrechtlichen Auswirkungen ihrer Tätigkeiten im Ausland. Auch hier kann bereits national angesetzt werden.

7.4   Fazit

Der staatliche Menschenrechtsschutz, bezogen auf die Auslandstätigkeit von Unternehmen, ist unzureichend, daher müssen die Staaten ihre Aufgabe stärker und konsequenter wahrnehmen. Ziel ist ein kohärenter internationaler Menschenrechtsschutz, aber auch auf europäischer und nationaler Ebene gibt es bereits jetzt sinnvolle Ansatzpunkte zur Ausgestaltung der staatlichen Schutzpflicht. Ein vielversprechender Ansatz ist die rechtliche Verankerung der menschenrechtlichen Sorgfaltspflicht von Unternehmen. Ausschlaggebend hierfür ist der politische Wille.

Hürden im deutschen Recht für Klagemöglichkeiten von Geschädigten aus dem Süden

Miriam Saage-Maaß

Häufig sind Unternehmen mit Hauptsitz in Europa durch ihre Tochterunternehmen oder Zulieferer in Menschenrechtsverletzungen im Globalen Süden verwickelt. Für die Menschen, deren fundamentale Rechte durch Unternehmen verletzt worden sind, ist dann der Zugang zu effektiven Rechtsmitteln wichtig. Nehmen wir zum Beispiel an, dass ein deutsches Unternehmen mit einer Fabrik in Bangladesch zusammenarbeitet, die das Grundwasser und den Boden so stark mit Chemikalien verseucht, dass die Gesundheit der in umliegenden Dörfern lebenden Menschen geschädigt und die Ernten vernichtet werden. Dann stellt sich die Frage, wie diese Betroffenen Entschädigung und Wiedergutmachung erlangen können. Sofern sich die verantwortlichen Unternehmen nicht freiwillig für Wiedergutmachung und Schadensersatz einsetzen, helfen insbesondere juristische Klagemöglichkeiten den Betroffenen, ihre Ansprüche auf Wiedergutmachung und Entschädigung durchzusetzen.

Als juristische Verfahren kommen für die Betroffenen von Unternehmensunrecht zum einen zivilrechtliche Entschädigungsklagen in Frage, die in der Regel darauf abzielen, Entschädigungszahlungen vom Unternehmen für die erlittenen Schäden zu bekommen. Zum anderen können die Geschädigten mit einer Strafanzeige staatliche Behörden zur Ermittlung der Geschehnisse anregen, die dann in einen Strafprozess münden können, in dem die Verantwortung des Unternehmens oder einzelner Mitarbeiter und MitarbeiterInnen für bestimmte Menschenrechtsverletzungen gerichtlich festgestellt wird.

M. Saage-Maaß (✉)
ECCHR - European Center for Constitutional and Human Rights, Berlin, Deutschland
E-Mail: saage-maasz@ecchr.eu

G. Burckhardt (Hrsg.), *Corporate Social Responsibility – Mythen und Maßnahmen*,
DOI 10.1007/978-3-658-02842-8_8, © Springer Fachmedien Wiesbaden 2013

8.1   Gastland – Heimatland Verfahren

Solche juristischen Verfahren gegen das verantwortliche Unternehmen und seine MitarbeiterInnen sind sowohl in dem Staat denkbar, in dem die Menschenrechtsverletzungen
stattgefunden haben (Gastland) als auch in dem Staat, in dem das involvierte Unternehmen seinen Hauptsitz hat (Heimatland).

Die Verfahren in dem Gastland, beispielsweise Bangladesch, richten sich in der Regel gegen das lokale Unternehmen, welches die Menschenrechtsverletzungen unmittelbar hervorgerufen hat. Auch im Heimatland, beispielsweise Deutschland, kann wegen im
Ausland begangener Menschenrechtsverletzungen durch Unternehmen geklagt werden.
Hier würde sich eine Klage oder Strafanzeige gegen das Mutterunternehmen richten. Für
Verfahren in Deutschland spricht, dass Gerichtsverfahren in dem Land Öffentlichkeit
schaffen, in dem die Entscheidungsträger des Unternehmens angesiedelt sind. Die Verant-
wortungsträger müssen sich insbesondere gegenüber den deutschen Anteilseignern und
VerbraucherInnen, aber auch der Politik rechtfertigen. Es besteht allerdings eine Reihe von
rechtlichen Lücken, die Klagen in Deutschland und Europa gegen Unternehmen wegen
Menschenrechtsverletzungen im Ausland erschweren.

8.2   Eingeschränkte Zuständigkeit der Gerichte

Damit eine zivilrechtliche Klage in Deutschland, wo ein Unternehmen seinen Hauptsitz
hat, eingereicht werden kann, müssen die deutschen Zivilgerichte für solche Klagen zuständig sein. Die Zuständigkeit von europäischen Gerichten für Klagen wegen Schäden,
die im Ausland eingetreten sind, richtet sich nach der so genannten Brüssel I Verordnung
(EG Verordnung Nr. 44/2001). Hiernach kann jedes Unternehmen in dem EU-Mitgliedsstaat verklagt werden, in dem es seinen Sitz hat. Die einzelnen Mitgliedsstaaten der EU
haben aber unterschiedliche nationale Gesetze, sodass gefordert wird, eine einheitliche
Regelung in der EU zu schaffen, die Klagen sowohl gegen außereuropäische Tochterunternehmen als auch gegen außereuropäische Mutterunternehmen ermöglicht.

8.3   Anwendbares Recht

Auch wenn deutsche Gerichte für eine Klage auf Entschädigung zuständig sind, muss geklärt werden, welches Recht auf den Rechtsstreit angewendet wird. Sofern nämlich die
Schädigung in Bangladesch eingetreten ist, die Handlung, die die Verletzung hervorgerufen hat, aber in Deutschland verübt wurde, könnte sowohl das Recht des Staates Bangladesch als auch das von Deutschland angewendet werden.

Für Klagen in Europa bestimmt sich das in solchen Rechtsstreitigkeiten anwendbare
Recht nach der so genannten Rom II Verordnung (EG Verordnung Nr. 864/2007). Hier-

nach wird das Recht des Staates angewendet, in dem der Schaden eintritt. Da dies in dem hier besprochenen Fall Bangladesch ist, würde derzeit von deutschen Gerichten in solchen transnationalen Fällen nicht deutsches Zivilrecht angewendet werden, sondern das Recht von Bangladesch.

8.4 Keine kollektive Klagemöglichkeit für große Opfergruppen

Anders als im anglo-amerikanischen Rechtskreis ist es in Deutschland praktisch unmöglich Sammelklagen von größeren Opfergruppen einzureichen. So muss jeder Betroffene von Unternehmensunrecht selbständig Klage erheben, was jedoch in den hier beschriebenen Fällen von Menschenrechtsverletzungen durch Unternehmen im Ausland, die oft hunderte von Menschen betreffen, faktisch unmöglich ist. Das übersteigt die finanziellen Kapazitäten des einzelnen Klägers, der das Prozesskostenrisiko allein tragen muss. Aber auch deutsche Anwaltskanzleien können kaum in derartig risikobehafteten und aufwändigen Verfahren mehr als eine Handvoll Mandanten vertreten, ohne ihre wirtschaftliche Existenz zu gefährden. Insofern stehen Dorfgemeinschaften oder andere Betroffenengruppen immer vor der Herausforderung, einige wenige Kläger bestimmen und dann die hochbrisante Frage klären zu müssen, wie mit Entschädigungszahlungen umgegangen werden soll, falls die Klagen erfolgreich sind. Neben dem Kostenrisiko besteht auch die Gefahr, dass es in den verschiedenen Verfahren letztendlich zu uneinheitlicher Rechtsprechung kommt, obwohl die Sachverhalte und Schädigungen weitgehend identisch sind.

8.5 Besseres Beweiserhebungsverfahren

Wenn eine Person eine Klage auf Entschädigung einreicht, muss sie grundsätzlich sämtliche Tatsachen stichhaltig (substantiiert) darlegen, die ihren Anspruch begründen. Sofern die Beklagten diese Tatsachen in Frage stellen, müssen die KlägerInnen in der Lage sein, gerichtsfeste Beweise anzubringen. Gerade aber Menschenrechtsverletzungen durch Unternehmen liegen hoch komplexe Sachverhalte zugrunde. Die organisatorischen wie auch technischen Vorgänge innerhalb des Unternehmens sind kompliziert und oft intransparent. Anders als in anderen europäischen Rechtsordnungen wie den Niederlanden oder Großbritannien ist es in Deutschland nicht möglich, ein Vorverfahren (*Pretrial Discovery*) oder ein Beweisaufnahmeverfahren (*Discovery*) zu nutzen, in dem die Gegenseite eine Reihe von Informationen, die die Anspruchsbegründung betreffen, offen legen muss. Solche vorbereitenden Verfahren erleichtern aber den Betroffenen die Risikoabwägung vor Klageerhebung, ob sie die ihren Anspruch begründenden Tatsachen vor Gericht beweisen können, bzw. ob sie die Ressourcen haben, diese Beweise zu sammeln. Unnötige Klagen könnten damit verhindert werden, sinnvolle Klagen würden erleichtert.

8.6   Fazit

Verfahren, mit denen international tätige Unternehmen für Menschenrechtsverletzungen
zur Verantwortung gezogen werden, sind in Deutschland in vielerlei Hinsicht schwierig.
Die derzeit zur Verfügung stehenden Rechtsmittel bieten den Betroffenen keinen effektiven Schutz und keine hinreichende Kompensation. Durch die aufgezeigten Änderungen
im deutschen Recht könnte ein wesentlicher Beitrag dazu geleistet werden, dass die rechtliche Verantwortlichkeit von Unternehmen auch ihre tatsächlichen Einflussmöglichkeiten
reflektiert.

Kohärenter Menschenrechtsschutz? Zur Verankerung der staatlichen Schutzpflicht in der Außenwirtschaftsförderung

Christian Scheper

Der Staat kann sozial verantwortliches Handeln von Unternehmen wesentlich beeinflussen, indem er die Zusammenarbeit mit der Wirtschaft entsprechend konditioniert und Anreize setzt. Die Wahrnehmung dieses Einflusses ist vor allem aus zwei Gründen geboten: Zum einen verletzt der Staat das Prinzip der Politikkohärenz, wenn er sich einerseits sowohl zum Schutz der Umwelt und der Menschenrechte, als auch zur umfassenden Förderung von CSR bekennt, auf der anderen Seite dieses Bekenntnis aber nicht zur Leitlinie der eigenen Zusammenarbeit mit der Wirtschaft macht. Zum anderen können wir es dort, wo der Staat aktiv mit der Wirtschaft kooperiert, nicht nur als moralisches Gebot, sondern auch als völkerrechtliche Pflicht verstehen, dass gewisse Standards und Prüfverfahren von global agierenden Unternehmen eingefordert werden. Denn wenn etwa ein Unternehmen durch sein Handeln zur Verletzung von Menschenrechten beiträgt, zum Beispiel indem es Kernarbeitsnormen der internationalen Arbeitsorganisation (ILO) missachtet, so kann eine bewusste und wesentliche Unterstützung dieses Unternehmens durch den Staat als Beihilfe zu einer Menschenrechtsverletzung und damit als Nichterfüllung der staatlichen Achtungspflicht gedeutet werden.[1]

Besonders direkt und offensichtlich ist der staatliche Einfluss auf global handelnde Unternehmen im Bereich der Außenwirtschaftsförderung. Diese hat in nahezu allen OECD-Staaten einen hohen wirtschaftspolitischen Stellenwert. Insbesondere in sogenannten Exportnationen wie Deutschland nimmt sie einen beträchtlichen Umfang ein. So fördert auch die Bundesregierung durch verschiedenste Maßnahmen deutsche Unternehmen bei Exporten und Auslandsinvestitionen. Zwei Bereiche dieser Förderung betrachten wir im Folgenden hinsichtlich ihrer Verknüpfung mit dem Anspruch sozial verantwortlichen

---

[1] von Bernstorff 2010.

C. Scheper (✉)
INEF, Duisburg, Deutschland
E-Mail: Christian.Scheper@inef.uni-due.de

G. Burckhardt (Hrsg.), *Corporate Social Responsibility – Mythen und Maßnahmen*,
DOI 10.1007/978-3-658-02842-8_9, © Springer Fachmedien Wiesbaden 2013

Handelns privater Unternehmen: (1.) Die staatliche Übernahme von Bürgschaften und Garantien für wirtschaftliche und politische Risiken im Ausland und (2.) die Gestaltung bilateraler Investitionsschutzabkommen (BITs), welche deutschen Unternehmen ein hohes Maß an Rechtssicherheit im Ausland ermöglichen.

9.1 Instrumente zur Förderung von Exportkrediten ohne ausreichenden Menschenrechtsschutz

Die Vergabe von Exportkredit- und Investitionsgarantien ist durch internationale Institutionen und Abkommen weitgehend einheitlich geregelt. Im Bereich der Exportförderung haben sich die OECD-Länder auf gemeinsame Mindeststandards zur Berücksichtigung von Umweltaspekten bei staatlich geförderten Exportkrediten geeinigt (*Revised Recommendation on Common Approaches on the Environment and Officially Supported Export Credits*; kurz: *Common Approaches*). Die *Common Approaches* enthalten neben Umweltaspekten auch soziale Kriterien und sind die wichtigste Grundlage für nationale Prüfverfahren in Hinblick auf die Auswirkungen von geförderten Exporten auf das Leben betroffener Menschen.

Für die konkreten Verfahren der ökologischen und sozialen Prüfung orientieren sich die *Common Approaches* an den Standards der Weltbankgruppe. Hier gibt es zwei unterschiedliche Prüfverfahren: Primär richtet sich die OECD nach den sogenannten *Safeguard Policies*, die auch die Weltbank in der Entwicklungszusammenarbeit mit Staaten nutzt. Sie enthalten zwar wichtige soziale Aspekte für Großprojekte, wie zum Beispiel die Gestaltung von Zwangsumsiedlungen, jedoch fehlen auch wesentliche Kriterien, um sicherzustellen, dass entsprechend den UN *Guiding Principles*[2] Menschenrechte Betroffener angemessen geschützt werden. So enthalten die *Safeguard Policies* beispielsweise keine klaren Vorgaben für Arbeitsbedingungen.

Etwas weiter gehen hier die *Performance Standards* der *International Finance Corporation* (IFC), einer Tochtergesellschaft der Weltbank, die für die Zusammenarbeit mit der Privatwirtschaft zuständig ist. Die *Performance Standards* berücksichtigen zusätzliche Kriterien für den Menschenrechtsschutz, etwa die Kernarbeitsnormen der ILO. Die bisherige Erfahrung mit den *Performance Standards* zeigt zwar, dass es auch hier noch Lücken gibt[3], die IFC hat aber inzwischen bereits zentrale Kritikpunkte und Verbesserungsvorschläge aufgegriffen und die Standards reformiert. Danach sollen in Zukunft zumindest einige menschenrechtlich relevante Aspekte stärker als zuvor berücksichtigt werden. Vor allem das Problem der Diskriminierung von WanderarbeiterInnen und die Verantwortung von Unternehmen für angemessene Standards in ihrer Zulieferkette sollen stärkere Beachtung finden.

---

[2] Die von John Ruggie entwickelten *UN Guiding Principles* wurden am 24.3.2011 von der UN veröffentlicht, siehe dazu den Artikel in diesem Buch.

[3] Independent Evaluation Group 2010.

Wenn die IFC auch noch weit von einem Menschenrechtsansatz entfernt ist, so gehen die *Performance Standards* dennoch zunehmend weiter als die primär in der Vergabe von Exportkreditgarantien verwendeten *Safeguard Policies*.

Gleichzeitig bleibt aber auch der Reformprozess der *Performance Standards* bisher hinter den UN *Guiding Principles* zurück. So spricht die IFC in ihrem aktuellen Entwurf nahezu ausschließlich von der Sorgfaltspflicht für Umwelt- und soziale Belange, jedoch nicht explizit von einer menschenrechtlichen Sorgfaltspflicht. Sie fordert dementsprechend auch keine systematische Menschenrechtsverträglichkeitsprüfung (*Human Rights Impact Assessment*, HRIA).[4] Die tatsächliche Reichweite der geforderten Risikoprüfungen bleibt damit unklar. Vor allem zivilgesellschaftliche Akteure kritisieren daher, dass auch nach der IFC-Reform Menschenrechte nur selektiv berücksichtigt würden. Der Umfang der von der IFC definierten Sozial- und Umweltprüfungen sei nicht gleichzusetzen mit der Erfüllung der menschenrechtlichen Sorgfaltspflicht entsprechend den UN *Guiding Principles*. So decken die bisherigen sozialen Risikoprüfungen üblicherweise einige, jedoch nicht alle menschenrechtlichen Aspekte ab. Menschenrechtliche Prüfverfahren müssen darüber hinaus jene Probleme identifizieren, die tief im Kontext eines Landes oder einer Region verankert sind, wie die Diskriminierung bestimmter Gruppen, mangelhafte Gewerkschaftsfreiheit oder Vergeltungsmaßnahmen gegen KritikerInnen. Entscheidend ist dabei vor allem die in der Regel unzureichende Einbeziehung Betroffener in die Verfahren der *Impact Assessments*.[5]

Ein erster Schritt für eine höhere Politikkohärenz in der Exportförderung durch OECD-Länder wäre die primäre Orientierung an den IFC *Performance Standards*. Diese Forderung wird derzeit innerhalb der OECD diskutiert. Sollte sie sich durchsetzen, so wäre dies zunächst ein Fortschritt im Vergleich zur jetzigen Praxis. Langfristig müssten aber die *Common Approaches* der OECD die Menschenrechte noch systematischer verankern, um den UN *Guiding Principles* zu entsprechen.

9.2 OECD-Leitsätze sind für Unternehmen unverbindlich

Ähnlich stellt sich die Situation bei der Vergabe von Investitionsgarantien dar. Während die OECD *Common Approaches* zwar prinzipiell nur für Exportkreditgarantien gelten, orientiert sich die Praxis der Vergabe von Investitionsgarantien in Deutschland ebenfalls eng an ihren Vorgaben, berücksichtigt also Menschenrechtsaspekte auch nur unzureichend.

Zusätzlich greift im Bereich der Auslandsinvestitionen aber ein zweiter wichtiger Standard: die OECD-Leitsätze für multinationale Unternehmen. Allerdings wird von Unternehmen in Deutschland bisher für den Erhalt von Investitionsgarantien nicht gefordert, dass sie sich zum Inhalt der Leitsätze bekennen, sondern lediglich, dass diese „zur Kennt-

---

[4] zur Integration von HRIA vgl. auch United Nations 2007.

[5] Hamm et al. 2011, S. 4.

nis" genommen werden. Hiermit rückt die Bundesregierung die Unverbindlichkeit der Leitsätze in den Vordergrund und lässt damit eine wichtige Anreizmöglichkeit ungenutzt.

9.3   Einseitige Internationale Investitionsschutzvereinbarungen zulasten des Menschenrechtsschutzes

Die sogenannten bilateralen Investitionsschutzabkommen (*Bilateral Investment Treaties*, BITs) sind heute die wichtigsten internationalen Verträge für die Regulierung von Auslandsinvestitionen. Sie stellen damit einen weiteren zentralen Bereich der Förderung der Außenwirtschaft dar. Vor dem Hintergrund, dass – anders als etwa für den Welthandel – bisher kein verbindliches multilaterales Abkommen für Auslandsinvestitionen existiert, sichern bilaterale Verträge Unternehmen vor allem vor Enteignung und unfairen, willkürlichen oder diskriminierenden Eingriffen des Staates. Sie eröffnen dem Unternehmen zudem die Möglichkeit, im Falle von Streitigkeiten direkt auf Basis des BIT mit der Regierung in Verhandlung zu treten, anstatt zunächst die nationalen Rechtswege im Gaststaat gehen zu müssen.[6]

BITs bieten damit einen umfassenden Rechtsschutz für ausländische Investoren. Sie enthalten auf der anderen Seite aber kaum die Möglichkeit für staatliche Eingriffe in begründeten Fällen, etwa zum Zwecke des Menschenrechtsschutzes. Zudem beinhalten sie keine Pflichten der Investoren, wie etwa die Erfüllung einer menschenrechtlichen Sorgfaltspflicht. Durch diesen tendenziell einseitigen Schutz sind die Handlungsmöglichkeiten des Gaststaates gegenüber ausländischen Unternehmen stark eingeschränkt. Probleme ergeben sich dann, wenn diese Einschränkung die politische Regulierung zu Gunsten ökologischer, sozialer oder menschenrechtlicher Schutzmaßnahmen betrifft. So muss teilweise auch der Menschenrechtsschutz hinter den Interessen der Investoren zurücktreten.

Die Vertragsvorlagen (sogenannte *Model BITs*) der Industriestaaten enthalten mit wenigen Ausnahmen keine Aspekte des Arbeits- oder Menschenrechtsschutzes. Eine Aufnahme derartiger Themen wäre jedoch durchaus möglich, sei es durch einen Verweis auf entsprechende staatliche Schutzpflichten oder aber auf die menschenrechtliche Sorgfaltspflicht der Investoren. Hier zeigt sich eine bisherige Schwäche derartiger Verträge zu Lasten ökologischer, sozialer und menschenrechtlicher Regulierung.

BIT in Tansania

Ein Beispiel für die Einseitigkeit der Verträge zeigte sich in Tansania. Nach einer Investition in den Sanitär- und Wassersektor durch ein britisch-deutsches Konsortium entstanden seitens der beteiligten Unternehmen Schwierigkeiten bei der Umsetzung der geplanten Maßnahmen. In der Folge suchten die Investoren eine Neuverhandlung mit der Regierung. Letztere lehnte jedoch ab und übernahm das Management der Was-

---

[6] Jacob 2010, S. 8.

serversorgung mit Hinweis auf die kritische Bedeutung der Maßnahmen für das Recht auf Wasser der Bevölkerung. Das Konsortium verklagte die Regierung daraufhin für den Bruch des britisch-tansanischen BIT. Die Forderung einer Kompensationszahlung von 20 Mio. $ wurde zwar mit Hinweis auf die Unumgänglichkeit des Verlustes abgewiesen, in der Sache des Bruches des Investitionsabkommens bekam das Konsortium jedoch Recht.[7] Ähnliche Fälle staatlicher Eingriffe in private Wasserversorgung führten zu vergleichbaren Streitigkeiten. Auch aus dem Bereich der Landnahme durch Investoren (sog. *Land Grabbing*) gibt es Fälle, in denen Staaten aufgrund bestehender BITs Eingriffe aus ökologischen, sozialen oder menschenrechtlichen Erwägungen unterließen.[8]

Insgesamt kommt es aber in den meisten Fällen nicht zu einem Bruch der BITs. Vielmehr haben die Verträge bereits aufgrund der reinen Möglichkeit der Beschwerde durch Investoren und damit der Gefahr von Kompensationszahlungen für die Gaststaaten einen sogenannten *Chilling Effect* auf die ökologische, soziale und menschenrechtliche Regulierung.

Im Zuge des Ruggie-Mandats sind daher zunehmend Forderungen nach einer Reform der BITs laut geworden. Bisher konnten sich diese aber gegen die Interessen eines umfassenden Schutzes der Investoren nicht durchsetzen.

Zukünftig werden die Zuständigkeit und Gestaltungshoheit für Investitionsschutzverträge zunehmend auf die europäische Ebene übergehen. Es bleibt damit abzuwarten, inwieweit sich eine stärkere Kohärenz zwischen Umwelt- und Menschenrechtsschutz auf der einen und Investitionsschutz auf der anderen Seite durchsetzen kann.

---

[7] Jacob 2010.
[8] Lambert 2011.

Sozialklauseln in der europäischen Handelspolitik: Wirkungsvolles Schutzinstrument oder Feigenblatt?

10

David Hachfeld

Die wohl häufigste Begründung von Regierungen, die angesichts konkreter Fälle von Menschenrechtsverletzungen in anderen Ländern nicht aktiv werden, ist das Fehlen von Durchsetzungsinstrumenten. Dieses Argument wird auch bemüht, wenn es um die Verletzung von Kernarbeitsnormen in internationalen Lieferketten geht. Allzu oft weisen Staaten jegliche Verantwortung für zweifelhafte Produktionsbedingungen in anderen Ländern von sich und richten höchstens mehr oder weniger folgenlose Appelle an transnationale Unternehmen.

Dabei ist der internationale Handel keineswegs eine Sphäre, in der die Politik nichts zu sagen hat. Freihandelsabkommen und Präferenzsysteme schreiben die Bedingungen fest, zu denen Güter und Dienstleistungen über nationale Grenzen hinweg gehandelt werden können. Sie setzen gewissermaßen den Rahmen, innerhalb dessen sich transnationale Wertschöpfungsketten und internationale Arbeitsteilung entfalten können. Es ist daher naheliegend, diese Rahmensetzungsfunktion verstärkt zur Förderung von Sozialstandards und Kernarbeitsnormen zu nutzen.

In der Praxis stellt das in den Verträgen der Welthandelsorganisation (WTO) festgeschriebene internationale Handelsrecht dafür jedoch hohe Hürden auf. Das vom Freihandelsdogma geprägte Vertragswerk ist darauf ausgerichtet, den internationalen Handel schrittweise immer weiter zu liberalisieren. Dabei haben Staaten Produkte grundsätzlich gleich zu behandeln, auch wenn sie unter extrem unterschiedlichen Bedingungen hergestellt werden.

Für den Inhalt dieses Beitrags ist der Autor allein verantwortlich.

D. Hachfeld (✉)
Oxfam Deutschland e. V, Berlin, Deutschland
E-Mail: dhachfeld@oxfam.de

G. Burckhardt (Hrsg.), *Corporate Social Responsibility – Mythen und Maßnahmen*,
DOI 10.1007/978-3-658-02842-8_10, © Springer Fachmedien Wiesbaden 2013

Doch auch das internationale Handelsrecht ist nicht in Stein gemeißelt. Abkommen werden verändert oder neu geschlossen und es liegt in der Hand der Vertragsparteien, neue Aspekte darin aufzunehmen. Dies gilt insbesondere für bilaterale Freihandelsabkommen oder unilaterale Präferenzsysteme, denn hier müssen sich nicht alle Handelspartner auf neue Regeln einigen, sondern nur zwei. Im Fall von Präferenzsystemen geschieht dies sogar im Alleingang.

10.1   Bisher ohne Biss: Sozialklauseln in EU-Freihandelsabkommen

Die Europäische Union präsentiert sich gerne als Vorreiterin, wenn es um die Integration sozialer Aspekte in ihre Handelspolitik geht. Tatsächlich finden sich in sämtlichen in den vergangen Jahren abgeschlossenen bilateralen Handelsabkommen Kapitel über den Schutz von Sozialstandards. So schreibt etwa das mit den Staaten der karibischen CARIFORUM-Gemeinschaft abgeschlossene Wirtschaftspartnerschaftsabkommen eine gemeinsame Verpflichtung zur Wahrung der Kernarbeitsnormen der Internationalen Arbeitsorganisation sowie zur Zusammenarbeit in Sozial- und Arbeitsfragen vor[1]. Geht man allerdings der Frage nach, was passiert, wenn eine Vertragspartei diesen Verpflichtungen nicht nachkommt, zeigt sich schnell, dass die Sozialklauseln in den EU-Handelsabkommen bisher zahnlose Tiger sind. Im Fall eines Verstoßes kann eine Partei zwar Regierungskonsultationen oder Untersuchungsberichte durch eine unabhängige Kommission auslösen. Doch wirksame handelspolitische Sanktionen hat kein Handelspartner zu befürchten, denn die Sozialklauseln sind von möglichen Schiedsgerichtsverfahren ausgenommen. Eine Aussetzung oder Einschränkung des Handels aufgrund von Verletzungen von Kernarbeitsnormen bleibt damit ausgeschlossen.

Problematisch ist jedoch nicht allein die mangelnde Effektivität der bisherigen Klauseln. Denn auch bessere, mit tatsächlicher Sanktionsgewalt ausgestattete Sozialklauseln führen nicht zu einer Verbesserung der Situation der Menschen- und Arbeitsrechte, wenn die entsprechenden Freihandelsabkommen selbst eine Bedrohung eben dieser Rechte darstellen. Wenn Handelsabkommen der EU drohen, durch eine zu rasche und zu weit reichende Liberalisierung das Recht auf Nahrung zu gefährden oder Arbeitsbedingungen in der Produktion durch verschärften Wettbewerb zu verschlechtern, dann hilft dagegen auch keine Sozialklausel. Die Forderung nach besseren Sozialklauseln in Freihandelsabkommen darf nicht dazu führen, weniger genau auf die sozialen und menschenrechtlichen Folgen der Abkommen selbst zu schauen. Wichtiger als die Einführung von Sozialklauseln ist es daher, bereits vor dem Abschluss von Abkommen potenzielle Bedrohungen für Menschenrechte in den Blick zu nehmen und Abkommen gegebenenfalls anzupassen, um negative Folgen auszuschließen.[2]

---

[1] Ähnliche Regeln finden sich auch im jüngst in Kraft getretenen Freihandelsabkommen mit Südkorea und in dem abgeschlossenen, aber noch nicht ratifizierten Abkommen mit Kolumbien und Peru.

[2] Ein sinnvolles Instrument dazu könnten menschenrechtliche Folgeabschätzungen (Human Rights Impact Assessments) sein, wie sie u.a. vom UN-Sonderberichterstatter für das Recht auf Nahrung, Olivier De Schutter, vorgeschlagen werden.

Sozialklauseln in Freihandelsabkommen gelten auf dem Papier in der Regel für alle Vertragsparteien. Doch im Fall von Abkommen zwischen extrem ungleichen Partnern wie der EU und Entwicklungsländern stellt sich die Frage, ob die Klauseln in der Praxis jemals auf den stärkeren Partner angewendet werden. Und selbst wenn: Welches handelspolitische Druckpotenzial hätte ein kleines Land aus dem globalen Süden, das die EU zu einer Verhaltensänderung bewegen könnte? Strafzölle für Importe aus der EU dürften in der Gemeinschaft kaum spürbar sein. Diese Tatsache spricht nicht grundsätzlich gegen Sozialklauseln, sondern dafür, in Freihandelsabkommen weitere Mechanismen zur Förderung und zum Schutz der Menschen- und Arbeitsrechte aufzunehmen, bei denen in der Praxis auch der stärkere Partner in der Pflicht steht. Denkbar wäre etwa eine Verpflichtung der Vertragsparteien, ihren international tätigen Unternehmen umfangreichere Pflichten zur Einhaltung der Menschen- und Arbeitsrechte in ihren Lieferketten aufzuerlegen oder sie im Fall von ausländischen Direktinvestitionen für Rechtsverletzungen im Ausland auch vor Gerichten in der Heimat haftbar zu machen.

10.2   Potenziale und Grenzen: Die Menschenrechtklausel im Allgemeinen Präferenzsystem der EU

Mit potenziell größerer Sanktionsgewalt als die Sozialklauseln in den EU-Freihandelsabkommen sind die Verpflichtungen zur Einhaltung von Kernarbeitsnormen und anderen internationalen Menschenrechts- und Umweltabkommen im Allgemeinen Präferenzsystem (APS) der EU ausgestattet. Das APS legt fest, welche Präferenzen (d. h. niedrigere Zollsätze) Entwicklungsländern beim Zugang zum EU-Markt eingeräumt werden. Anders als Freihandelsabkommen ist das APS ein unilaterales Handelsregime; die Bedingungen, unter denen die Präferenzen gelten, legt die EU also selbst fest. Derzeit können 176 Länder das APS nutzen.[3]

Das APS enthält einen Mechanismus, der es der EU erlaubt, Präferenzen für Länder auszusetzen, in denen es zu schwerwiegenden und systematischen Verletzungen von international anerkannten Arbeits- und Menschenrechtsabkommen kommt. Noch etwas weitergehend sind die Regelungen im APS + System. Das APS + ist eine weitere Sonderkategorie des APS, welche zurzeit von 14 Staaten genutzt wird.[4]

---

[3] Den ärmsten 50 von ihnen, den so genannten Least Developed Countries, steht die Sonderkategorie „Alles außer Waffen" zur Verfügung, die ihnen zollfreien Zugang zum EU-Markt für alle Produkte außer Waffen und Munition gewährt.

[4] Es wurde als Anreizmechanismus konzipiert und sollte bei seiner Einrichtung in den 1990ern vor allem die Bereitschaft der betroffenen Staaten fördern, den organisierten Drogenhandel zu bekämpfen. Es sieht umfassendere Präferenzen für bestimmte, wirtschaftlich schwache („gefährdete") Entwicklungsländer vor, die einen Katalog von 27 internationalen Konventionen zu Menschen- und Arbeitsrechten, zu Umweltschutz und guter Regierungsführung ratifiziert und implementiert haben. Diese besonderen Präferenzen können nicht nur bei schwerwiegenden und systematischen, sondern auch bei einfachen Verletzungen entzogen werden. Grundlage dafür ist eine Untersuchung, die die EU im Verdachtsfall eigenständig durchführen kann.

Doch wie effektiv ist dieses Instrument in der Praxis? Untersucht man die bisherige Anwendung der Menschenrechtsklausel des APS, stellt sich schnell Ernüchterung ein. Dies liegt einerseits an der Art und Weise, wie die EU dieses Instrument bisher nutzt, anderseits an den Grenzen des Instruments selbst.

Die EU legt den Maßstab für schwerwiegende und systematische Verletzungen sehr hoch an. Nur zwei Entwicklungsländer – Burma und Weißrussland – verletzten in den Augen der EU internationale Menschenrechtsstandards so gravierend, dass ihnen die allgemeinen APS-Präferenzen entzogen wurden. Zweifelsohne kommt es in beiden Ländern zu schwerwiegenden Menschenrechtsverletzungen – doch dies trifft auch auf eine Reihe anderer Länder zu. Die Bewertungsmaßstäbe der EU sind nicht transparent und daher nur schwer nachvollziehbar.

Ähnlich schwer nachvollziehbar sind die Bewertungsmaßstäbe der EU bei den APS + Präferenzen. Nur einem Land – Sri Lanka – wurden bisher aufgrund von Pflichtverletzungen die Präferenzen entzogen. In nur einem einzigen weiteren Fall – El Salvador – hat die EU in den letzten Jahren eine formelle Untersuchung eingeleitet. Aufgrund von offensichtlichen Menschenrechtsverletzungen aber fordern zahlreiche Nichtregierungsorganisationen und Gewerkschaften seit Jahren, die EU solle auch Kolumbien die besonderen Präferenzen entziehen. Doch bisher kam es nicht einmal zu einer Untersuchung. Diese Praxis hat der EU den Vorwurf eingebracht, mit zweierlei Maß zu messen. KritikerInnen werfen der EU vor, aufgrund wirtschaftspolitischer und geostrategischer Interessen im Fall von Kolumbien beide Augen zuzudrücken. Solange die Kriterien nicht transparent und nachvollziehbar sind, ist die Gefahr groß, dass ein Sanktionsmechanismus wie der im APS-System festgeschriebene nicht aufgrund objektiver Kriterien, sondern je nach der politischer Opportunität mal in Gang gesetzt und mal auf Eis gelegt wird. Dadurch verliert das Instrument insgesamt an Glaubwürdigkeit.

Sozialklauseln dürfen nicht als soziales Feigenblatt für eine unsoziale Handelspolitik dienen. Der Weg hin zu einer EU-Handelspolitik, die tatsächlich zur Verbesserung von Arbeitsbedingungen weltweit beiträgt, ist noch lang. Damit er begangen wird, dürfen die Zivilgesellschaft, engagierte PolitikerInnen und verantwortungsbewusste Unternehmen nicht aufhören, Druck zu machen.

Zusammenfassung der Beiträge und Fazit: Staatliche Schutzpflicht in Europa, insbesondere in Deutschland

Gisela Burckhardt

Die Beiträge zeigen rechtliche Probleme und **Regelungslücken** in mehreren Bereichen auf.

Unzureichende extraterritoriale staatliche Schutzpflichten: Inwieweit sich aus dem geltenden Recht extraterritoriale Schutzpflichten der Europäischen Union und ihrer Mitgliedsstaaten in Bezug auf Menschenrechtsverletzungen europäischer Unternehmen in Drittstaaten ableiten lassen, bleibt umstritten. Im Umweltschutz oder der Korruptionsbekämpfung hat die internationale Staatengemeinschaft schon vergleichbare Schutzpflichten anerkannt. Im Bereich des Menschenrechtsschutzes bleibt das gegenwärtige europäische Regelungssystem lückenhaft und unzureichend. Wenn z. B. Zulieferer von multinationalen Unternehmen Arbeitsrechte in Drittländern verletzen, können dafür die Auftraggeber in der EU derzeit generell nicht zur Rechenschaft gezogen werden.

Unzureichender Rechtsschutz: Für Geschädigte aus Drittstaaten ist es derzeit überaus schwierig, vor deutschen Gerichten Rechtsschutz in Bezug auf extraterritoriale Menschenrechtsverletzungen europäischer Unternehmen zu erlangen. Anders als im anglo-amerikanischen Rechtskreis, ist es in Deutschland unmöglich, Sammelklagen von größeren Opfergruppen einzureichen. Einzelklagen sind aufgrund des hohen Prozesskostenrisikos finanziell kaum möglich. Die derzeit zur Verfügung stehenden Rechtsmittel bieten den Betroffenen keinen effektiven Schutz und keine hinreichende Kompensation.

Mangelnde Politikkohärenz zwischen Investitionsschutz und Menschenrechten: Einerseits erklärt die Bundesregierung, sie setze sich für den Schutz der Menschenrechte ein. Andererseits ist die staatliche Übernahme von Bürgschaften und Garantien für

G. Burckhardt (✉)
Heidebergenstraße 14, Bonn, Deutschland
E-Mail: gisela.burckhardt@femnet-ev.de

G. Burckhardt (Hrsg.), *Corporate Social Responsibility – Mythen und Maßnahmen*,
DOI 10.1007/978-3-658-02842-8_11, © Springer Fachmedien Wiesbaden 2013

wirtschaftliche und politische Risiken im Ausland (Hermes-Bürgschaften) an Unternehmen nur unzureichend an die Einhaltung von Arbeits- und Menschenrechten geknüpft. Während bilaterale Verträge (BIT) einerseits ausländischen Investoren einen umfassenden Rechtsschutz (z. B. vor Enteignung) bieten, verpflichten sie andererseits Investoren nicht dazu, eine Menschenrechtsverträglichkeitsprüfung durchzuführen. Die Angst vor Kompensationsforderungen hindert Staaten daran, ökologische, soziale und menschenrechtliche Regulierungen gegenüber Unternehmen einzufordern. Unternehmen müssen sich zudem nicht zum Inhalt der OECD-Leitsätze für multinationale Unternehmen bekennen, sondern müssen diese lediglich „zur Kenntnis" nehmen.

Sozialklauseln als Feigenblatt in der Handelspolitik: In bilateralen Handelsabkommen der EU werden zwar Kapitel zur Wahrung der Kernarbeitsnormen und anderer Sozialstandards aufgenommen, aber wirksame handelspolitische Sanktionen hat kein Handelspartner zu befürchten. Bilaterale Handelsabkommen können selbst eine Bedrohung darstellen, wenn z. B. die Arbeitsbedingungen in der Produktion durch verschärften Wettbewerb verschlechtert werden. Dann helfen dagegen auch keine Sozialklauseln. Sozialklauseln dürfen nicht als soziales Feigenblatt für eine unsoziale Handelspolitik dienen. Das Allgemeine Präferenzsystem, mit dem die EU niedrigere Zollsätze für den Import auf den EU Markt gewährt, enthält zwar Menschenrechts- und Umweltklauseln, die bei schwerwiegenden Verletzungen von Arbeits- und Menschenrechtsabkommen ausgesetzt werden können. Allerdings wird kritisiert, dass dieses Instrument nicht anhand objektiver Kriterien, sondern je nach politischer Opportunität angewendet wird. Dadurch verliert das Instrument an Glaubwürdigkeit.

Fazit: Es gibt bei den extraterritorialen staatlichen Schutzpflichten, beim Rechtsschutz für Geschädigte sowie in der Außenwirtschaftsförderung und der Handelspolitik großen Regulierungsbedarf.

Teil III

Mangelnder Schutz der Betroffenen in ausgewählten Produktionsländern

Reform des chinesischen Arbeitsrechts – Verbesserung der staatlichen Schutzpflicht für die Betroffenen?

12

Tatjana Chahoud

12.1 Entwicklungen im chinesischen Arbeitsrecht

Das chinesische Arbeitsrecht orientiert sich im Grundsatz an den ILO[1]-Konventionen. In einigen Bereichen gehen die gesetzlichen Bestimmungen sogar über die ILO-Bestimmungen hinaus, dementsprechend werden mehr Urlaubstage und ein längerer Mutterschutz gewährleistet. Deutliche Abweichungen gegenüber den ILO-Konventionen liegen jedoch im Bereich Vereinigungsfreiheit/Collective Bargaining vor. Letztere ILO-Bestimmungen wurden bislang nicht von China ratifiziert.

Im Mittelpunkt der Reform des Arbeitsrechts stehen die Ergänzungen zum aus dem Jahre 1994 stammenden Arbeitsgesetz (AG) durch drei neue Gesetze, die 2008 in Kraft getreten sind. Dazu zählen das Arbeitsvertragsgesetz (AVG), das Arbeitskonfliktgesetz (AKG) und das Arbeitsförderungsgesetz (AFG).

12.1.1 Hintergrund und Kontroversen um die Reformen im chinesischen Arbeitsrecht

Wesentlicher Grund für die neuen Gesetzesinitiativen sind die hohe Zahl der Arbeitsunfälle, der Anstieg von Arbeitsstreitigkeiten sowie die prekäre Situation der WanderarbeiterInnen.

---

[1] Internationale Arbeitsorganisation.

T. Chahoud (✉)
Berlin, Deutschland
E-Mail: chahoud@uni-potsdam.de

G. Burckhardt (Hrsg.), *Corporate Social Responsibility – Mythen und Maßnahmen*,
DOI 10.1007/978-3-658-02842-8_12, © Springer Fachmedien Wiesbaden 2013

Die inhaltliche Ausgestaltung des neuen Arbeitsrechts und der Diskussionsprozess, der der Verabschiedung der Gesetze vorausgegangen war, werfen ein aufschlussreiches Licht auf die Einflussnahme maßgeblicher Akteure auf das rechtliche Schutzniveau von ArbeitnehmerInnen in der VR China. Da der Gesetzentwurf vorrangig deutliche Einschränkungen des extrem deregulierten Arbeitsmarktes vorsah und stattdessen eine gewisse „Hausordnung" für die „Factory of the World" enthielt, gab es auf Gewerkschaftsseite in China eine eher positive Resonanz, während zahlreiche westliche Wirtschaftsunternehmen und Verbände und ebenso manche chinesische Unternehmen den Investitionsstandort China erheblich bedroht sahen und teilweise lautstarken Protest einlegten. Verschiedentlich sah man in diesen rechtlichen Neuerungen die Renaissance von Planwirtschaft und die Wiedereinführung der „eisernen Reisschale".[2]

12.1.2   Elemente des Arbeitsvertragsgesetzes (AVG)

Folgende Elemente zählen zu den wichtigsten Neuerungen des AVG:

- Ein Arbeitsverhältnis muss schriftlich fixiert werden (§ 10 und 11).
- Befristete Arbeitsverhältnisse werden eingeschränkt.
- Eine Probezeit darf vom Arbeitgeber mit einem Beschäftigten nur einmal vereinbart werden.
- Die Betriebsgewerkschaft erhält die Aufgabe, mit dem Arbeitgeber kollektive Verträge auszuhandeln.
- Hält der Arbeitgeber den Kollektivvertrag nicht ein, so kann die Gewerkschaft ihn nach § 56 zur Verantwortung ziehen. Was dies konkret bedeutet, wird allerdings nicht ausgeführt.
- Bei Personalabbau von mehr als 20 Personen müssen die Gewerkschaften 30 Tage vorher informiert und konsultiert werden.[3]

Insgesamt zeigen die hier skizzierten Elemente, dass das AVG das Schutzniveau zugunsten der ArbeitnehmerInnen sichtlich verbessert. Nicht ausgeschlossen werden kann allerdings, dass die umfassenden Bestimmungen möglicherweise z. B. durch Teilarbeitsverträge ausgehebelt werden.

---

[2] Die US-amerikanische Handelskammer sowie der US-China Business Council, aber auch die EU-Handelskammer sprachen von Gefahren für den Investitionsstandort und drohten mit Abwanderung zu anderen Produktionsstandorten. Auch die chinesische Firma Huawei drohte mit der Entlassung tausender ArbeiterInnen.

[3] Chahoud 2008.

12.1.3   Elemente des Arbeitskonfliktgesetzes (AKG) und des Arbeitsförderungsgesetzes (AFG)

Prioritäres Ziel des AKG ist eine faire und zeitnahe Beilegung *individueller* arbeitsrechtlicher Streitigkeiten. Als wichtige Neuerung gelten die Verfahrensbeschleunigung sowie die Tatsache, dass die Schlichtungs- und Schiedsverfahren fortan kostenlos sind.

Wichtige Kritik gegenüber den prozessualen Neuerungen sind insbesondere die unzureichende Professionalität der Schiedsrichter, die mögliche politische Einflussnahme auf Schiedsgerichte zugunsten eines positiven Investitionsklimas sowie die ständige Gefahr der Bestechlichkeit in diesen nichtstaatlichen Verfahren.

Als Hauptmanko des AKG ist hervorzuheben, dass eine Regelung zur Beilegung von *Kollektivstreitigkeiten* nicht in das Gesetz aufgenommen wurde, ein Sachverhalt, der umso mehr ins Gewicht fällt, als diese Streitigkeiten weit über die Hälfte aller arbeitsrechtlichen Streitigkeiten in China ausmachen.

Zum Thema Diskriminierung am Arbeitsplatz sieht das Arbeitsförderungsgesetz (AFG) die Möglichkeit vor, ein gerichtliches Verfahren gegen den Arbeitgeber anzustrengen. Da die Bestimmungen jedoch keine konkreten Abhilfemaßnahmen enthalten, bleibt ausgeblendet, welche Konsequenzen sich für den Arbeitgeber ergeben.

12.2   Rolle der Gewerkschaften bei der Stärkung von Arbeitnehmerrechten

Trotz der rasanten wirtschaftlichen Entwicklungs- und Transformationsprozesse Chinas ist die Rolle der im *All-China Federation of Trade Unions (ACFTU)* vereinten Gewerkschaften bis heute maßgeblich durch ihre institutionelle Struktur aus den Zeiten der Planwirtschaft geprägt. Gleichwohl zeigt sich bei den Gewerkschaften zunehmend eine gewisse Aufgeschlossenheit für neue Mechanismen und Initiativen, um die eigene Rolle als Interessenvertreter der ArbeitnehmerInnen zu verbessern. Die chinesischen Gewerkschaften konzentrierten sich lange Zeit auf die gewerkschaftliche Organisierung in der Privatwirtschaft, insbesondere in den ausländischen Unternehmen und die Situation der WanderarbeiterInnen. In diesem Kontext hat der ACFTU auch zunehmend die Aktivitäten *Corporate Social Responsibility (CSR)* begrüßt und ist dementsprechend inzwischen an diversen Multistakeholder-Dialogen beteiligt.

Als besonderes Charakteristikum der chinesischen Betriebsgewerkschaften gilt die enge Verflechtung zwischen Parteikomitee und Unternehmensmanagement. Auch laut neuem Gewerkschaftsgesetz besteht der Auftrag der Gewerkschaften weiterhin vorrangig in der gegenseitigen Vermittlung der Arbeitnehmerinteressen mit den Interessen des Unternehmens. Hinzu kommt die finanzielle Abhängigkeit der GewerkschaftsvertreterInnen. Die Tatsache, dass Gewerkschaftsvorsitzende ihr Gehalt von dem jeweiligen Unternehmen erhalten und keinen Kündigungsschutz genießen, führt zwangsläufig dazu, dass eine konfrontative Haltung gegenüber dem Management schon aufgrund dieser Struktur nur sehr begrenzt möglich ist.[4]

Einzelne Provinzgewerkschaften haben inzwischen allerdings mit verschiedenen Reformen dieser Strukturen experimentiert. Dazu zählt die partielle Übernahme der Entlohnung des Gewerkschaftsvorsitzenden durch die Provinzgewerkschaften. Die meisten Unternehmen stehen diesem Gewerkschaftsexperiment nach wie vor eher skeptisch gegenüber, denn zweifelsohne sichert ein vom Unternehmen eingesetzter und bezahlter Gewerkschaftsvorsitzender eher eine zurückhaltende Arbeitnehmervertretung und stellt die aus dieser Sicht gewünschte Harmonie zwischen Unternehmen und Betriebsgewerkschaft besser her.

Bis heute zählen die gewerkschaftliche Organisierung der ArbeitnehmerInnen in der Privatwirtschaft und die Lage der WanderarbeiterInnen zu den zentralen Herausforderungen. Schlaglichtartig können diese wie folgt skizziert werden:

- Viele Privatunternehmen versuchen mit dem Hinweis, dass die Belegschaft keine Gewerkschaft wünsche, die Gründung einer Gewerkschaft in ihrem Betrieb zu verhindern.[5]
- Viele Provinzregierungen fürchten, dass Gewerkschaftsgründungen ausländische Investoren abschrecken. Dementsprechend wurden Zusagen an die Unternehmen gemacht, dass die Betriebsleitung den Gewerkschaftsvorsitzenden bestimmen kann und/oder von kollektiven Aktionen abgesehen wird.
- Schätzungen zufolge erreicht die Zahl der WanderarbeiterInnen ca. 200 Mio. Ihr weitgehend informeller bzw. rechtloser Status hat nicht nur extreme Niedriglöhne zur Folge, sondern ein besonderes Konfliktpotential wegen der verbreiteten Praxis nicht ausbezahlter Löhne hervorgebracht. Die Situation wird weiter dadurch verschärft, dass ein erheblicher Teil der WanderarbeiterInnen junge Frauen sind, die aufgrund ihrer bäuerlichen Herkunft relativ schlecht ausgebildet und wegen des praktisch unerschöpflichen Reservoirs jederzeit beliebig ersetzbar sind.

12.3 Zusammenfassung

Anhand der skizzierten Elemente des reformierten Arbeitsrechts wird erkennbar, dass das Schutzniveau zugunsten der ArbeitnehmerInnen von Rechts wegen deutlich verbessert worden ist. Dieser Sachverhalt wird schlaglichtartig deutlich, wenn man berücksichtigt, dass zuvor ca. 60 % der Unternehmen nur befristete Arbeitsverträge mit einer Dauer bis zu einem Jahr abgeschlossen hatten und selbst diese nur selten schriftlich fixiert wurden.

---

[4] Grassi 2008

[5] Bekanntes Beispiel war hier die US-amerikanische Einzelhandelskette Wal-Mart; dieses Verhalten gilt allerdings als gesetzeskonform, entspricht aber oftmals nicht den realen Tatsachen, sondern erklärt sich aus den Ängsten der Arbeitnehmer.

Gleichzeitig lassen diese Bestimmungen jedoch erkennen, dass es der Zentralregierung prioritär darum ging, die individualrechtliche Position der ArbeitnehmerInnen zu verbessern. Aus der Perspektive der ArbeitnehmerInnen bleibt die anhaltende Ausklammerung der rechtlichen Regelung von Kollektivstreitigkeiten bzw. die Sicherung von Vereinigungsfreiheit und Streikrecht eine zentrale Lücke in der staatlichen Schutzpflicht.

Eine anhaltende Schwäche des Schutzniveaus ergibt sich ferner aus den inhärenten Strukturproblemen der Gewerkschaften, sich als Transmissionsriemen der KP Chinas zu verstehen und somit oftmals vorrangig zu einer verbesserten Ertragslage der Unternehmen beitragen zu wollen. Aus der Perspektive der ArbeitnehmerInnen ist eine solche Situation völlig unzureichend. Unter marktwirtschaftlichen Bedingungen müssen Gewerkschaften dafür sorgen, dass die ArbeitnehmerInnen als schwächerer Teil nicht übervorteilt und/ oder in vollständiger Abhängigkeit gehalten werden. Eine solche Ausbalancierung erfordert, dass die Interessen und Forderungen unter bestimmten Bedingungen auch konfrontativ durchgesetzt werden. Die Tatsache, dass bis 1982 das Streikrecht in der Verfassung garantiert war, also erst im Zuge der marktwirtschaftlichen Öffnung abgeschafft wurde, sollte schnellstmöglich rückgängig gemacht werden. Mit einem solchen Schritt würde die VR China als globaler Akteur gleichzeitig ein deutliches Signal zur Einhaltung der ILO-Kernarbeitsnormen geben.

Die Arbeitsgesetzgebung in Bangladesch – Schwierigkeiten der Umsetzung

13

Khorshed Alam

Die landwirtschaftlich geprägte Wirtschaft Bangladeschs zeigte in den letzten Jahren einen beachtlichen Aufschwung, der maßgeblich von den Exportsteigerungen und dem Ausbau der Bekleidungsindustrie getragen wurde. Während die positiven Effekte der Exportsteigerungen durchaus anzuerkennen sind, werden gleichzeitig die negativen Auswirkungen auf den Arbeitnehmerschutz kritisiert. Die Bekleidungsindustrie Bangladeschs ist insbesondere aufgrund der niedrigen Arbeitskosten attraktiv geworden – derzeit den niedrigsten weltweit.[1]

13.1 Menschen- und Arbeitsrechte in Bangladesch

In Hinblick auf Menschen- und Arbeitsrechte enthält die bangladeschische Rechtsordnung eine Vielzahl von Schutzmaßnahmen. Das Land hat sieben der acht ILO-Kernarbeitsnormen ratifiziert, ebenso die drei wichtigsten internationalen Menschenrechtsabkommen[2] mit arbeitsrechtlichen Bezügen. Seit dem Erlass des nationalen Arbeitsgesetzes[3] im Jahr 2006 hat sich der Arbeitnehmerschutz leicht verbessert. So deckt das Arbeitsgesetz etwa

---

[1] Armistead 2011.

[2] Die Allgemeine Erklärung der Menschenrechte (insbesondere Art. 23, 24 und 25); der Internationale Pakt über wirtschaftliche, soziale und kulturelle Rechte und der Internationale Pakt über bürgerliche und politische Rechte.

[3] In 21 Kapiteln und 354 ausführenden Erläuterungen greift das Gesetz u. a. die Themen Dienst- und Werkverträge und deren Bedingungen, Löhne und Entschädigungen, Mutterschutz, Gesundheit am Arbeitsplatz, Arbeitszeit und Gewerkschaften auf.

K. Alam (✉)
Alternative Movement for Resources and Freedom Society,
Dhaka, Bangladesch

G. Burckhardt (Hrsg.), *Corporate Social Responsibility – Mythen und Maßnahmen*,
DOI 10.1007/978-3-658-02842-8_13, © Springer Fachmedien Wiesbaden 2013

die Bereiche Belästigung und Diskriminierung, Kinderarbeit, Mitgliedschaft in Gewerkschaften, Urlaubsregelungen und Sicherheit am Arbeitsplatz vollständig ab.[4] Das Gesetz ist ein Schritt in die richtige Richtung – gleichzeitig enthält es bedeutende Schwachstellen etwa in Hinblick auf die Themen Mindestalter und Niedriglöhne.

13.2   Implementierung der Arbeitsgesetze auf Fabrikebene

Insbesondere der Preisdruck auf die Fabriken trägt zu den extrem niedrigen Löhnen der ArbeiterInnen bei. Nach Berechnungen der Asiatischen Grundlohnkampagne liegt der Basislohn zur Abdeckung der grundlegenden Bedürfnisse für ArbeiterInnen in Bangladesch derzeit bei 12.248 taka (ca. 116 €) monatlich.[5] Die tatsächlichen Löhne belaufen sich hingegen auf weniger als 4.000 taka (ca. 40 €). Darüber hinaus leiden die ArbeiterInnen oftmals unter stark verzögerten Lohnzahlungen: Einmonatige Verzögerungen sind an der Tagesordnung, nur in wenigen Fällen erhalten die ArbeiterInnen ihren Lohn pünktlich.

Nahezu jede Fabrik gibt den ArbeiterInnen ein Tagesziel vor, das sie nur durch Arbeitstage von 10 bis 16 h erreichen können. Dies verstößt sowohl gegen nationales Arbeitsrecht als auch gegen die ILO-Konventionen.

Während das Gesetz 50 Urlaubstage pro Jahr vorschreibt, berichteten in einer im Jahr 2010 durchgeführten Befragung 53 % der ArbeiterInnen, dass sie weniger als 10 Urlaubstage pro Jahr hätten, während viele überhaupt keinen Urlaub bekamen.[6] Ferner erhielten ArbeiterInnen im Mutterschutz überwiegend keinen Lohn.

Betrug und Korruption offenbaren sich zudem in fehlenden schriftlichen Nachweisen über ausgezahlte Löhne. Mehr als zwei Drittel der in der genannten Studie befragten ArbeiterInnen erklärten, keinerlei Lohnnachweis erhalten zu haben. Ohne Lohnabrechnung wissen die ArbeiterInnen jedoch nicht, welcher Lohn ihnen nach Abzug von Abgaben zusteht.

Grundlegende Leistungen wie Kinderbetreuung, medizinische Untersuchungen und regelmäßiger Urlaub werden nicht erbracht. In einer Vielzahl von Fabriken wird selbst der Toilettengang streng limitiert, was bei den ArbeiterInnen z. T. zu starken Beschwerden führt.

13.3   Meinungsfreiheit und betriebliche Organisierung

Die bangladeschische Textilindustrie ist die Branche mit dem geringsten Organisationsgrad des Landes. Der Mehrzahl der ArbeiterInnen wird das Recht auf Meinungsfreiheit verwehrt, wodurch ein Klima der Straffreiheit für die Missachtung anderer Rechte geschaf-

---

[4] Andere Bereiche wie Zwangsarbeit, ethnische Diskriminierung, Religions- und Meinungsfreiheit sind durch die bangladeschische Verfassung geschützt.

[5] Labour behind the Label 2011.

[6] War on Want 2011. Die Studie wurde von AMRF und War on Want 2010 durchgeführt: 988 ArbeiterInnen aus 41 Fabriken wurden befragt.

fen wird. In den freien Exportzonen wurden Arbeitsrechte besonders stark eingeschränkt: Bis 2004 waren Gewerkschaften hier offiziell verboten, bis heute wird die Organisierung der ArbeiterInnen stark behindert, z. B. durch unrechtmäßige Kündigung und durch Bedrohung, Misshandlung oder ungerechtfertigte Inhaftierung durch die Vollzugsbehörden oder private Sicherheitsfirmen der Fabriken. Nur 8 % der Befragten in der oben genannten Studie verwiesen auf eine Arbeitnehmervertretung in ihrer Fabrik.

13.4   Beschwerdemöglichkeiten

Auf lokaler Ebene gibt es verschiedene Anlaufstellen für ArbeiterInnen. Diese können etwa direkt bei den Arbeitsinspektoren des Arbeitsministeriums Beschwerde einreichen. Das Ministerium kann die Fabrikbesitzer dann vor einem Arbeitsgericht belangen, dabei sind die Arbeitsgerichte sowohl in zivil- als auch in strafrechtlicher Hinsicht zuständig. Allerdings ist eine Beschwerde vor dem Arbeitsgericht angesichts der Korruption und des starken Überhangs an Verfahren[7] zumeist wenig hilfreich. Dies schwächt die Gewerkschaften und schreckt die ArbeiterInnen von der Wahrnehmung des Rechtswegs ab.[8]

Darüber hinaus gibt es unverbindliche Beschwerdemechanismen auf lokaler Ebene, insbesondere die im Jahr 1997 von den wichtigsten Arbeitgeberverbänden, Gewerkschaften und dem Arbeitsministerium geschaffene Einigungsstelle. Parallel zu dem arbeitsgerichtlichen System tritt sich die Einigungsstelle monatlich, um kleinere Individualbeschwerden und Arbeitskämpfe zu lösen. Von Januar bis März 2011 wurden hier 44 Fälle vorgebracht, von denen 13 derzeit noch verhandelt werden.[9]

13.5   Hindernisse bei der Beschwerdeführung

Trotz der scheinbaren Vielfalt von Beschwerdemöglichkeiten bestehen viele Hindernisse bei deren Wahrnehmung. Die oben genannten Anlaufstellen behandeln fast ausschließlich Individualbeschwerden. Für Kollektivbeschwerden von ArbeiterInnen bietet das bestehende System hingegen nur wenige Rechtsmittel.

Ein weiteres Hindernis sind die hohen Gebühren für die Nutzung des Rechtswegs, die bei mindestens 3.000 taka liegen – ein bedeutender Teil des monatlichen Lohns.

Die Unterfinanzierung des Gerichtswesens ist ein weiteres Problem: Bangladesch verfügt bundesweit nur über sieben Arbeitsgerichte im Vergleich zu 1.300 Amtsgerichten, weshalb bereits die Anreise ein großes Problem für die ArbeiterInnen darstellt. Die über-

---

[7] Aufgrund der großen Anzahl anhängiger Verfahren kann es teilweise Jahre dauern, bis ein Fall bearbeitet wird.

[8] Ain o Salish Kendra 2011.

[9] Arbitration Council 2011.

triebene Bürokratie führt zu Wartezeiten von ein paar Monaten oder gar Jahren und tut damit ein Übriges, um ausgebeutete ArbeiterInnen von der Nutzung des Rechtswegs abzubringen.

13.6   Staatliche Kontrolle mangelhaft und korrupt

Es gibt nur wenige Fabrikinspektoren, denen zudem Transportmöglichkeiten, Training und Ausrüstung fehlen. Nur 20 Inspektoren gibt es für fast 5.000 Textilfabriken, die in maroden Autos reisen und unter Zeitdruck arbeiten müssen.

Auch die Integrität der staatlichen Beschwerdeprozesse ist zu bezweifeln. Durch die strategische Bedeutung der exportorientierten Bekleidungsindustrie für die Wirtschaft und die direkte Beteiligung von führenden Politikern und Regierungsbeamten am Textilgeschäft sind staatliche Stellen oft gezwungen, die Exportinteressen über den Schutz der ArbeiterInnen zu stellen.

Während einige ArbeiterInnen erfolgreich eine Entschädigung erreichen konnten, ist dies aufgrund der oben erläuterten Hindernisse für die Mehrheit der ArbeiterInnen unmöglich. Auch die Sanktionierung der Fabrikbesitzer, meist in Form einer symbolischen Geldstrafe, ist so schwach, dass diese ihre systematischen Menschenrechtsverletzungen ohne Angst vor einer ernsthaften Bestrafung fortsetzen können.

13.7   Freiwillige Verhaltenskodizes vs. Verbindlicher rechtlicher Rahmen

Konfrontiert man die internationalen Einkäufer mit den genannten Missständen, so werden diese unter Verweis auf sichere Schutzmaßnahmen kategorisch abgestritten. Ihre „Schutzmaßnahmen" in Form von „Compliance Zertifizierung", „Sozialaudits", „Inspektion durch den Einkäufer" und „Verhaltenskodizes" erweisen sich jedoch als ineffektive Hochglanzinstrumente. Die Einkäufer haben keinen direkten Kontakt zu den normalen ArbeiterInnen. Diese dürfen nicht mit den Inspektoren sprechen. Dies ist den sorgfältig im Lügen „trainierten" ArbeiterInnen vorbehalten. Auf diese Weise wird eine Fassade für die ausländischen Inspektoren aufgebaut. Die tatsächliche Implementierung der Arbeitsrechte in der Bekleidungsindustrie Bangladeschs muss hingegen durch Rechtsdurchsetzung und starke Monitoring-Mechanismen sichergestellt werden.

Textilarbeiterinnen in Indien können ihre Rechte nicht einklagen

14

Laura Ceresna

Bangalore ist als „indisches Silicon Valley" vor allem für seine IT-Industrie bekannt. Weniger Beachtung findet der zweite wichtige Sektor – die Textilindustrie. Darin sind rund 500.000 ArbeiterInnen beschäftigt, 80 % davon Frauen. Niedrige Löhne, hohes Produktionssoll und Schikanierung der ArbeiterInnen sind an der Tagesordnung. Die Textilien werden vor allem nach Europa und in die USA exportiert.

14.1 Gesetze werden nicht umgesetzt

Indien verfügt über ein umfassendes Arbeitsrecht, viele der Gesetze sind von ILO-Übereinkommen abgeleitet. Eines der wichtigsten Gesetze ist der „Factories Act" von 1948, der Regelungen zum Arbeitsschutz von FabrikarbeiterInnen festsetzt. Er schreibt die Bereitstellung von sauberem Trinkwasser, Kantinen, Erste-Hilfe-Vorrichtungen und Sicherheitskleidung vor. Fabriken mit mehr als 500 Angestellten müssen über einen Krankenwagen und kompetentes Krankenpflegepersonal verfügen. Obwohl die meisten Exportfabriken in Bangalore viele Auflagen erfüllen, sind die Gesundheitszustände vieler ArbeiterInnen alarmierend. Die Fabrikhallen sind mit feinem Textilpartikelstaub überzogen, der beim Verarbeitungsprozess entsteht. Tägliches Einatmen dieser Textilpartikel verursacht Krankheiten wie Asthma und Tuberkulose. Schutzmasken und andere Sicherheitskleidung werden entweder nur bei Inspektionen bereitgestellt oder von den ArbeiterInnen schlicht nicht getragen. Und Inspektionen werden angekündigt. Somit hat das Management genügend Zeit, die Fabrik vorzeigbar zu machen.

Der „Factories Act" definiert als maximale reguläre Arbeitszeit 48 h pro Woche, bei höchstens 9 h am Tag. Jede darüber hinaus geleistete Arbeit wird als Überstundenarbeit

L. Ceresna (✉)
Cividep, Bangalore, Indien
E-Mail: laura@cividep.org

G. Burckhardt (Hrsg.), *Corporate Social Responsibility – Mythen und Maßnahmen*,
DOI 10.1007/978-3-658-02842-8_14, © Springer Fachmedien Wiesbaden 2013

angesehen und muss freiwillig geleistet und mit dem doppelten Stundenlohn entgolten werden. Viele Textilfabriken verstoßen jedoch gegen dieses Gesetz: Die ArbeiterInnen werden zu Überstunden gezwungen, um das Produktionssoll zu erreichen und werden dafür nicht korrekt bezahlt.

Angemessene Kinderbetreuung ist ein weiteres Problem. Zwar schreibt der „Factories Act" vor, dass jede Fabrik, die mehr als 30 Frauen beschäftigt, eine Kinderkrippe unterhalten muss, jedoch werden die meisten Krippen von ungelernten Reinigungskräften anstelle von ausgebildeten ErzieherInnen betreut. Zudem nehmen viele Krippen Kinder erst ab einem Alter von sechs Monaten oder einem Jahr an. Bezahlter Mutterschaftsurlaub wird jedoch durch den „Employee State Insurance Act" (staatliches Sozialversicherungsgesetz für Angestellte) nur für drei Monate gewährleistet.

Der „Minimum Wage Act" von 1948 setzt den gesetzlichen Mindestlohn fest, der gegenwärtig im Textilsektor umgerechnet 2,73 € pro Tag (71 € im Monat) beträgt.[1] Die „Asia Floor Wage Campaign"[2] errechnete unter Berücksichtigung der Kaufkraftparität (KKP) für das Jahr 2012 einen Mindestlohn im indischen Textilsektor von 12.096 Rupien (170 €) im Monat. Das bedeutet, dass ArbeiterInnen in Bangalore nicht einmal die Hälfte dessen verdienen, was als angemessener Mindestlohn betrachtet werden kann. Viele Textilarbeiterinnen sind Alleinverdienerinnen und brauchen neben der Fabrikarbeit eine Zweitbeschäftigung als Haushaltshilfe oder Blumengirlanden-Verkäuferin, um ihren Lebensunterhalt zu sichern. Andere nehmen Kredite auf.

Obwohl der indische „Trade Union Act" von 1926 das Vereinigungsrecht und das Recht auf Kollektivverhandlungen gewährt, gibt es in den Textilfabriken in Bangalore keine Gewerkschaften. Denn: Die ArbeiterInnen, die sich gewerkschaftlich organisieren wollen, werden von ihren Managern eingeschüchtert und im Arbeitsalltag benachteiligt. Zudem gewähren die Manager den Gewerkschaften keinen Zugang zu den Fabriken. Aktive müssen die ArbeiterInnen vor den Fabriktoren und auch in ihren Wohngegenden aufsuchen, um mit ihnen Kontakt aufzunehmen. Viele haben Angst davor, entlassen zu werden, wenn sie sich organisieren. Außerdem fehlt es vielen ArbeiterInnen angesichts von Überstunden und doppelter Belastung durch Hausarbeit schlicht an Zeit.[3] All dies führt dazu, dass nur 4 % der 500.000 TextilarbeiterInnen einer der fünf unabhängigen Textilgewerkschaften angehören, Fabrikgewerkschaften gibt es trotz Gewerkschaftsgesetz keine.

---

[1] 2007 verzögerten Textilproduzenten die Anhebung des Mindestlohns um zwei Jahre. Selbst 2009 weigerten sich viele noch, den angehobenen Mindestlohn zu zahlen, und wurden erst durch eine Klage der Garment Textiles Workers' Union (GATWU) im Jahr 2010 gezwungen, den korrekten Mindestlohn zu zahlen.

[2] Asia Floor Wage Campaign 2011.

[3] Weiterführende Informationen: www.cividep.org.

14.2   Sexuelle Belästigung am Arbeitsplatz

Abgesehen von massiven Arbeitsrechtsverletzungen klagen die ArbeiterInnen über die täglichen Schikanierungen ihrer Aufseher. Weil das geforderte Produktionssoll unrealistisch hoch angesetzt ist, werden sie ständig unter Druck gesetzt, schneller zu arbeiten. Sie werden beschimpft und manchmal werfen ihnen die Aufseher Kleidungsstücke ins Gesicht. Im Februar 2013 hat das indische Parlament ein Gesetz gegen sexuelle Belästigung am Arbeitsplatz verabschiedet. Dieses besagt, dass jeder Arbeitsplatz über einen Ausschuss gegen sexuelle Belästigung verfügen muss. Beschwerden über sexuelle Belästigung am Arbeitsplatz müssen innerhalb von 90 Tagen bearbeitet werden ansonsten drohen dem Arbeitgeber Geldstrafen. Ein solches Gesetz war dringend notwendig, da in der Textilindustrie die Mehrheit der ArbeiterInnen weiblich und die Mehrheit der Manager männlich ist. Leider verfügt jedoch nicht jede Fabrik über einen Ausschuss gegen sexuelle Belästigung. In den wenigen Fabriken, die einen solchen Ausschuss haben, werden die Mitglieder vom Fabrikmanagement bestimmt und nicht von der Arbeiterschaft gewählt.

14.3   Beschwerdemöglichkeiten und Rechtsmittel

Wie können sich ArbeiterInnen angesichts fehlender Gewerkschaften und gravierender Umsetzungslücken des Arbeitsrechtes gegen Arbeitsrechtsverletzungen wehren? In manchen Fabriken gibt es eine Beschwerdebox, doch sie ist wenig wirksam; ArbeiterInnen erhalten oft keine Rückmeldung auf ihre Beschwerden. Gewerkschaften und Nichtregierungsorganisationen unterstützen ArbeiterInnen, Beschwerden beim Arbeitsministerium einzureichen, und bieten kostenlose Rechtsberatung an. Das Arbeitsministerium versucht zwischen den ArbeiterInnen und dem Management zu schlichten. Wenn dieser Mediationsversuch scheitert, können die ArbeiterInnen Klage beim Arbeitsgericht einreichen. Nur sehr wenige ArbeiterInnen verfügen aber über ausreichende finanzielle Mittel für einen Anwalt. Außerdem sind Gerichtsprozesse oft langwierig und die klagenden ArbeiterInnen dürfen, solange ein Prozess läuft, keine Arbeit in einer anderen Fabrik aufnehmen. Der Arbeitgeber, gegen den sie klagen, stellt sie meist von der Arbeit frei und muss ihnen dann nur noch den Basislohn ohne Zulagen bezahlen. Die meisten Frauen können sich den Rechtsweg deshalb nicht leisten.

Es ist grundsätzlich Aufgabe des Arbeitsministeriums des Staates Karnataka, die Textilfabriken zu beaufsichtigen. Mit nur 49 Inspektoren ist das Ministerium jedoch völlig unterbesetzt, um Fabriken aller Sektoren in Bangalore zu überwachen. Ein weiteres gravierendes Problem ist die Korruption. Viele der Inspektoren nehmen Bestechungsgeld von Fabrikbesitzern an.

Letztlich ist es auch Aufgabe des Staates, Arbeitsrecht durchzusetzen und den betroffenen ArbeiterInnen bei Verstößen Zugang zu Gerichten und Entschädigung zu ermöglichen. Doch das staatliche Interesse richtet sich mehr auf die Förderung und Sicherung von Auslandsinvestitionen statt den Schutz der ArbeiterInnenrechte zu gewährleisten.

Die Gesetze zum Schutz der Beschäftigten existieren also in Indien, doch sind die Instanzen zur Rechtsdurchsetzung schwach. Der Staat in Indien ist schwach und korrupt – darunter leiden vor allem die Frauen in den Textilfabriken.

„Better Factories Program" in Kambodscha – ist der Name auch Programm?

15

Sabine Ferenschild

Im Jahr 2001 wurde in Kambodscha das „Better Factories Program" (BFP) der Internationalen Arbeitsorganisation (ILO) ins Leben gerufen.[1] Den Hintergrund dieses Programms bildeten zum einen Berichte über soziale Missstände in der Produktion, die seit den 1990er Jahren zu wachsenden Protesten führten. Die USA versuchten, mit der Integration von Sozialstandards in das Handelsabkommen mit Kambodscha dieser Kritik zu begegnen. Zum anderen bemühte sich Kambodscha, angesichts der für 2005 anstehenden Liberalisierung des globalen Textil- und Bekleidungshandels mit der Berücksichtigung von Sozialstandards in der Produktion einen Wettbewerbsvorteil auf dem Weltmarkt zu erlangen. Die Bekleidungsindustrie hat mit einem Anteil von 70 % an den Gesamtexporten Kambodschas und 319.000 Beschäftigten im Jahr 2010[2] eine große Bedeutung auch für die soziale Entwicklung Kambodschas.

15.1 Was ist und was will „Better Factories Cambodia"?

Mit der Verbesserung der Arbeitsbedingungen in der kambodschanischen Bekleidungsindustrie will das Programm auch zu einer verbesserten Qualität und höheren Produktivität beitragen. Das BFP wird von der ILO getragen – in Kooperation mit der kambod-

---

[1] Das Programm knüpfte an ein Handelsabkommen der USA mit Kambodscha an, das 1999 in Kraft trat, in dessen Umsetzung die ILO bereits eingebunden war und mit dem erstmals die Bestimmungen eines Handelsvertrags mit der Einhaltung von Sozialstandards gekoppelt wurden, s. Ferenschild und Wick 2004, S. 40.

[2] Cambodia Edition 10.06.2011.

S. Ferenschild (✉)
SÜDWIND e.V. Institut für Ökonomie und Ökumene, Siegburg, Deutschland
E-Mail: Ferenschild@suedwind-institut.de

G. Burckhardt (Hrsg.), *Corporate Social Responsibility – Mythen und Maßnahmen*,
DOI 10.1007/978-3-658-02842-8_15, © Springer Fachmedien Wiesbaden 2013

schanischen Regierung, dem Verband der kambodschanischen Bekleidungshersteller und den Gewerkschaften. Nach eigenen Angaben arbeitet es auch eng mit den internationalen Händlern zusammen.[3] Im Rahmen des Programms finden unangemeldete Fabrikbesuche statt, die die Grundlage für einen Bericht über die jeweiligen Arbeitsbedingungen und für die Unterbreitung von Verbesserungsvorschlägen sind. Bei einem späteren Kontrollbesuch findet eine erneute Überprüfung statt. Zu den untersuchten Arbeitsbedingungen, für die die ArbeiterInnen außerhalb der Firma befragt werden, gehören die Bereiche Kinderarbeit, Vereinigungsfreiheit, Arbeitsverträge, Löhne, Arbeitszeiten sowie Bedingungen am Arbeitsplatz wie Lärmschutz und Sicherheit. Ergänzend bietet das Programm Trainings für Firmeninhaber und Gewerkschaften u. a. zu den Themen Gesundheit und Sicherheit in Khmer, Englisch und Chinesisch an.

Das BFP wurde bis 2009 aus Mitteln ausländischer Geber[4] finanziert und sollte sich anschließend aus Beiträgen der kambodschanischen Regierung, Unternehmen und Gewerkschaften mit Unterstützung der internationalen Händler selbst tragen. Dies ist allerdings nur teilweise gelungen, weiterhin wird das Programm von außen unterstützt.[5]

15.2   Was hat das Programm bisher gebracht?

Die kambodschanische Regierung verlangt von allen Bekleidungsbetrieben, die eine Exportlizenz haben, die Teilnahme an dem Programm. Dadurch konnte die Zahl der beteiligten Firmen von anfangs 119 Fabriken (2001) auf heute 363 Fabriken erhöht werden. Die Berichte über die Entwicklung in den Fabriken werden halbjährlich auf Khmer, Englisch und Chinesisch im Internet veröffentlicht, was zur Transparenz des Programms beiträgt.

Mit der Anzahl der Inspektionen scheint die Einhaltung der überprüften Standards zugenommen zu haben.[6] So sind die Löhne bis 2008 um 37 % gestiegen und seitdem erhalten 93–100 % der Festangestellten und 89 % der GelegenheitsarbeiterInnen den gesetzlich festgelegten Mindestlohn. Verbesserungen gab es auch bei der Vereinigungsfreiheit, wenngleich hier Probleme weiterbestehen.[7] Außerdem hat das BFP dazu beigetragen, dass die Fabriken nach einem einheitlichen Kriterienkatalog untersucht werden und nicht, wie in anderen Ländern, nach unterschiedlichen Kriterien durch verschiedene Akteure.

---

[3] Better Factories 2011.

[4] Die Geber waren die französische Entwicklungshilfe, Asiatische Entwicklungsbank, niederländische Regierung, neuseeländische Entwicklungshilfemittel, USAid und Mittel des US-Arbeitsministeriums.

[5] Weiterhin fließen Gelder der australischen Regierung und der Weltbank in das Programm, neben Mitteln aus Kambodscha und Beiträgen aus einem Subskriptionssystem, an dem sich 32 internationale Händler beteiligen, vgl. http://www.betterfactories.org/donors.aspx?c=1 (Letzter Zugriff: 18.09.2011).

[6] Robertson 2011, S. 25.

[7] CREM; Somo 2011,142 ff.

15.3   Vorbildfunktion für andere Länder

Das BFP in Kambodscha dient als Vorbild für das „Better Work Program"[8], das die ILO gemeinsam mit der zur Weltbank-Gruppe gehörenden International Finance Corporation (IFC) im Jahr 2007 begonnen hat. Mit diesem Programm wurde die Grundidee des BFP auf andere Länder ausgedehnt, zu denen aktuell Haiti (2008), Vietnam (2009), Lesotho (2010), Nicaragua (2010), Jordanien (2010) und Indonesien (2011) gehören.[9] Finanziert werden die Länderprogramme vor allem durch Regierungsmittel aus Industrieländern.[10] Von den internationalen Auftraggebern wie z. B. Adidas wird im Rahmen von Better Work eine Gebühr für das Monitoring erhoben, was von diesen als Nachteil im Vergleich zu Kontrollen durch interne Teams angesehen wird.[11]

Im Vergleich zum kambodschanischen BFP fällt beim Better Work Program in den anderen Ländern die fehlende sektorweite Gültigkeit auf.[12]

15.4   Wesentliche Kritikpunkte

Zwar konnte das BFP zu einigen Verbesserungen in der kambodschanischen Bekleidungs- industrie beitragen, doch bestehen drei zentrale Kritikpunkte:

1. Zahlung eines Mindestlohns ist kein Verdienst, sondern gesetzliche Vorschrift. Zudem: Der Mindestlohn liegt unterhalb des Existenzminimums.
   Dieser wurde im Oktober 2010 für den Zeitraum bis 2014 für reguläre ArbeiterInnen auf umgerechnet 61 US-$ und für GelegenheitsarbeiterInnen auf umgerechnet 56 US-$ monatlich erhöht.[13] Mit diesem aktuellen monatlichen Mindestlohn können die Arbei- terInnen in der kambodschanischen Bekleidungsindustrie ihre Existenz nicht sichern. Das macht ein Vergleich mit dem von der Asia Floor Wage Campaign berechneten existenzsichernden Lohn (Living Wage) für Kambodscha deutlich: Dieser wurde im Frühjahr 2011 mit 169,63 US-$ (= 692.903 Riel) angegeben.[14]

---

[8] International Labour Organization 2011.

[9] Studien für eine weitere Ausdehnung des Programms auf Marokko und Bangladesch befinden sich in der Erarbeitung. Außerdem will sich Better Work perspektivisch auf andere Sektoren wie z. B. die Fischerei ausdehnen.

[10] So z. B. von den USA, Australien oder den Niederlanden, und aus Mitteln des IFC.

[11] Adidas 2011.

[12] Allerdings ist in Jordanien ein Schritt in eine sektorweite Gültigkeit die im Sommer 2011 in Kraft getretene gesetzliche Regelung, dass sich alle die Firmen bei Better Works Jordanien registrieren lassen müssen, die Bekleidung in die USA und nach Israel exportieren.

[13] Fair Wage Network 2011.

[14] Asia Floor Wage Campaign 01.05.2011.

Wenn aber ein Programm mit dem vielversprechenden Titel „Better Factories" nach einer Dauer von zehn Jahren und mit Unterstützung von Regierung, Arbeitgebern und Gewerkschaften nur die Einhaltung eines Mindestlohns kontrolliert, missachtet es die minimalen Existenzansprüche der Beschäftigten. Die Argumentation, dass die Löhne in der Bekleidungsindustrie Kambodschas mit 0,31 US-Cent pro Stunde zwar unterhalb des durchschnittlichen industriellen Stundenlohns von 0,49 US-Cent (2007) liegen, aber angesichts der weiblichen Dominanz im Bekleidungssektor und der generell niedrigeren weiblichen Löhne dennoch von einer bedeutenden Lohnsteigerung, auch angestoßen durch das BFP, gesprochen werden kann, wirkt zynisch.[15]

2. Das Better Factories Programm erfasst viele Firmen nicht, die nur indirekt für den Export produzieren:
   Das BFP gilt explizit nur für die Unternehmen, die eine Exportlizenz des kambodschanischen Staates haben. Auf seiner Homepage spricht BFP aber selbst von „vielen" Sub-Unternehmen, die den Firmen mit Exportlizenzen zuarbeiten. Die flächendeckende Gültigkeit des BFP ist dadurch in seiner Wirksamkeit und auch Glaubwürdigkeit gefährdet. Damit teilt es ein grundlegendes Problem fast aller freiwilligen CSR-Maßnahmen, die sich lediglich auf die direkten Vertragspartner konzentrieren und die oft deutlich schlechteren Arbeitsbedingungen bei den Sub-Unternehmen ignorieren.

3. Die internationalen Händler, die die Auftraggeber der kambodschanischen Bekleidungsunternehmen sind, werden vom BFP aus der Verantwortung entlassen:
   Zu den wichtigsten Auftraggebern der kambodschanischen Bekleidungsindustrie gehören GAP, H&M, Levi Strauss und Adidas.[16] Diese tragen durch ihre Preispolitik entscheidend dazu bei, dass die Bekleidungsunternehmen in Kambodscha den Preisdruck an ihre Beschäftigten weitergeben. Solange also das BFP weder einen existenzsichernden Lohn zum Bestandteil seiner Kriterien erhebt noch flächendeckend alle für den Export produzierenden Bekleidungsunternehmen erfasst, ob sie nun eine Exportlizenz haben oder als Sub-Unternehmen produzieren, werden Missstände wie die im August 2011 bekannt gewordenen Massen-Ohnmachten bei einem kambodschanischen H&M-Zulieferer[17] in der kambodschanischen Bekleidungsindustrie wohl Alltag bleiben.

---

[15] Robertson 2011, S. 17.

[16] Miller et al. 2007, S. 5.

[17] Süddeutsche Zeitung 26.08.2011.

Zusammenfassung der Beiträge und Fazit: Mangelnder Schutz der Betroffenen

16

Gisela Burckhardt

Die Beiträge über die Arbeitsgesetze in China, Indien und Bangladesch machen deutlich, dass alle Länder eine relativ gute Arbeitsgesetzgebung haben. Auch in China hat sich die rechtliche Lage der ArbeiterInnen mit dem neuen Arbeitsvertragsgesetz vom Januar 2008 verbessert. Dennoch herrschen in allen drei Ländern immer noch unmenschliche Arbeitsbedingungen, wie die Berichte zeigen. Das Problem liegt in der mangelnden Durchsetzung von Rechten durch die staatlichen Behörden und in einem fehlenden wirksamen Rechtsschutz für die betroffenen Beschäftigten. Mangelnde Kontrollen, schwach ausgebildete Rechtsstaatsstrukturen, unterbesetzte und unterfinanzierte Gerichte, Korruption und Vetternwirtschaft sind weit verbreitet.

Mangelnde Kontrolle: Unternehmen werden vom Staat nicht oder völlig unzureichend kontrolliert. In Bangladesch gibt es laut Khorshed Alam nur 80 Inspektoren für 24.229 registrierte Textilfabriken, d. h. ein Inspektor müsste rein rechnerisch rund 300 Fabriken kontrollieren.

Enge Verflechtungen zwischen Wirtschaft und Politik: In Bangladesch sitzen viele Textilfabrikbesitzer in der Regierung und haben oft sogar Einfluss auf die Geheimdienste. In China besteht oftmals auf lokaler Ebene eine enge Verflechtung zwischen Parteikomitee und Unternehmensmanagement.

G. Burckhardt (✉)
Heidebergenstraße 14, Bonn, Deutschland
E-Mail: gisela.burckhardt@femnet-ev.de

G. Burckhardt (Hrsg.), *Corporate Social Responsibility – Mythen und Maßnahmen*,
DOI 10.1007/978-3-658-02842-8_16, © Springer Fachmedien Wiesbaden 2013

Unqualifiziertes und politisch beeinflusstes Gerichtswesen: In China herrscht vielerorts eine unzureichende Professionalität der Schiedsrichter. Schiedsgerichte unterliegen
häufig der politischen Einflussnahme zugunsten eines positiven Investitionsklimas. In
Indien und Bangladesch ist dies nicht anders, Richter werden bestochen. Kommt es doch
einmal zu Bestrafungen, ist die Strafe so niedrig, dass Unternehmer ihre Arbeits- und
Menschenrechtsverletzungen fortsetzen können.

Der **Rechtsweg** verursacht einzelnen Betroffenen hohe Kosten und ist langwierig, Sammelklagen sind nicht möglich. Für Kollektivbeschwerden von ArbeiterInnen bietet das
bestehende System in allen Ländern keine Rechtsmittel. In China ermöglicht das neue
Arbeitskonfliktgesetz immerhin kostenlose Schlichtungs- und Schiedsverfahren, das Instrument wird aber noch zu wenig genutzt. In Indien dürfen die klagenden ArbeiterInnen,
solange ein Prozess läuft, keine Arbeit in einer anderen Fabrik aufnehmen und erhalten
nur noch den Basislohn ohne Zulagen, wovon keine ArbeiterIn leben kann.

Das **Vereinigungsrecht und Streikrecht** ist zwar formal in Indien und Bangladesch
anerkannt, kann aber in den Fabriken faktisch nicht ausgeübt werden, da diejenigen, die
versuchen sich zu organisieren, entlassen werden. Nach dem Einsturz des Rana Plaza Ge-
bäudes im April 2013 wuchs allerdings der internationale Druck auf die Regierung Bangladeschs und sie kündigte daraufhin an, zukünftig Gewerkschaften in Fabriken zuzulassen.
Ob und wie die Umsetzung erfolgt, bleibt nun abzuwarten. In Bangalore gibt es faktisch
keine Gewerkschaften in den Fabriken, in Bangladesch ist derzeit noch ähnlich. In China
sind die Unternehmen stark mit dem Parteikomitee verbunden, GewerkschaftsvertreterInnen beziehen ihr Gehalt von den Unternehmen, genießen aber keinen Kündigungsschutz aufgrund der Gewerkschaftszugehörigkeit.

Kambodscha unternimmt mit seinem Better-Factories-Programm den Versuch, die
Produktivität zu erhöhen und die Arbeitsbedingungen zu verbessern, bezieht allerdings
nur die exportierenden Fabriken (derzeit 363) und nicht deren Subunternehmen mit ein.
Der Ansatz will die gesamte Exportindustrie zu Mindestsozialstandards verpflichten,
nicht jedoch zu weiter reichenden ILO Konventionen. Die zahlreichen Ohnmachten von
Näherinnen im August 2011 lassen Zweifel an der Wirksamkeit des Programms aufkom-
men. Das Hauptgewicht des Programms liegt bei den von Consultings durchgeführten
Fabrikkontrollen (Audits) und Trainingsmaßnahmen. Staatliche Aufsicht bleibt weiterhin
ungenügend, Gewerkschaften werden vom Programm nicht geschult und gestärkt und
Geschädigte haben keinen verbesserten Zugang zu Rechtsmitteln. So haben sich auch die
Arbeitsbedingungen nicht wesentlich verbessert.

Fazit: Die erste und dritte Säule der UN-Leitprinzipien, nämlich die Pflicht des Staates, seine BürgerInnen vor Menschenrechtsverletzungen zu schützen und das Recht der
Betroffenen auf Wiedergutmachung und Entschädigung werden beide weitgehend in allen
drei Produktionsländern massiv verletzt.

Teil IV

Freiwillige CSR-Initiativen zur Umsetzung von Unternehmensverantwortung

Neue Regeln für globales Wirtschaften – Eine Bilanz zur Revision der OECD-Leitsätze für multinationale Unternehmen

17

Britta Utz

Die OECD-Leitsätze für multinationale Unternehmen sind ein Verhaltenskodex für verantwortliches Handeln von Unternehmen und stellen eines der wichtigsten internationalen Regelwerke dar, zu dessen Umsetzung und Förderung sich 42 Unterzeichnerstaaten verpflichtet haben.[1] Die Leitsätze enthalten gemeinsame Empfehlungen dieser Regierungen für gute unternehmerische Praxis in verschiedenen Themenfeldern und richten sich an alle Unternehmen, die von den Teilnehmerländern aus operieren. Bei der Umsetzung der Leitsätze spielen die nationalen Kontaktstellen eine essenzielle Rolle. In Bezug auf strittiges Unternehmensverhalten sind diese Gremien angehalten, ein Mediationsverfahren zwischen den beteiligten Parteien einzuleiten.

Am 25. Mai 2011, elf Jahre nach der letzten Revision, wurde eine neue Fassung der Leitsätze verabschiedet. Im Rahmen eines einjährigen Verhandlungsprozesses wurden die inhaltlichen Vorgaben für verantwortungsvolle Unternehmenspraktiken stark erweitert sowie präzisere Bestimmungen für die Umsetzungsverfahren des Instruments verabschiedet.

Besonders ist die vergrößerte Reichweite der Leitsätze hervorzuheben. Während die Leitsätze in der Praxis bislang auf grenzüberschreitende Investitionstätigkeiten der Unternehmen beschränkt wurden, gelten sie nun für alle Geschäftsbeziehungen (wie Dienstleistungen, Handelsbeziehungen) und unterstreichen die Verantwortung für die Zulieferkette. Regelungsadressaten sind Unternehmen aus allen Sektoren der Wirtschaft, so auch Finanzinstitutionen.

---

[1] Dazu zählen neben den 31 OECD-Mitgliedstaaten auch Ägypten, Argentinien, Brasilien, Estland, Israel, Lettland, Litauen, Marokko, Peru, Rumänien und Slowenien. Sechs weitere Staaten (Costa Rica, Kolumbien, Jordanien, Serbien, Tunesien und die Ukraine) haben ihren Beitritt angekündigt.

B. Utz (✉)
Friedrich-Ebert-Stiftung, Berlin
Berlin, Deutschland
E-Mail: Berlin Britta.Utz@fes.de

G. Burckhardt (Hrsg.), *Corporate Social Responsibility – Mythen und Maßnahmen*,
DOI 10.1007/978-3-658-02842-8_17, © Springer Fachmedien Wiesbaden 2013

17.1 Sorgfaltspflicht als Kern der Unternehmensverantwortung

Die wohl wichtigste Änderung der Revision stellt die Verankerung des Prinzips der pro-
aktiven Sorgfalt für Unternehmen dar.[2] Firmen werden dazu verpflichtet, im Rahmen eines
Risikomanagements tatsächliche und mögliche negative Wirkungen ihrer Unternehmenstätigkeiten zu identifizieren und durch Prävention, Abhilfe und Wiedergutmachung anzu-
gehen. Die Sorgfaltspflicht bezieht sich dabei nicht nur auf das Kerngeschäft der Unternehmen, sondern auch auf die Beziehungen zu Dritten. Dies ist insofern relevant, als die neuen
Vorgaben einen Paradigmenwechsel in der Anwendung der Leitsätze darstellen – weg von
der formalen „Einfluss-Sphäre" einer Firma oder einem nachzuweisenden „*Investment Ne-
xus*" für die Annahme von Beschwerdefällen hin zur Konzentration auf potenzielle und
tatsächliche Auswirkungen der gesamten Geschäftsbeziehungen.

17.2 Verantwortung für Menschenrechte, Zahlung angemessener Löhne

Erstmals gibt ein eigenständiges Menschenrechtskapitel konkrete Hinweise, wie Unternehmen ihre Verantwortung in diesem Bereich umsetzen sollten. Dies stellt konzeptionell
einen wichtigen Zugewinn dar, ebenso wie die Verankerung einer Klausel zum qualifizierten Austausch von Unternehmen mit ihren Anspruchsgruppen. Überdies schreiben
die Leitsätze nun vor, dass Unternehmen ihren Beschäftigten einen angemessenen Lohn
zahlen sollen. Das neue Umweltkapitel thematisiert Fragen des Klimaschutzes und der
Biodiversität, auch die anderen Themenkapitel wurden aktualisiert.[3]

17.3 Transparenzanforderungen für die Kontaktstellen

Positive Veränderungen gab es zudem hinsichtlich der Umsetzungsverfahren. Für die Arbeit der Kontaktstellen gelten nun höhere Transparenzanforderungen. Betont wird, dass
die Kontaktstellen auf unparteiische und vorhersagbare Weise zur Lösung von Konflikten
beitragen sollen und alle Parteien gleich zu behandeln haben. Parallele Gerichtsverfahren
sollen der Annahme einer Beschwerde zukünftig nicht mehr zwingend entgegenstehen.
    Eine wichtige Neuerung ist, dass die Ergebnisse der Schlichtungsbemühungen stets zu
veröffentlichen sind, d. h. eine Kontaktstelle kann zukünftig keine Beschwerde mehr ab-
lehnen, ohne zumindest eine Begründung zu veröffentlichen.

---

[2] Das Sorgfaltsprinzip gilt für alle Themenkapitel der Leitsätze außer für die Bereiche Wissenschaft
und Technik, Wettbewerb und Steuer.
[3] Für eine detaillierte Analyse der Änderungen in den einzelnen Kapiteln siehe Utz 2011, Huarte
et al. 2011, TUAC 2011.

17.4 Weiterhin „graue Zonen" bei den Umsetzungsverfahren

Der freiwillige Charakter der Leitsätze wurde in der Überprüfung bestätigt. Für Verstöße gegen die Leitsätze wurden folglich keine Sanktionen vereinbart. Kontaktstellen werden zwar im neuen Text ermutigt, ihre Empfehlungen an Unternehmen nachzuhalten sowie Abschlusserklärungen an relevante staatliche Stellen weiterzuleiten, doch wurden die Vorgaben nicht verbindlich festgesetzt. Ebenso wenig ist eine Beurteilung des strittigen Unternehmensverhaltens vorgesehen. Dadurch verbleibt ein hoher Interpretationsspielraum zu den Umsetzungsverfahren. Dies gilt auch für die Ausgestaltung einer Kontaktstelle – ob als Regierungsdienststelle oder unter Beteiligung von Anspruchsgruppen.[4] Potenzielle Interessenkonflikte durch eine weiterhin erlaubte Ansiedlung der Kontaktstelle bei einer Regierungsstelle, die gleichzeitig für die Wirtschaftsförderung zuständig ist, wurden nicht ausgeschlossen.

Insgesamt betrachtet ist die Revision der inhaltlichen Vorgaben in den Leitsätzen eine Erfolgsgeschichte. Die Verhaltensempfehlungen für Unternehmen wurden an die gewandelten Rahmenbedingungen globalen Wirtschaftens angepasst, die Kohärenz zu anderen internationalen Instrumenten der Vereinten Nationen sowie der Internationalen Arbeitsorganisation hergestellt.

Die Vorgaben zur Arbeit der nationalen Kontaktstellen wurden präzisiert und verbessert. Dennoch konnten wichtige Bestimmungen zur effektiveren Umsetzung der Leitsätze nur in unzureichendem Maße verankert werden. Da ein effektives Umsetzungsverfahren den Lackmustest für jeden normativen Standard darstellt, wiegt diese verpasste Chance schwer. Dementsprechend ist an den politischen Willen der Teilnehmerländer zu appellieren, die Durchsetzungskraft der Leitsätze zukünftig über nationale Politiken und Praktiken weiter zu stärken. In diesem Kontext kann das vereinbarte „Peer-Review"-Verfahren zur Arbeit der nationalen Kontaktstellen in den Teilnehmerländern hilfreich sein. Auch kommt der neuen Förderagenda der OECD zur Bekanntmachung der Leitsätze eine große Bedeutung zu. Da Investitionsströme aus den Schwellenländern in andere Staaten zugenommen und Unternehmen aus dieser Ländergruppe stark an Gewicht gewonnen haben, verbleibt die Herausforderung, die Leitsätze auf weitere Länder – wie etwa Indien, China oder Russland – auszuweiten.

---

[4] Für eine Übersicht der Strukturen der nationalen Kontaktstellen in den 42 Teilnehmerländern siehe OECD 2010.

Der Global Compact der Vereinten Nationen – Instrument für mehr verantwortliches Unternehmensverhalten oder doch nur „Bluewashing"?

18

Mathias John

18.1 Entstehung und Grundlagen

Anfang 1999 regte der damalige Generalsekretär Kofi Annan eine freiwillige Übereinkunft an, mit der Unternehmen und andere wirtschaftliche Akteure bei ihren Aktivitäten ihrer gesellschaftlichen, sozialen und ökologischen Verantwortung gerecht werden sollten. Im Juni 2000 wurde diese Idee dann als Global Compact (GC) der Vereinten Nationen formell etabliert.

Mit dem Beitritt zum GC bekennen sich wirtschaftliche Akteure grundsätzlich zur Einhaltung der zehn Prinzipien des Global Compact und verpflichten sich, regelmäßig mit sogenannten Fortschrittsberichten über deren Umsetzung in der Unternehmenspraxis zu berichten. Die zehn Prinzipien beruhen auf international anerkannten Grundsätzen wie der Allgemeinen Erklärung der Menschenrechte (Prinzipien 1 und 2), den Kernnormen der Internationalen Arbeitsorganisation (Prinzipien 3–6) sowie der Erklärung von Rio zu Umwelt und Entwicklung (Prinzipien 7–9). Erweitert wurde dieser Katalog von Selbstverpflichtungen dann im Juni 2004 um das zehnte Prinzip zur Korruptionsbekämpfung.

Die eigentlichen Mitglieder des GC im Sinne originärer Vertragspartner der Vereinten Nationen sind die Akteure aus der Wirtschaft. Darüber hinaus strebt der GC aber eine breitere Beteiligung gesellschaftlicher Akteure an, die sich beispielsweise in der Teilnahme von Nichtregierungsorganisationen (NRO) oder Gewerkschaften widerspiegelt.[1]

---

[1] Nach Angaben des GC beteiligen sich rund 1750 globale und lokale NROs und 53 globale und lokale ArbeitnehmerInnenorganisationen, darunter bspw. Amnesty International, Germanwatch, Transparency International, WWF sowie Gewerkschaftsdachverbände wie die International Trade Union Confederation und die International Federation of Chemical, Energy, Mine and General Workers' Unions.

M. John (✉)
Berlin, Deutschland
E-Mail: mathias.john@web.de

G. Burckhardt (Hrsg.), *Corporate Social Responsibility – Mythen und Maßnahmen*,
DOI 10.1007/978-3-658-02842-8_18, © Springer Fachmedien Wiesbaden 2013

Zentraler Anlaufpunkt und Verwaltungsstruktur des GC ist das *Global Compact Office* bei den Vereinten Nationen in New York, das unter anderem die Anmeldungen entgegennimmt sowie die regelmäßige Berichterstattung und andere Maßnahmen zur Sicherung der Integrität des GC überwacht. Als internationales Aufsichtsgremium fungiert das *Global Compact Board*, besetzt mit VertreterInnen aus Wirtschaft, Gewerkschaften und Zivilgesellschaft, das einmal im Jahr zusammenkommt und politische und strategische Empfehlungen abgibt. Wichtige Strukturen sind auch die nationalen oder regionalen *Global Compact Netzwerke*, die den direkten Austausch fördern, oder der *Global Compact Leaders Summit*. Im Rahmen der im Januar 2011 initiierten *Global Compact LEAD*-Plattform sollen bisher schon erfolgreiche Mitglieder ihr Engagement für die Prinzipien beispielgebend nochmals verstärken.

18.2   Lern- und Dialogforum mit breiter Beteiligung

Der GC sollte kein verbindliches Regelwerk oder ein weiterer freiwilliger Verhaltenskodex werden, sondern den wirtschaftlichen Akteuren eine gemeinsame Lern- und Dialogplattform zur Verwirklichung der Prinzipien im Sinne der Entwicklung „guter Unternehmenspraxis" bieten, in Netzwerken einen umfassenden Austausch fördern und Partnerschaftsprojekte über die „Business Community" hinaus anregen. Dabei stärkt den GC sicherlich, dass neben Akteuren aus der Wirtschaft auch andere Anspruchsgruppen wie ArbeitnehmerInnenvertretungen, NRO und Wissenschaft sowie VertreterInnen von Regierungen teilnehmen und im direkten Austausch verantwortliches Verhalten einfordern können. Gerade weil der GC kein verbindliches Regelwerk ist, erleichtert er Unternehmen den Einstieg – sicherlich auch mit der Motivation, durch ein besseres Image Wettbewerbsvorteile zu erzielen. Eine Stärke ist auch seine breite internationale Verankerung: Über 7.300 wirtschaftliche Akteure aus mehr als 130 Ländern sind derzeit Mitglied im GC (Stand März 2013).

18.3   Schwächen und Defizite

Von Beginn an stand der Global Compact insbesondere von Seiten der NRO in der Kritik: Mangelnde Transparenz, fehlende Verbindlichkeit und bestenfalls selektive Einhaltung der Prinzipien ohne unabhängige Überprüfungen, die durch das Prinzip der Freiwilligkeit noch gefördert werden, sind dabei Hauptkritikpunkte – häufig verbunden mit dem Vorwurf des *Bluewashing* – der Überdeckung von Fehlverhalten durch eine UN-blaue saubere Weste. Wenn beispielsweise ein Erdölunternehmen seit Jahrzehnten die Umwelt im Förderland zerstört und die Menschen in den betroffenen Gebieten ihrer Lebensgrundlagen beraubt, ist eine unangefochtene Mitgliedschaft im GC schwer nachvollziehbar. Ähnliches gilt für ein Bergbauunternehmen, wenn im Umfeld von dessen Aktivitäten nach Berichten von Amnesty International gewaltsame Übergriffe gegen friedliche Proteste der betroffenen indigenen Gemeinschaften verübt werden, die sich gegen die negativen Auswirkungen des Bergbauprojekts auf die Umwelt wehren. Und es bleibt zu fragen, warum in Korruptionsskandale verwickelte Konzerne nicht zumindest zeitweise suspendiert werden.

Gerade die Tatsache, dass Unternehmen trotz Verstöße gegen die Prinzipien des GC weiter Mitglied bleiben, verstärkt die Kritik und gefährdet die Glaubwürdigkeit und Integrität anderer Mitglieder sowie der Vereinten Nationen selbst. Zudem besteht die Befürchtung, dass der GC als „einfache Lösung" gegen konkretere und verbindlichere Instrumente ausgespielt werden könnte. Der GC hat sich der Kritik gestellt und bemüht sich kontinuierlich um Maßnahmen zur Verbesserung der Transparenz und Integrität. So werden jetzt beispielsweise die Unternehmen aus der Mitgliederliste gestrichen, die ihrer Berichtspflicht nicht nachkommen – dies hat seit der Einführung des sogenannten „De-listings" im Januar 2008 bislang immerhin schon weit mehr als 4.000 Unternehmen getroffen. Allerdings kann dies auf Dauer die inhaltliche Prüfung auf Einhaltung der Prinzipien als Mittel der Qualitätssicherung sicher nicht ersetzen.

18.4   Fazit und Ausblick

Der Global Compact hat sich zu einem international angenommenen Instrument entwickelt, das niedrigschwellig erste Schritte hin zu einem verantwortlichem Unternehmensverhalten ermöglicht und durch die Breite der Beteiligung konkretere Optionen als andere freiwillige Instrumente bietet. Allerdings muss sich der GC daran messen lassen, inwieweit Unternehmen ihre beim Beitritt übernommenen Verpflichtungen nachweislich einhalten. Verletzungen der Menschen- und Arbeitsrechte sowie Verstöße gegen ökologische Grundsätze und Verwicklungen in Korruption dürfen nicht mehr geduldet werden, sondern müssen öffentlich gemacht und mit Sanktionen belegt werden – andernfalls droht der GC an seinen eigenen Ansprüchen zu scheitern.

Letztlich muss es über freiwillige Instrumente wie den GC hinaus verbindliche und global gültige Regeln für verantwortliches Unternehmensverhalten geben. Hier sind und bleiben die Regierungen aufgefordert, die Schutzpflichten für die Menschenrechte und die Verantwortung für die anderen Prinzipien des Global Compact gegenüber den wirtschaftlichen Akteuren konsequent durchzusetzen – im Sinne des *Level Playing Field* mit wirksamen, sanktionsbewehrten, international einheitlichen und verbindlichen Regelungen – Regelungen, deren Durchsetzung die von Verstößen und Fehlverhalten wirtschaftlicher Akteure Betroffenen dann auch einklagen können. Wichtiger Schritt dahin ist die konsequente Umsetzung der UN-Leitprinzipien für Wirtschaft und Menschenrechte durch Regierungen und die Wirtschaft zum Schutz vor Unternehmens-verursachten Menschenrechtsverletzungen.

ISO 26000, der neue Leitfaden für gesellschaftliche Verantwortung – Papiertiger oder Meilenstein?

Franziska Humbert

Indische Landarbeiterinnen ernten täglich bis zu zehn Stunden lang Obst und Gemüse für die deutsche Metro-Gruppe, bekommen dafür aber nur 85 Eurocent Lohn. Das reicht selbst in Indien bei Weitem nicht aus, um eine Familie zu ernähren.

Der Ende 2010 verabschiedete Leitfaden ISO 26000 zur gesellschaftlichen Verantwortung von Organisationen soll Unternehmen dabei helfen, solche Missstände in ihrer Lieferkette zu beseitigen. Das war jedenfalls die Absicht der Verbraucherorganisationen und anderer Interessengruppen, die 2004 den Prozess bei der Internationalen Normungsorganisation (ISO) ins Leben riefen. Ob sie ihr Ziel wirklich erreicht haben, muss sich erst noch zeigen.

Entgegen früherer Gepflogenheiten der ISO wurde der Leitfaden in einem sogenannten Multi-Stakeholder-Prozess von VertreterInnen verschiedener Interessengruppen entwickelt. Zum ersten Mal saßen Unternehmen, Behörden, Nichtregierungsorganisationen, Gewerkschaften/ArbeitnehmervertreterInnen, Verbraucherorganisationen und Wissenschaft sowie Beratungsfirmen aus Industrie- und Entwicklungsländern weltweit gemeinsam am Tisch und stellten in sechs Jahren die Norm fertig. Weltweit beteiligten sich 90 Länder, bei dem letzten internationalen Treffen waren 146 VertreterInnen aus Entwicklungsländern und 110 VertreterInnen aus Industrieländern anwesend. Kritikwürdig ist jedoch, dass nicht alle Interessengruppen gleichberechtigt vertreten waren. So nahmen an den Treffen der internationalen Arbeitsgruppe deutlich weniger GewerkschafterInnen oder ArbeitnehmervertreterInnen teil als VertreterInnen der Industrie – beim letzten Treffen waren es zum Beispiel 62 VertreterInnen der Industrie und nur 27 VertreterInnen der Gewerkschaften. Auch im deutschen Gremium besetzte die Industrie zuletzt neun Plätze, die Gewerkschaften nur zwei. Das mag nicht zuletzt an den erheblichen Kosten für diesen

F. Humbert (✉)
Oxfam Deutschland, Berlin, Deutschland
E-Mail: fhumbert@oxfam.de

G. Burckhardt (Hrsg.), *Corporate Social Responsibility – Mythen und Maßnahmen*,
DOI 10.1007/978-3-658-02842-8_19, © Springer Fachmedien Wiesbaden 2013

aufwendigen Prozess gelegen haben. Hier wäre eine effektivere Anstrengung seitens der ISO oder der nationalen Gremien vonnöten gewesen.

Problematisch ist auch der Geltungsbereich des Leitfadens, der sich nicht nur auf Unternehmen bezieht, sondern auf Organisationen jeglicher Art. Dadurch wurde es schwieriger, konkrete Handlungsempfehlungen und Anwendungsbeispiele für Unternehmen zu entwickeln, da die jeweilige Bestimmung für alle Organisationen passen sollte. Zum Beispiel taucht der Begriff „Lieferkette" außer in den Begriffserläuterungen nur noch an zwei Stellen der Norm auf.

Jedoch konnten Nichtregierungsorganisationen, Verbraucherverbände und Gewerkschaften sicherstellen, dass wesentliche Kernelemente sozialer Unternehmensverantwortung in das Regelwerk aufgenommen wurden.

19.1 Gesellschaftliche Verantwortung

So schließt bereits die Definition gesellschaftlicher Verantwortung auch die Geschäftspartner und Zulieferer von Organisationen und Unternehmen mit ein. Beispielsweise muss eine Firma, die dem Leitfaden folgt, dafür sorgen, dass in ihrer Lieferkette keine Kinderarbeit stattfindet. Ferner wird klargestellt, dass die Förderung des Gemeinwohls wie zum Beispiel die Unterstützung von Künstlern strikt zu trennen ist von gesellschaftlicher Verantwortung, die Bestandteil der Organisation bzw. des Unternehmens ist. Schließlich ist es als ein Erfolg zu werten, dass sich die Definition auf internationale Verhaltensstandards bezieht, womit unter anderem die allgemein anerkannten Menschenrechte sowie die Kernarbeitsnormen der Internationalen Arbeitsorganisation gemeint sind. Das heißt, dass gesellschaftlich verantwortliche Unternehmen auch dann die Menschenrechte und Kernarbeitsnormen achten müssen, wenn diese nicht in den nationalen Gesetzen verankert sind.

Auch ist zu begrüßen, dass sich die Organisationen und Unternehmen mit allen Kernthemen der sozialen Verantwortung, angefangen von Menschen- und Arbeitsrechten, über Umwelt- und Verbraucherschutz, bis hin zu fairem Geschäftsgebaren und dem Verhalten gegenüber indigenen Bevölkerungsgruppen zumindest auseinandersetzen müssen. ISO 26000 ist der erste Verhaltenskodex in diesem Bereich, der ausdrücklich vorsieht, Zulieferern faire Preise zu zahlen und angemessene Lieferzeiten einzuräumen.

19.2 Probleme des freiwilligen Verhaltenskodexes

Der Leitfaden enthält jedoch auch erhebliche Mängel. So fehlt zum Beispiel die Definition eines existenzsichernden Lohns. Ein solcher Lohn sollte dazu ausreichen, auf der Grundlage einer Durchschnittsarbeitswoche von 48 Stunden ohne Überstunden die Grundbedürfnisse einer Familie einschließlich der Bildung geringer Rücklagen zu befriedigen. Die Norm entspricht lediglich der weniger umfassenden Definition der Internationalen Arbeitsorganisation zu Mindestlöhnen.

Ein weiterer grundlegender Mangel ist, dass beim Umgang mit indigenen Völkern bei-spielsweise im Falle von Investitionen oder der Nutzung von Ressourcen durch Unterneh-men nur der Rat der indigenen Völker, nicht aber deren Zustimmung eingeholt werden muss. Dies widerspricht der entsprechenden UN-Deklaration über die Rechte indigener Völker und der Forderung vieler Nichtregierungsorganisationen.

Ferner fehlt es dem Leitfaden an konkreten Vorgaben, wie Unternehmen die Arbeits-bedingungen bei Zulieferern verbessern können. Instrumente wie das Erstellen von Nach-haltigkeitsberichten oder Schulungen werden zwar erwähnt, es wird jedoch beispielsweise nicht ausdrücklich empfohlen, dass Schulungen von ArbeitnehmerInnen in Zulieferbe-trieben durchgeführt werden sollten, damit diese ihre Rechte besser wahrnehmen können. Betriebsprüfungen werden nur am Rande erwähnt. Viele Formulierungen sind vage und missverständlich. So werden Geschäftspartner oder Zulieferer oft nicht direkt benannt, sondern – so auch in der Definition gesellschaftlicher Verantwortung – mit dem Begriff „Beziehungen" umschrieben.

Das größte Manko des freiwilligen Verhaltenskodexes ist jedoch die Tatsache, dass sei-ne Einhaltung ausdrücklich nicht überprüft wird. Es steht jedem Unternehmen frei, ob es den Leitfaden befolgt oder nicht. Daher ist zu befürchten, dass sich viele Unternehmen auf die Einhaltung von ISO 26000 berufen werden, ohne dies wirklich zu tun. Mit anderen Worten: Es besteht die Gefahr des „Greenwashing". Bereits jetzt gibt es im Internet zahl-reiche Angebote zur „Zertifizierung" nach ISO 26000, obwohl eine Zertifizierung in dem Leitfaden offiziell ausgeschlossen ist.

Trotz dieser Missbrauchsgefahr ist der Leitfaden ein Schritt in die richtige Richtung, denn er stellt klar, was gesellschaftliche Unternehmensverantwortung bedeutet. Die man-gelnde Einhaltung von Umweltstandards und Menschenrechten, auch in der Lieferkette, kann eben nicht durch die Förderung eines lokalen Turnvereins kompensiert werden. Durch Bewusstseinsbildung kann ISO 26000 Unternehmen dazu bringen, Umwelt- und Menschenrechte stärker zu achten. Für die konkrete Umsetzung gesellschaftlicher Verant-wortung gerade in der Lieferkette von Unternehmen ist es jedoch noch ein weiter Weg und bedarf es noch zahlreicher weiterer Instrumente und Maßnahmen.

Runder Tisch Verhaltenskodizes – ein Dialogforum ohne Biss

20

Birgit Stahl und Uwe Wötzel

Der Runde Tisch Verhaltenskodizes (im folgenden RT genannt) wurde 2001 gegründet und kann nun auf eine 10-jährige Geschichte zurückblicken. Unter Federführung des Bundesministeriums für wirtschaftliche Zusammenarbeit und Entwicklung (BMZ) war der RT als eine Informations- und Dialogplattform für verschiedene Bundesministerien, Unternehmen und ihre Verbände, Nicht-Regierungsorganisationen (NROs) und Gewerkschaften gedacht, um ein gemeinsames Verständnis zu Verhaltenskodizes zu entwickeln. Es ist ein Multi-Stakeholder-Forum, das sich die Förderung der Umsetzung von Sozialstandards in Entwicklungsländern zum Ziel gesetzt hat, um die dortigen Lebens- und Arbeitsbedingungen mittels freiwilliger Verhaltenskodizes zu verbessern.

Der RT orientiert sich dabei inhaltlich an der Allgemeinen Erklärung der Menschenrechte, den internationalen Menschenrechtspakten und -konventionen, der Erklärung der Internationalen Arbeitsorganisation (IAO) zu den grundlegenden Prinzipien und Rechten bei der Arbeit (1998) sowie dem Global Compact. Außerdem lehnt sie sich an bereits bestehenden Initiativen und Standards der OECD, des Internationalen Gewerkschaftsbundes (IGB), der Außenhandelsvereinigung des Deutschen Einzelhandels (AVE) oder der Ethical Trading Initiative (ETI) an.

Die gemeinsamen Arbeitsvorhaben des RT umfassen sowohl Veranstaltungen, Publikationen und Positionspapiere als auch Pilotprojekte in ausgewählten Ländern. Im Jahr 2004 hat der RT einen „Ratgeber Verhaltenskodizes zu Sozialstandards" für kleine und mittlere Unternehmen herausgegeben, der auf der Webseite des RT[1] zu finden ist. Das Haupt-

---

[1] www.coc-runder-tisch.de (Letzter Zugriff:17.10.2011).

B. Stahl (✉)
IG Metall, Frankfurt am Main, Deutschland
E-Mail: birgit.stahl@igmetall.de

U. Wötzel
ver.di, Berlin, Berlin, Deutschland
E-Mail: uwe.woetzel@ver.di.de

G. Burckhardt (Hrsg.), *Corporate Social Responsibility – Mythen und Maßnahmen,*
DOI 10.1007/978-3-658-02842-8_20, © Springer Fachmedien Wiesbaden 2013

augenmerk des RT liegt darauf, wie man Kodizes oder Standards im Sinne von „Best-Practice-Beispielen" einführen, umsetzen und effektiv überwachen kann. Außerdem soll überprüft werden, wie Gewerkschaften und NROs an den Fragen der Überwachung, bzw. Überprüfung von Verhaltenskodizes angemessen beteiligt werden können.

Die Meinungsbildung innerhalb des RT erfolgt ausschließlich im Konsens und ist daher – wie bei allen Multi-Stakeholder-Foren – entsprechend zäh. So gab es seit Bestehen des RT nur ein Pilotprojekt im Jahr 2005 in Rumänien zur „Förderung der Dialogfähigkeit von Management und Beschäftigten"[2], dessen Fortführung dann letztendlich an der Frage der weiteren, gemeinsamen Finanzierung gescheitert ist. Ein weiteres Projekt wurde 2006 in Bulgarien[3] durchgeführt, allerdings von Anfang an ohne Beteiligung der Gewerkschaften und NROs. Die vorausgegangenen Diskussionen aller vier Stakeholder haben die unterschiedlichen Interessenslagen deutlich gemacht und andere Projekte, beispielsweise zu existenzsichernden Löhnen oder Beschwerdesystemen, sind am Konsensprinzip gescheitert. In dieser Phase hat die Clean Cloth Campaign (CCC) beschlossen, ihre Mitarbeit am RT zu beenden. Das Ziel des RT, Dialog und praktisches Handeln zu verbinden, wurde als gescheitert eingestuft. Die CCC hat somit – nach vier Jahren Mitarbeit – die vergeblichen Versuche eingestellt, aus ihrer Sicht sinnvolle Pilotprojekte gemeinsam zu vereinbaren.

Im Jahr 2006 hat das Sekretariat des RT, welches von der Gesellschaft für Internationale Zusammenarbeit (GIZ) geführt wird, an alle Mitglieder einen Fragebogen verschickt, um festzustellen, was genau die Erwartungen der einzelnen Stakeholder sind. Aufgrund dessen wurde 2008 ein gemeinsames Papier zur „Refokussierung des RT"[4] verabschiedet. Es wurde darin u. a. noch einmal festgehalten, dass der RT „einen Beitrag zur breiteren Anwendung von Sozialstandards und Verhaltenskodizes in Entwicklungs- und Schwellenländern leisten will" und „auf eine stärkere Kohärenz und engere Kooperation der Stakeholder in Bezug auf Sozialstandards und Verhaltenskodizes abzielt". In Punkto „Selbstverständnis" wurde u. a. festgehalten: „Die TeilnehmerInnen des RT empfinden sich als Handelnde, die Veränderungen herbeiführen wollen"[5].

20.1   Andere Dialogforen sind vielversprechender

Die Inflation von Initiativen auf dem Gebiet der Unternehmensverantwortung (CSR) in den vergangenen zehn Jahren hat allerdings dazu geführt, dass sich die Stakeholder in einer Reihe von anderen Dialogforen, Projekten und Netzwerken wiederfinden, die eher im jeweiligen Interesse liegen. Es ist festzustellen, dass

---

[2] Runder Tisch 2006.

[3] Runder Tisch 2007.

[4] Runder Tisch 2008.

[5] Runder Tisch 2007.

a. Unternehmen sich eher an Public-Private-Partnership-Projekten beteiligen, um so die Kosten für die Einführung, bzw. Durchsetzung und Überwachung von Verhaltenskodizes nicht allein tragen zu müssen und

b. Gewerkschaften und NROs als Reaktion auf die unverbindlichen Diskussionen am RT eigene Netzwerke gegründet haben, z. B. CorA (Netzwerk für Unternehmensverantwortung). Damit soll auf eine echte Verbesserung und mehr Verbindlichkeit von Unternehmensverantwortung hingearbeitet werden.

Die Betonung der Freiwilligkeit der Selbstverpflichtung von Unternehmen, zu besseren Arbeits- und Lebensbedingungen der Menschen weltweit beizutragen, wurde mit Beginn des CSR-Forums des Bundesministeriums für Arbeit und Soziales im Jahr 2010 erneut festgeschrieben. Die Rolle dieses Forums im Verhältnis zum RT ist nicht geklärt. Der Deutsche Gewerkschaftsbund (DGB) hat im April 2009 ein 10-Punkte-Papier zu CSR veröffentlicht, welches die gemeinsamen Positionen der Gewerkschaften dazu widerspiegelt. Schon der Titel: „Verbindliche Regeln, die für alle gelten" zeigt, dass für die Gewerkschaften „freiwillige Vereinbarungen rechtliche Regeln nur ergänzen, sie aber niemals ersetzen können"[6].

Der RT hat aktuell ein Positionspapier zu „Fair Wages in Asia" verabschiedet und es wird sich nun herausstellen, ob es bei dem Thema existenzsichernde Löhne auch nur bei Dialogen bleiben oder es zu ernstzunehmenden, gemeinsamen Aktionen in Asien kommen wird. Ob die einzelnen Stakeholder mit ihren jeweiligen Expertisen auf dem Gebiet der Sozialstandards sich weiter am RT beteiligen oder doch die knappen Ressourcen an konkretere Projekte mit ergebnisorientierterem Vorgehen binden, wird die Zukunft zeigen.

Der Beschluss des Internationalen Gewerkschaftsbundes (IGB) vom Juni 2010 stellt für sich klar: „Die Gewerkschaften sollten die sich aus dem Interesse an CSR bietenden Gelegenheiten nutzen, um für Respekt vor der Arbeit und der Umwelt zu sorgen und den Dialog zwischen den Sozialpartnern zu fördern und somit ihre gemeinsamen Ziele – Wettbewerbsfähigkeit des Unternehmens und menschenwürdige Arbeit – zu erreichen"[7].

Die Ressourcen der Gewerkschaften sind begrenzt. Unsere Mitglieder wollen messbare Erfolge. Ob und in welchem Umfang Gewerkschaften weiterhin am Runden Tisch mitwirken, das wird auf Basis der Leistungen und Ergebnisse der letzten Jahre bewertet.

---

[6] DBG-Bundesvorstand 2009.

[7] Internationaler Gewerkschaftsbund 2006.

Wie viel Unternehmensverantwortung fordern Sozialstandardinitiativen? BSCI, ETI, FLA, FWF und SA 8000 im Vergleich

Mark Starmanns

Fast jedes deutsche Bekleidungsunternehmen beschäftigt sich heute mit Unternehmensverantwortung (CSR) und erklärt, dass es sich bemüht, die Arbeitsbedingungen in der Produktion zu verbessern. Dennoch werden täglich in Niedriglohnländern miserable Arbeitsbedingungen aufgedeckt, weshalb zivilgesellschaftliche Organisationen immer wieder kritisieren, dass Unternehmen zu wenig Verantwortung für ausgelagerte Arbeitskräfte übernehmen.

Sozialstandardinitiativen definieren Regeln und Praktiken der Unternehmensverantwortung für Marken- und Handelsunternehmen oder für Produzenten. Sie wurden gegründet, um die Verbesserung von Sozialstandards zu harmonisieren und um Unternehmen dabei zu unterstützen, Arbeitsbedingungen in ihren Lieferketten glaubwürdig, effektiv und effizient zu verbessern.

Oft wird zwischen Multi-Stakeholder-Initiativen (MSI) und Business-Initiativen (BI) differenziert. In MSI (FWF = Fair Wear Foundation; ETI = Ethical Trading Initiative; FLA = Fair Labor Association; SAI = Social Accountability International) definieren verschiedene Akteure gemeinsam die Regeln, dagegen entscheiden in Business Initiativen wie der Business Social Compliance Initiative (BSCI) Unternehmen alleine. In der Regel wird MSI eine höhere Glaubwürdigkeit und Legitimität als Business Initiativen attestiert, weil diese nicht nur die Interessen der Unternehmen, sondern auch die der ArbeiterInnen berücksichtigen.

Dieser Beitrag argumentiert, dass sich die fünf genannten Initiativen erheblich in ihren Regeln unterscheiden, welche die soziale Unternehmensverantwortung ihrer Mitglieder definieren. Die Initiativen werden im Folgenden anhand von fünf Kriterien diskutiert.

M. Starmanns (✉)
Zürich, Schweiz
E-Mail: m.starmanns@getchanged.net

G. Burckhardt (Hrsg.), *Corporate Social Responsibility – Mythen und Maßnahmen*,
DOI 10.1007/978-3-658-02842-8_21, © Springer Fachmedien Wiesbaden 2013

21.1   Standardinitiativen und Fabrikzertifikate

Ein Markenunternehmen kann bei der BSCI, ETI, FLA oder der FWF Mitglied werden und muss sich an die Regeln der Initiative halten. Alle vier Initiativen erwarten von ihren Mitgliedern nur eine schrittweise Verbesserung der Arbeitsbedingungen, sodass immer wieder Arbeitsrechtsverletzungen aufgedeckt werden. Obwohl SAI mit dem Fabrikzertifikat SA 8000 eigentlich bescheinigt, dass bestimmte Sozialstandards und Managementsysteme implementiert sind, wird auch in diesen Fabriken immer wieder gegen Arbeitsrechte verstoßen.

21.2   Governance

Die Art der Governance bestimmt, wer die Regeln und Standards einer Standardinitiative festlegt. Während Unternehmen die Regeln der BSCI definieren, unterscheiden sich die vier MSI relativ stark darin, wer die Entscheidungen trifft. Es stellt sich die Frage, wer ein legitimes Recht hat, die Interessen der ArbeiterInnen bei der Regelsetzung zu vertreten. In keiner der fünf Initiativen sind ArbeiterInnen oder ihre VertreterInnen aus den Produktionsländern bei der strategischen Entscheidungsfindung involviert. Während in der FLA RepräsentantInnen von Nichtregierungsorganisationen (NRO) und Universitäten die Interessen der ArbeiterInnen vertreten sollen, sind dies in der FWF und ETI NROs und Gewerkschaften aus den Niederlanden bzw. England.

21.3   Standards

Hinsichtlich der Definition der Sozialstandards besteht mittlerweile ein relativ weitgehender Konsens zwischen den Initiativen, wobei die Meinungen jedoch bei den Löhnen auseinander gehen. Die BSCI und FLA definieren, dass national festgelegte Minimallöhne gezahlt werden müssen und argumentieren, dass der Staat die einzige legitimierte Instanz sei, die Löhne der ArbeiterInnen festzulegen. Aber um im globalen Standortwettbewerb konkurrenzfähig zu bleiben, legen viele Produktionsländer nationale Mindestlöhne fest, die nicht die grundlegenden Bedürfnisse der ArbeiterInnen abdecken.

FWF, ETI und SA8000 argumentieren, dass Unternehmen eine Verantwortung haben, dafür zu sorgen, dass die ArbeiterInnen nicht unterbezahlt werden und definieren existenzsichernde Löhne (*Living Wages*). Dies kann als ein erster Schritt in Richtung Verantwortung gesehen werden, auch wenn es viele Ansätze zur Definition und Messung eines Existenzlohns gibt und jede der drei Initiativen einen anderen verwendet. Die FLA verfolgt einen *Fair-Wages-Ansatz*, hinter dem wieder ein anderes Konzept steht.[1] Bislang zahlt kein Unternehmen, das einen Existenzlohn in seinem Verhaltenskodex definiert, die von der

---

[1] Vaughan-Whitehead 2010.

Asian Floor Wage (AFW) Kampagne festgelegten Löhne. Unternehmen, die ihre Lieferanten zu einem Existenzlohn verpflichten, sollten deshalb Rechenschaft darüber ablegen,
welche Löhne tatsächlich in den Produktionsfabriken erreicht werden. ETI und SA 8000
veröffentlichen keine Umsetzungsdetails. Dagegen hat die FWF eine *Living Wages Policy*
veröffentlicht und eine Lohnleiter entwickelt, die sich an der AFW Kampagne orientiert;
sie fasst in den Firmenberichten zusammen, was die Mitglieder hinsichtlich der Löhne
unternehmen sollten.

21.4   Audits & Verifikation

Heute besteht ein weitgehender Konsens darüber, dass soziale Audits teuer sind und die
Arbeitsbedingungen in den Fabriken nicht verbessern, sondern im besten Falle eine Mo-
mentdarstellung abbilden.[2] Deshalb zwingt die ETI ihre Mitglieder nicht zur Durchführung von Audits.

Ein Argument für Audits ist jedoch, dass man nicht managen kann, was man nicht
misst. Man kann aber auch Fortschritte in den Arbeitsbedingungen kontrollieren, wenn
man den Arbeitern eine Stimme gibt, z. B. indem man lokale Institutionen schafft, die den
ArbeiterInnen ohne Risiken Mitspracherechte in den Fabriken gewährleisten. Natürlich ist
dies aufgrund der komplexen Situation vor Ort sehr viel komplizierter als die Durchführung von Audits.

Kritisiert werden die Audits aufgrund ihrer mangelnden Glaubwürdigkeit, d. h. es wird
einem Audit nicht zugetraut, die Arbeitsrechtsverletzungen in einer Fabrik realitätsgetreu
abzubilden. Zwar haben die meisten Initiativen umfangreiche Regeln festgelegt, an die sich
Auditoren zu halten haben, aber wie ein Auditor diese Regeln umsetzt, kann nicht kontrolliert werden, da die fünf Initiativen die Details der Auditergebnisse nicht transparent
machen. Um die Glaubwürdigkeit von Audits zu erhöhen, verfolgen FWF und FLA einen
Verifizierungsansatz, durch den die Audits der Mitglieder stichprobenartig von MSI-Te-
ams kontrolliert werden. Die Teams der FWF/FLA erheben den Anspruch unabhängiger
und damit glaubwürdiger als andere Auditoren zu sein, u. a. da sie keine direkte Bezahlung
von der Fabrik erhalten, wie es beim SA 8000 Zertifikat und oft auch bei BSCI Audits der
Fall ist.

Im Prinzip sollten die ArbeiterInnen im Zentrum eines Audits stehen. Deshalb schreiben alle Initiativen in ihre Audit-Regeln, dass ArbeiterInnen und ihre lokalen Vertreter
bei den Kontrollen involviert werden müssen. Da eine Kontrolle der Praktiken wegen der
Geheimhaltung der Resultate fast unmöglich ist, kann die Interpretation der Regeln letztendlich bei jedem Audit anders ausfallen. Recherchen zufolge kritisieren lokale Gruppen,
dass sie nicht adäquat von den Auditoren involviert werden.[3] Ein sinnvolles Mittel zur
Einbindung der ArbeiterInnen sind Interviews. Da viele ArbeiterInnen fürchten, dass sie

---

[2] Usher A & K Newitt 2011 sowie Locke et al. 2006, S. 3–31.

[3] Starmanns 2010.

entlassen werden, wenn sie über die tatsächlichen Zustände sprechen, schreiben FWF und FLA vor, dass diese Interviews teilweise bzw. vollständig außerhalb der Fabrik geschehen müssen, während BSCI/SA8000 Auditoren dies nicht berücksichtigen.

21.5 Weitere Maßnahmen

Alle Initiativen führen in den Produktionsländern sogenannte Capacity-Building-Maßnahmen durch (u. a. Management- oder Arbeitertrainings) und werben in ihren Jahresberichten mit der Anzahl der Maßnahmen. Wichtig ist aber nicht die Zahl der Trainings, sondern ob sie zu Verhaltensänderungen in den Fabriken führen und ob sie die Arbeitssituation verbessern. Hierzu gibt es jedoch kaum positive Erkenntnisse.[4]

Um den ArbeiterInnen zu ermöglichen, sich über Verletzungen ihrer Rechte zu beschweren, haben die FWF und FLA eigene Beschwerdemechanismen eingerichtet. Diese ermöglichen den ArbeiterInnen einen sicheren Zugang zu einer unabhängigen Stelle vor Ort, die das Vertrauen der ArbeiterInnen genießt. Der Mechanismus reduziert die Relevanz der Audits und befähigt die ArbeiterInnen für sich selbst zu sprechen. Die anderen Initiativen arbeiten mit Ansprechpartnern in den Zentralen und Hauptstädten, die für die ArbeiterInnen kaum erreichbar sind.

Schließlich sind auch die Einkaufsbedingungen der Handels- und Markenunternehmen oft eine Herausforderung für die Umsetzung von Sozialstandards. Dies trifft vor allem dann zu, wenn der Produzent die sozialen Anforderungen vor dem Hintergrund der geforderten Qualität, Stückzahl, Lieferzeit und dem vereinbarten Preis nicht umsetzen kann. Damit die Einkaufsbedingungen die Einhaltung der Sozialstandards nicht behindern, sensibilisiert v. a. die ETI ihre Mitglieder zu dem Thema. Darüber hinaus evaluiert die FWF jährlich durch sogenannte *Management System Audits*[5] (MSA) die Strategie jedes Mitglieds, die sozialen Standards in den Lieferketten zu verbessern und veröffentlicht pro Mitglied einen Bericht.

21.6 Transparenz & Wirkung der Initiativen

Die BSCI berichtet nicht jeweils einzeln über ihre Mitglieder, sondern ausschließlich aggregiert über Audit-Ergebnisse und Trainings. Dies ermöglicht Mitgliedern ein gewisses „Free Riding" und führt dazu, dass die BSCI als PR-Instrument kritisiert wird. Diese Kritik wird dadurch untermauert, dass die BSCI Jahresberichte eine Kausalität zwischen dem „BSCI System" und den „Verbesserung der Arbeitsbedingungen" suggerieren: „The 2010 audit results show that the BSCI system delivers measurable progress on improving wor-

---

[4] Eher negativ über die Wirkung von CSR auf Arme berichten: Nadvi 2011; Nadvi et al. 2011; Locke et al. 2009, S. 319-351.

[5] Siehe Beitrag von Mila Hanke in diesem Buch zu den MSA.

king conditions"[6]. Diese vermeintliche Kausalität ist vor dem Hintergrund der Komplexität der Ursachen von Arbeitsrechtsverletzungen wissenschaftlich unseriös. Zudem ist die
Wirkungsmessung durch Audits aufgrund der Kritik an ihrer Qualität und Glaubwürdigkeit problematisch.

Die ETI berichtet ähnlich aggregiert über die Wirkungen, aber eine der wenigen wissenschaftlichen Impact-Studien analysierte im Auftrag der ETI 2006 die Wirkung der britischen Initiative.[7] Das Ergebnis zeigt, dass sich Verbesserungen der Arbeitssituation v. a.
im Hinblick auf *Health & Safety* ergeben haben. Die FWF und die FLA veröffentlichen
Details der Bemühungen auf Mitglied-Ebene. So muss jedes Mitglied der FWF einen sozialen Jahresbericht veröffentlichen und zusätzlich publiziert die FWF eine Zusammenfassung der jährlichen Verifizierungsergebnisse. Die FLA veröffentlicht für jedes Mitglied
sogenannte „Tracking Charts", welche im Hinblick auf einzelne Mitglieder die Probleme
und die angegangenen Verbesserungen bei bestimmten Fabriken transparent macht. Beide
Ansätze veröffentlichen nicht bei welchen Lieferanten Probleme bestehen, was die Kontrolle der Angaben unmöglich macht. So muss man sich auf die Aussage der Initiativen
verlassen. Beim SA 8000 Zertifikat ist immerhin bekannt, welche Standards die Fabrik
haben sollte, aber es werden keine Details publiziert.

21.7   Fazit

Der Artikel hat die für deutsche Unternehmen wichtigsten Sozialstandardinitiativen ver-
glichen, wobei nur wenige deutsche Unternehmen Mitglied der ETI oder FLA sind, und
die meisten sich entweder für einen Beitritt zur BSCI oder zur FWF entscheiden.

Die vier Initiativen BSCI, ETI, FLA, FWF bieten ihren Mitgliedern eine Struktur, die
diese ausfüllen müssen, wenn sie Verantwortung für die Rechte von Arbeiterinnen in ihren
Lieferketten übernehmen wollen. Alle Initiativen verlangen ein bestimmtes Engagement
von ihren Mitgliedern, das sie mehr oder weniger glaubwürdig kontrollieren. Theoretisch
kann jedes einzelne Unternehmen über die Pflichten der Initiativen hinaus die Geschwin-
digkeit der tatsächlichen Standardverbesserung bestimmen.

Im Hinblick auf die von den Initiativen eingeforderte Unternehmensverantwortung
stellen die BSCI und die FWF die beiden Enden eines Engagement-Kontinuums dar, wobei
die FWF mehr Engagement von Ihren Mitgliedern als die BSCI erwartet. Es ist also eher
wahrscheinlich, dass ein Unternehmen, das sich stark für die Rechte der Arbeiterinnen in
der Lieferkette engagieren möchte, eher eine Mitgliedschaft in der FWF als in der BSCI
wählt, wohingegen die BSCI versucht, Wirkung durch Masse zu erreichen. Im Vergleich
zu allen anderen Initiativen ist eine Schwäche der FWF sicherlich, dass sie sich nur mit der
Produktion von genähten Waren beschäftigt, was sie v. a. für Mischunternehmen weniger
attraktiv macht.

---

[6] BSCI 2010, S. 10.

[7] Institute of Development Studies 2006.

Gisela Burckhardt

Die im Jahr 2011 erfolgte Revision der **OECD-Leitsätze** wird einerseits als Erfolg bewertet, da sie ebenso wie Ruggie dazu auffordern, dass die Arbeits- und Menschenrechte in der gesamten Lieferkette bei allen Operationen und Geschäftsbeziehungen eingehalten werden sollen. Ein Kapitel über Menschenrechte wurde neu aufgenommen. Firmen werden angehalten, Schritte zu unternehmen, um ihrer Sorgfaltspflicht nachzukommen, auch gegenüber Dritten und nicht nur im Kerngeschäft. Andererseits sehen die OECD Leitsätze keine Sanktionen bei Nichteinhaltung vor, die Vorgaben sind also nicht verbindlich. Einerseits werden zwar höhere Transparenzanforderungen an die nationalen Kontaktstellen gestellt, andererseits können diese weiterhin beim Wirtschaftsministerium wie in Deutschland und der Schweiz angesiedelt bleiben, womit gewisse Interessenkonflikte bestehen bleiben.

Der Artikel zum **Global Compact** (GC) stellt die Frage, ob das sich selbst als Lern- und Dialogforum verstehende Gremium letztlich nur ein Bluewashing ist, da Unternehmen trotz Verstößen gegen Prinzipien des GC Mitglied bleiben können. Der GC hat in den letzten Jahren Konsequenzen gezogen und mehr als 1.000 Unternehmen von der Mitgliederliste gestrichen, die ihrer Berichtspflicht nicht nachkamen. Dennoch bleibt es ein schwaches Instrument, da es auf Selbstauskünften der Unternehmen beruht.

Der neue Leitfaden für gesellschaftliche Verantwortung, **ISO 26.000**, ist kein neuer Zertifizierungsstandard. Er ist in einem fünfjährigen Prozess unter Beteiligung von 90 Ländern und Hunderten von Experten aus verschiedenen Organisationen entwickelt worden. Die Richtlinie empfiehlt, Zulieferern faire Preise zu zahlen und angemessene Lieferzeiten einzuräumen. Allerdings sieht die Richtlinie keinerlei Überprüfung vor, Unternehmen können sich auf die Einhaltung von ISO 26.000 berufen, ohne es in Wirklichkeit zu tun, womit die Gefahr des Greenwashings besteht.

G. Burckhardt (✉)
Heidebergenstraße 14, 53229 Bonn, Deutschland
E-Mail: gisela.burckhardt@femnet-ev.de

G. Burckhardt (Hrsg.), *Corporate Social Responsibility – Mythen und Maßnahmen*,
DOI 10.1007/978-3-658-02842-8_22, © Springer Fachmedien Wiesbaden 2013

Der **Runde Tisch Verhaltenskodizes** ist eine Informations- und Dialogplattforum verschiedener Stakeholder, die einen Beitrag zur breiteren Anwendung von Sozialstandards und Verhaltenskodizes in Entwicklungs- und Schwellenländern leisten will. Allerdings ist der Runde Tisch ein Dialogforum ohne Biss. Projekte wurden ohne die Einbeziehung von deutschen Gewerkschaften und NRO durchgeführt, andere Projektvorschläge zu existenzsichernden Löhnen oder Beschwerdesystemen sind am Konsensprinzip gescheitert.

Der Beitrag über Business (BSCI)- und Multi-Stakeholder (MSI)-**Sozialstandardinitiativen** zeigt die Unterschiede zwischen den Initiativen anhand von fünf Kriterien auf. Beim Kriterium Transparenz wird an BSCI kritisiert, dass die Auditergebnisse nur aggregiert veröffentlicht werden und eine Kausalität zwischen dem BSCI System und der Verbesserung von Arbeitsbedingungen hergestellt wird, die wissenschaftlich unseriös sei. Aber auch die Multi-Stakeholder-Initiative ETI berichtet über Wirkungen nur in aggregierter Form, wohingegen bei FWF und FLA Details auf Mitgliedsebene veröffentlicht werden, was eine größere Transparenz herstellt.

Fazit: Die Beiträge machen deutlich, dass freiwillige CSR-Initiativen wichtig sind, um das Bewusstsein über Sozialstandards und Menschenrechte zu schärfen. Sie stellen aber auch klar, dass es unverbindliche Instrumente sind. Da ihre Mitglieder keiner Kontrolle unterliegen, besteht die Gefahr des Missbrauchs und des Schönfärbens. Viele Beiträge kommen deshalb zu dem Ergebnis, dass die freiwilligen CSR-Initiativen durch verbindliche Regeln für Unternehmensverantwortung ergänzt werden müssen.

Teil V

CSR-Maßnahmen von Unternehmen und ihre Wirkungen – Beispiele aus den Branchen Bekleidung

Verhaltenskodex: Ein echtes Anliegen oder bloß Augenwischerei?

Suhasini Singh

Firmen, deren Verkaufszahlen stark vom eigenen Markenimage und der Gunst der VerbraucherInnen abhängen, reagieren besonders empfindlich auf Anschuldigungen, die ihrem guten Ruf schaden könnten. Diese Umstände haben dazu geführt, dass viele Unternehmen einen sogenannten Verhaltenskodex ins Leben gerufen haben. Allerdings ist fraglich, ob dieser Schritt als ernstzunehmendes Engagement im Sinne der ArbeiterInnen zu werten ist oder aber ob ein Verhaltenskodex, der ein Engagement für die Beschäftigten lediglich vortäuscht, den Unternehmen einen willkommenen Handlungsspielraum ermöglicht.

Den Verhaltenskodex zu achten bedeutet, dass ein Unternehmen sein Management, aber auch Disziplinarfragen, Mutterschaftsurlaub uvm. verbessern muss, was Kosten verursacht. Außerdem sind Zulieferbetriebe wachsenden Kosten, verkürzten Lieferfristen sowie einer sinkenden Gewinnspanne ausgesetzt, da die Unternehmen bzw. Marken immer wieder neue Wege finden, um die Kosten der Produktion zu senken. Infolgedessen zögern die Lieferanten, in ihre eigene Infrastruktur zu investieren, um den Kodexen der Käufer gerecht zu werden, da letztere sich ungern auf langjährige Geschäftsbeziehungen einlassen. Da jedoch der Verhaltenskodex von Seiten der Käufer verbindlich ist, nehmen die Zulieferbetriebe diesen scheinbar an, obgleich sie ihn in Wirklichkeit oft umgehen. Das Ausstellen von Arbeitsverträgen für einige ausgewählte ArbeiterInnen anstatt für alle Beschäftigten sowie das Unterhalten einer nicht funktionstüchtigen Kindertagesstätte stehen beispielhaft für Situationen, in denen Lieferanten eine Mindestpflicht erfüllen, um dem von Käufern verlangten Kodex gerecht zu werden. Um zu kontrollieren, ob der Verhaltenskodex geachtet wird, führen die Käufer regelmäßige Kontrollen durch. Da die Kodexe jedoch von den jeweiligen Käufern ausgearbeitet werden und durch interne Prüfer

S. Singh (✉)
Cividep, Bangalore, Karnataka, India
E-Mail: suhasini@cividep.org

G. Burckhardt (Hrsg.), *Corporate Social Responsibility – Mythen und Maßnahmen*,
DOI 10.1007/978-3-658-02842-8_23, © Springer Fachmedien Wiesbaden 2013

Verhaltenskodex
1 Einhaltung der lokalen Arbeitsgesetze
2 Verbot von Kinderarbeit
3 Verbot von Zwangsarbeit
4 Nichtdiskriminierung
5 Versammlungsfreiheit und das Recht auf Tarifverhandlungen
6 Regulierung der Leiharbeit und kurzfristiger Beschäftigung
7 Menschenwürdige Behandlung
8 Mindesteinkommen, existenzsichernder Lohn und weitere Bezüge
9 Regulierung der Arbeitsstundenzahl
10 Arbeits- und Gesundheitsschutz

oder vermeintlich „unabhängige" Auditoren kontrolliert werden, lässt dies Skepsis bezüglich der Achtung der Kodexe und deren Effizienz im Hinblick auf die Verbesserung der Arbeitsbedingungen in den betreffenden Unternehmen aufkommen.

ArbeiterInnen kennen die Verhaltenskodizes nicht unbedingt. Shanta, Hilfsarbeiterin in einer Bekleidungsfabrik in Bangalore erklärt

> Ich kenne mich mit diesen Kodexen nicht aus. Verschiedene MitarbeiterInnen aus diversen Abteilungen, die nicht viel zu tun haben, werden öfter mal zu Kursen oder ähnlichem gerufen. Wir gehen da hin, weil es eine nette Abwechslung von unserer täglichen Arbeit ist. Meistens geht es darum, wie man den Arbeitsplatz sauber hält und um weitere Gesundheitsbelange[1].

Viele Fabriken führen eine Schattenbuchhaltung und kurz vor einer Fabrikprüfung (Sozialaudit) briefen sie ArbeiterInnen über das, was sie den Kontrolleuren erzählen sollen und der Arbeitsplatz wird erst dann gesäubert. Damit die Aufträge der Käufer weiterlaufen, stellen die Bekleidungsunternehmen sicher, dass sie bei den Audits nicht schlecht abschneiden. Die ArbeiterInnen werden eingeschüchtert, damit sie nicht die Wahrheit sagen. Derartige Verfahrensweisen stufen die Wirksamkeit des Verhaltenskodex sowie die Glaubwürdigkeit der Prüfungsmechanismen maßgeblich herab.

Die Einführung von Verhaltenskodizes ist keine wirkliche Lösung für die Verbesserung von Arbeitsbedingungen. Vielmehr können die Organisierung der Beschäftigten und die Ermächtigung (Empowerment) der ArbeiterInnen in der Fabrik die Arbeitsbedingungen wirksam und nachhaltig verbessern. Um dies zu erreichen, müssen Gewerkschaften auf dem Gelände der Fabrik erlaubt sein.

Lediglich vier Prozent der in der Bekleidungsindustrie in Bangalore tätigen ArbeiterInnen gehören einer Gewerkschaft an. Gayatriamma, Näherin in einer Bekleidungsfabrik sagt:

---

[1] Interview mit Shanta (Name geändert), November 2009.

Unsere Aufseher peinigen uns, wenn sie mitbekommen, dass wir uns mit einer MitarbeiterIn unterhalten. Sie gehen davon aus, dass wir Informationen über Gewerkschaften an die KollegInnen weitergeben.[2]

Mangelndes Bewusstsein über die Vorteile von Gewerkschaften unter den ArbeiterInnen erschwert es, dass sie die Bedeutung von Gewerkschaften und Tarifverhandlungen verstehen. Sie bekommen die gewerkschaftskritische Einstellung ihrer Vorgesetzten zu spüren und ihr Wohlergehen ist oftmals den Prioritäten der Fabrik untergeordnet. Angesichts dieser Tatsachen ist der geringe gewerkschaftliche Organisationsgrad nicht verwunderlich.

Frau Saroja, Vertreterin von Näherinnen: „Versammlungsfreiheit ist die Voraussetzung für eine Verbesserung der Situation am Arbeitsplatz, allerdings beobachtet die Fabrikleitung die AnführerInnen sehr genau, damit sie andere ArbeiterInnen nicht dadurch „verderben", dass sie ihnen von gewerkschaftlicher Organisierung erzählen. Die Fabrikleitung bevorzugt Arbeiterkomitees anstelle von Gewerkschaften, da die ArbeiterInnen für solche Komitees für gewöhnlich von der Leitung ausgewählt werden. Diese Komitees haben keinen Nutzen, sie sind lediglich dazu gedacht, vor den Prüfern bezeugen zu können, dass derartige Körperschaften existieren. Ihre Existenz führt sogar dazu, dass die Leitung angibt, keine Gewerkschaften innerhalb der Fabriken zu benötigen, da es ja die Komitees gibt."[3]

Obgleich alle Markenunternehmen in ihrem Kodex angeben, dass die ArbeiterInnen jeder Organisation ihrer Wahl beitreten können und obwohl das indische Arbeitsrecht[4] das Recht auf eine gewerkschaftliche Organisierung enthält, wird dieses von den Fabriken in Bangalore nicht geachtet und auch die Marken unternehmen keinerlei Versuche, die Fabriken dazu zu bewegen, die Versammlungsfreiheit zu achten.

23.1 Untergräbt der Verhaltenskodex die Rolle der Gewerkschaften?

Der freiwillige Verhaltenskodex wurde als Ergänzung für Gewerkschaften vorgeschlagen. Seit ihrer Einführung hat die Debatte um die Verhaltenskodizes zu einer Vielzahl an Kontroversen geführt. Die Befürworter sind der Meinung, dass private Initiativen flexibler, demokratisch und effektiver sind als herkömmliche Arbeitsregulierung; vor allem in Zeiten, in denen eine Machtverlagerung vom Staat hin zu transnationalen Unternehmen stattfindet[5]. Die „Flexibilität" der Kodizes ermöglicht es den Käufern, auf deren Nichteinhaltung zu reagieren – die Reaktion führt allerdings nicht zwangsläufig zu einer Verbesserung der Arbeitsverhältnisse. Das Selbstregulierungssystem eines Verhaltenskodex beeinflusst das Machtverhältnis zwischen dem Unternehmen und den ArbeiterInnen beträchtlich. Die

---

[2] Interview mit Gayatriamma (Name geändert), November 2009.

[3] Interview with Saroja K. (Name geändert), November 2009.

[4] Indisches Gewerkschaftsgesetz 1926.

[5] Arthurs 1996.

Funktion der Gewerkschaften, unabhängig von deren Standort, ist zunächst einmal, die Machtverhältnisse zwischen Arbeitgebern und Arbeitnehmern zu beeinflussen. Des Weiteren geht es darum, die ArbeiterInnen vor einer schlechten Firmenleitung zu schützen und es ihnen zu ermöglichen, ihre Meinung ehrlich zum Ausdruck zu bringen, ohne eine Entlassung fürchten zu müssen.[6] Selbst wenn eine private Regulierung dazu in der Lage ist, ArbeiterInnen erfolgreich zu schützen, geschieht dies durch einen Machtzuwachs der Firmenleitung.[7]

Gewerkschaften kratzen an der Autorität der Firmenleitung – dies ist ein wichtiger Grund, warum sich Unternehmen nicht für Versammlungsfreiheit einsetzen. Vor allem kann eine organisierte Arbeitervertretung zu höheren Löhnen und somit einem geringeren Profit des Unternehmens führen.

Verhaltenskodizes haben die traditionelle Rolle der Gewerkschaften unter dem Gewand eines scheinbar flexibleren Ansatzes für die Handhabe des Arbeitgeber-Arbeitnehmerverhältnisses verdrängt. Obgleich Verhaltenskodizes angeblich Gewerkschaften in Fabriken ergänzen sollen, legt die geringe Anzahl der gewerkschaftlich organisierten ArbeiterInnen eher nahe, dass das Bestehen der Kodizes als Vorwand dient, die gewerkschaftliche Organisierung in Fabriken zu unterbinden.

Was bringt transnationale Unternehmen dazu, Verhaltenskodizes zu fördern, statt nationale Arbeitsrechte zu achten? Oder sollten ihre Kodizes nicht die *strenge* Achtung des nationalen Arbeitsrechts und die Förderung von Gewerkschaften beinhalten? Es lässt sich kaum abstreiten, dass die Macht der Gewerkschaften, zum Streik aufzurufen, das effektivste Mittel ist, um ein Unternehmen dazu zu bewegen, auf Forderungen einzugehen. Tarifverhandlungen können allerdings nur vonstattengehen, wenn die ArbeiterInnen gemeinsam handeln. Das eklatante Machtgefälle zwischen Arbeitgebern und Arbeitnehmern kann lediglich durch ein von den Gewerkschaften bereitgestelltes Tarifverhandlungssystem verringert werden.

Verhaltenskodizes bieten den Unternehmen einen willkommenen gesichtswahrenden Fluchtweg, sobald die unbefriedigenden Arbeitsbedingungen der Lieferanten bekannt werden, ohne die Käufer jedoch in Protagonisten für eine Verbesserung der Arbeitsbedingungen zu verwandeln. Wenn die Kodizes Legitimität von Seiten der Regierung gewinnen sollten, würden die Unternehmen anfangen, die Notwendigkeit der Gewerkschaften zu hinterfragen.

Die bloße Einführung von Verhaltenskodizes reicht nicht aus, um die Arbeitsbedingungen der Menschen zu verbessern. ArbeiterInnen können sich sehr wohl um ihre Angelegenheiten kümmern. Wenn sich auch einzelnen ArbeiterInnen der technologische Fortschritt des Arbeitsprozesses nicht erschließen mag, der ihnen durchaus zugutekommt, so weiß doch auch die Analphabetin genau, welche menschenwürdige Behandlung oder

---

[6] Freeman und Medoff 1984.
[7] Blackett 2001.

Verbesserung des Arbeitsplatzes sie will. Wenn die ArbeiterInnen mit einer Stimme sprechen, dann ist es schwer, ihre Forderungen zu unterdrücken. Von Käufern ausgearbeitete Verhaltenskodizes sind von oben verordnet und sind weder demokratisch in ihrer Entwicklung, noch partizipativ in ihrer Anwendung. Wenn es das Ziel ist, Arbeitsbedingungen für die Beschäftigten fairer zu gestalten, wird eine erzwungene Gefügigkeit nicht zum Erfolg führen.

Sozialaudits – was bringen sie den Näherinnen in den Sweatshops?

24

Gisela Burckhardt und Jeroen Merk

Dieser Artikel nennt zehn Kritikpunkte an der Überprüfung von Sozialstandards mit Hilfe von Fabrikkontrollen (Sozialaudits). Der Beitrag stützt sich auf eine Untersuchung der Clean Clothes Campaign (CCC) in acht Ländern, ergänzt durch Einzelstudien in Indien und Bangladesch. Um wirkliche Veränderungen zu bewirken, ist nach Meinung der AutorInnen ein breiterer Ansatz nötig, der sich nicht allein auf Audits stützt.

Mitte der 1990er Jahre wurden die ersten Sozialaudits durchgeführt. Aufgrund der Kritik an den katastrophalen Arbeitsbedingungen in den Kleidungsfabriken der Niedriglohnländer legten sich einige große Unternehmen einen Verhaltenskodex zu und ließen seine Einhaltung in den Fabriken ihrer Zulieferer prüfen. Inzwischen hat sich eine regelrechte Industrie von Sozialaudits entwickelt, in der Consultingunternehmen gut verdienen: Jährlich werden Tausende von Audits von Hunderten von Produzenten und Händlern in Auftrag gegeben. Einige Unternehmen haben die begrenzte Wirksamkeit eines Ansatzes eines einzelnen Unternehmens erkannt und haben sich Multi-Stakeholder Initiativen angeschlossen, um gemeinsam mit anderen Unternehmen, Nichtregierungsorganisationen (NRO) und Gewerkschaften neue Ansätze zu erproben.

G. Burckhardt (✉)
Heidebergenstraße 14, 53229 Bonn, Deutschland
E-Mail: gisela.burckhardt@femnet-ev.de

J. Merk
Clean Clothes Campaign, Amsterdam, Niederlande
E-Mail: jeroen@cleanclothes.org

G. Burckhardt (Hrsg.), *Corporate Social Responsibility – Mythen und Maßnahmen*,
DOI 10.1007/978-3-658-02842-8_24, © Springer Fachmedien Wiesbaden 2013

24.1 Begrenzte Wirkungen von Sozialaudits

Die große Mehrheit der Unternehmen verfolgt jedoch weiterhin einen Ansatz, der vor allem auf der Durchführung von Sozialaudits basiert, um Sozialstandards zu verbessern, ein
Top-Down-Ansatz, wie es bei dem Unternehmenszusammenschluss der Business Social
Compliance Initiative (BSCI) der Fall ist[1]. Trotz der zahlreichen Audits von BSCI zeigen
Recherchen von NROs wie der Kampagne für Saubere Kleidung (CCC) vor Ort, dass sich
die Arbeitsbedingungen in den wichtigen Bereichen (Löhne, Arbeitszeiten, Vereinigungsfreiheit, Diskriminierung) nicht geändert haben. Eine in den Jahren 2003–2006 im Auftrag
der Ethical Trading Initiative (ETI) durchgeführte Studie bei neun Lieferanten von drei
ETI-Mitgliedsunternehmen kommt zu dem Ergebnis:

> Codes had most impact on health and safety, with other areas of change varying considerably
> between countries and sectors. We observed less impact in relation to freedom of association,
> discrimination, regular employment and harsh treatment, where serious issues frequently
> remained. In general permanent and regular workers benefited most from codes of labour
> practices, with migrant and contract workers experiencing little change or having poorer
> conditions.[2]

Eine Untersuchungskommission von FIDH in Bangladesch zu Carrefour's Umsetzung
von Sozialstandards kommt zu einem ähnlichen Ergebnis. Trotz einiger Verbesserungen
werden weiterhin wesentliche Arbeitsrechte verletzt: kein Recht auf Organisationsfreiheit,
kein existenzsichernder Lohn, kein Zugang zu Rechtsmitteln, exzessive Überstunden, fehlender Mutterschutzurlaub u. ä. (Abb. 24.1).[3]

Eine andere umfassende Studie von betrieblichen Audit-Ergebnissen aus über 800 Ni-
ke-Zulieferfabriken in 31 Ländern über sieben Jahre kam zu dem Ergebnis:

> Analyses of Nike's own data suggest that conditions in some of its suppliers have improved
> somewhat but that in many of them, things have either remained stable or deteriorated….
> In short, monitoring alone is not producing the significant and sustained improvements in
> working conditions that many had hoped it would.[4]

Die Lohnsituation in der Bekleidungsbranche hat sich trotz vieler Kampagnen zu existenzsichernden Löhnen nicht verbessert. Mit anderen Worten, trotz des Fortschritts in einigen

---

[1] Die Studie der unternehmensnahen Organisation As You Sow, die 15 US-Unternehmen, darunter
Walmart, bezüglich der Einhaltung von Sozialstandards 2010 bewertete, kam zu dem Ergebnis, dass
die Mehrheit Verbesserungen nur über Audits zu erreichen sucht, nur zwei Unternehmen, darunter
Gap, beraten und schulen auch ihre Lieferanten. Die Mehrheit der Unternehmen führt nicht einmal
Trainings für das Management durch, geschweige denn Arbeitertrainings, siehe Gallard 2010.

[2] Barrientos und Smith 2006, summary, S. 1.

[3] FIDH 2008.

[4] Locke et al. 2006 S. 36.

Abb. 24.1 Die Clean Clothes
Kampagne

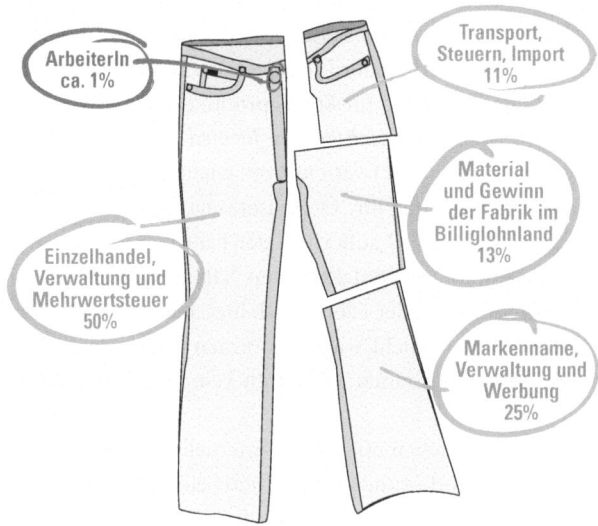

Arbeiterln
ca. 1%

Transport,
Steuern, Import
11%

Material
und Gewinn
der Fabrik im
Billiglohnland
13%

Einzelhandel,
Verwaltung und
Mehrwertsteuer
50%

Markenname,
Verwaltung und
Werbung
25%

Bereichen können wir schlussfolgern, dass die systemischen Probleme, die zu den schlechten Arbeitsbedingungen führen, bisher nicht erfolgreich gelöst worden sind.

24.2   Kritikpunkte an Sozialaudits

Die folgenden Kritikpunkte an Sozialaudits basieren auf einer Recherche der CCC in 40 Fabriken (670 ArbeiterInnen wurden in 8 Ländern befragt), ergänzt durch Einzelstudien in Indien und Bangladesch[5]:

1. Sozialaudits können sichtbare und leicht zu korrigierende Aspekte wie fehlende Feuerlöscher, versperrte Fluchtwege, mangelnde Luftzirkulation, unzureichendes Licht etc. feststellen. Aber selbst in diesen Bereichen gibt es oft keine Fortschritte, wie die Untersuchung von CEC in Indien zeigt: „There is only one instance (von 6 untersuchten Fabriken) when ventilation and cooling has been made better, but in all other cases workers have complaints about ventilation and cooling at their workplace."[6] Wesentliche Probleme wie Fehlen der Organisationsfreiheit, erzwungene Überstunden, ausfallendes Benehmen von (meist männlichen) Aufsehern, Zurückhalten von Lohn und Krankheitsurlaub oder diskriminierende Praktiken bei Einstellung und Beförderung werden in der Regel jedoch gar nicht aufgedeckt. Fabrikmanager lassen Gewerkschaften in der

---

[5] a) CCC 2005, Die Untersuchung fand in Bangladesch, China, Indien, Indonesien, Kenia, Marokko, Pakistan und Rumänien statt. b) Kampagne für Saubere Kleidung 2008 c) Burckhardt, Gisela (Hg.) 2010 d) CEC 2006.

[6] CEC 2006, S. 40.

Regel nicht zu, organisieren aber manchmal „Workers Committees", wobei deren Mitglieder oft von der Fabrikleitung ernannt und nicht von den Beschäftigten gewählt werden. Dies hält CEC für kontraproduktiv: *„In fact in some cases under the pressure from buyers workers committees are formed which are only eyewash and prevent any proper system of industrial relations from emerging."*[7]

2. Arbeiterinnen und ihre Organisationen werden bei Sozialaudits marginalisiert. Gewerkschaften und NRO außerhalb der Fabriken werden in der Regel nicht befragt[8], obwohl sie regelmäßigen Kontakt zu den Näherinnen haben. Der Verhaltenskodex eines Unternehmens, der in der Fabrik aushängt, hat wenig Wirkung, da er ohne Schulung von den ArbeiterInnen nicht wahrgenommen oder gelesen wird. Ohne die Einbeziehung der Beschäftigten können Auditoren kein korrektes Bild der Arbeitssituation einer Fabrik erhalten.

3. Sozialaudits geben nur einen punktuellen Einblick in die Arbeitsverhältnisse zum Zeitpunkt des Audits und ermöglichen keinen Überblick über einen längeren Zeitraum. Sie sind in der Regel zu kurz (Stunden bis 1–2 Tage)[9], zu oberflächlich und werden sogar manchmal schluderig durchgeführt. Innerhalb einer kurzen Zeit müssen die Auditoren ihre Checkliste abarbeiten. Deshalb können sie auch grundlegende Probleme in einer Fabrik selten feststellen.

4. Sozialaudits werden häufig Tage vorher angekündigt[10], womit die Fabriken Zeit haben, sich vorzubereiten (Schaffung von sauberen Toiletten und freien Fluchtwegen während des Audits, Auffüllen des Medizinschranks, Vorbereiten bzw. Fälschung von Unterlagen, etc.). Darüber hinaus können Fabrikmanager ihre eigenen Auditoren bestimmen, wie ein BSCI-Vertreter in der Türkei zugab.[11]

5. Sozialauditoren lassen sich von den Fabrikbesitzern bestechen. So erhalten zahlreiche Fabriken ein SA8000-Zertifikat, obwohl die Arbeitsbedingungen in der Fabrik dies keinesfalls rechtfertigen. Z. B. wurden 2006 wesentliche Arbeitsrechtsverletzungen bei der indischen Fabrik FFI/JKPL bekannt, einem Lieferanten von G-Star, obwohl sie nach SA8000 zertifiziert worden war. Die Fabrik Ali Enterprises in Pakistan, ein Lieferant von KiK, bei der im September 2012 ein Brand ausbrach, der über 300 Tote verursachte, war ebenfalls nach SA8000 zertifiziert. Die Fabrik erhielt das Zertifikat nur drei Wochen vor dem Feuerausbruch.[12] Auch in China ist Bestechung weit verbreitet: *„We know that many auditors are actually asking for bribes from factories in order to pass audits…That*

---

[7] Ebd.

[8] CEC 2006, S. 41. In Nordindien wurden die befragten fünf Gewerkschaften nie an einem Sozialaudit beteiligt.

[9] Auditoren von Walmart, dem größten weltweiten Einzelhändler, verbringen oft nur drei Stunden in einer Fabrik, siehe CCC, 2005.

[10] Die Mehrheit der Sozialaudits sind angekündigt laut CCC, 2005.

[11] Ararat und Bayazit 2008, S. 26.

[12] Somo/CCC, S. 24ff.

bribe is commonly about 20.000 RMB, which is about 3.000 USD", sagt Richard Welford, chairman von CSR Asia.[13]

6. Fabrikmanager betrügen Sozialauditoren auf vielfache Weise: Zum Beispiel werden die Belege gefälscht, um Überstunden zu verstecken. *"Sewing workers reporting working as many as 150–200 overtime hours in the peak season and have only 1–2 days off a month. The factory falsifies the number of working hours by limiting it to 102 overtime hours a month, the remaining hours are not compensated".*[14] Die Fair Labour Association (FLA) gibt in ihrem Jahresbericht 2010 an, dass bei 40 % der von ihr kontrollierten Fabriken die Gehaltlisten gefälscht waren.[15] Eine andere beliebte Methode des Täuschens besteht darin, dass der Manager die Auditoren in eine Vorzeigefabrik führt, während aber die Hauptarbeit in anderen Fabriken stattfindet. Dies war der Fall in China: Die Vorzeigefabrik war nach dem Sozialstandard SA8000 zertifiziert, mehrheitlich produziert wurde aber in drei anderen Fabriken desselben Besitzers mit wesentlich schlechteren Arbeitsbedingungen.[16]

7. Arbeiterinnen werden angewiesen, wie sie auf Fragen der Auditoren antworten sollen: „Die Arbeiterinnen werden angehalten zu erklären, dass in ihrer Fabrik keine Kinderarbeit existiert, dass die Arbeitsatmosphäre angenehm sei und der Lohn pünktlich gezahlt würde. Sie sollen außerdem erzählen, dass sie regelmäßig Urlaub erhalten, keine erzwungenen Überstunden leisten und auch nicht nachts arbeiten müssen."[17] Außerdem fürchten Beschäftigte um ihre Arbeit, wenn sie den Auditoren von Problemen erzählen. Das Fabrikmanagement setzt die Arbeiterinnen oft unter Druck: Sie behaupten, dass der nächste Auftrag davon abhängt, wie gut das Audit ausfällt und dass die Beschäftigten ihre Arbeit verlieren, wenn sie von Problemen berichten.

8. Nach der Durchführung von Audits wird zwar in der Regel ein „Corrective Action Plan" erstellt, der aber oft nicht von den Unternehmen nachgehalten wird. 2009 starb bei einem Zulieferer von Metro in Bangladesch eine junge Arbeiterin. Dabei stellte sich heraus, dass zwar Audits in der Fabrik durchgeführt, doch dann keine weiteren Kontrollen mehr von Metro in Auftrag gegeben worden waren.[18] Der „Corrective Action Plan" enthält meistens eher oberflächliche Empfehlungen und wird nicht den Beschäftigten oder einer Gewerkschaft zur Kenntnis gegeben. Außerdem gibt es selten eine Möglichkeit für Beschäftigte, Beschwerden nach dem Audit vorzubringen, da hierfür oft keine Beschwerdemechanismen bestehen.

---

[13] Welford 2011.

[14] CCC 2005, Research on Factory B, southern China, producing for 6ixty8ight, No Romeo, Marie Melli and Onlingerie.

[15] Fair Labour Association 2010, S. 5.

[16] CCC 2005.

[17] Kampagne für Saubere Kleidung 2008, S. 45.

[18] Kampagne für Saubere Kleidung 2010.

9. Genauso wenig werden die Einkäufer aus den USA oder Europa einbezogen: Ihre Einkaufspraktiken werden nicht hinterfragt (Preisdruck, kurze Lieferzeiten), sondern die Verantwortung für die Einhaltung von Sozialstandards wird auf die Produzenten abgeschoben. Die Kosten des Audits müssen zudem oft die Fabrikbesitzer bezahlen. Es wird nicht nach den wirklichen Ursachen für die Arbeitsrechtsverletzungen gesucht und nach Möglichkeiten, in gemeinsamer Verantwortung zwischen Einkäufern und Lieferanten die Standards zu verbessern.

10. Die Auditindustrie ist intransparent und nach außen geschlossen. Methoden und Ergebnisse von Audits werden nicht veröffentlicht. Es herrscht zwar Konsens über die Standards, die Audits zugrunde gelegt werden, doch gibt es keinen Standard, wie Audits durchgeführt werden sollen. In der Regel gibt es kein gender-sensitives Vorgehen, da die Auditoren hierfür nicht qualifiziert sind.

Inzwischen erkennen einige Unternehmen die Begrenztheit von Audits für die Verbesserung von Sozialstandards. Audits sind zwar nötig, können aber letztlich keine wesentlichen Veränderungen bewirken. Diese Unternehmen (z. B. adidas oder auch Tchibo) wollen die Rolle des Inspektors ablegen und bauen mehr auf partizipative Ansätze wie gemeinsame Trainings von Management und Arbeiterinnen und direkte Unterstützung und Beratung des Lieferanten. Doch die große Mehrheit der Unternehmen (die u. a. bei BSCI organisiert sind) verfolgt weiter den Top-Down-Ansatz, der teuer und ineffizient ist.

Um wirkliche Veränderungen zu bewirken, ist ein breiterer Ansatz nötig, der die Einkaufspraktiken thematisiert, um den Beschäftigten einen existenzsichernden Lohn zahlen zu können, der Schulung und Beratung auf Augenhöhe durchführt, eine pro-aktive Haltung gegenüber den Gewerkschaften einnimmt und Transparenz nach außen über die Lieferanten herstellt. Multi-Stakeholder-Initiativen können Wege zu einem solchen Ansatz erproben.

Pilotprojekt ASDA/GIZ in Bangladesch: Produktivitätssteigerung auf dem Rücken der Beschäftigten

25

Dominic Eagleton

25.1 Hintergrund

Der britische Einzelhändler Asda, Mitglied der Walmart-Gruppe, wurde in den letzten Jahren zur Zielscheibe von Kritikern für seinen Umgang mit Arbeitskräften und Zulieferern. Studien haben gezeigt, dass niedrige Löhne, exzessive Überstunden und die Schikanierung von Arbeitskräften in asiatischen Zuliefererfabriken von Asda die Regel waren.[1] Als Reaktion auf den Druck britischer Nichtregierungsorganisationen (NROs) verwies Asda zunächst auf seine Mitgliedschaft in der „Ethical Trading Initiative", einer Multi-Stakeholder-Initiative, die sich für die Durchsetzung von Arbeitsrechten einsetzt. Im Jahr 2008 initiierte ASDA in einigen Fabriken in Bangladesch ein Projekt, in dessen Rahmen die Produktivität der Fabrik gesteigert werden sollte. Die dadurch erreichten Kosteneinsparungen könnten für die Anhebung der Löhne verwendet werden, sodass Unternehmen. Dieses Projekt reiht sich ein in eine Vielzahl ähnlicher Programme anderer Marken und Einzelhändler wie Gap, Marks & Spencer, Levi Strauss, Tesco und Primark, die ebenfalls auf Produktivitätssteigerungen als Mittel zur Verbesserung der Lohn- und Arbeitsbedingungen in Fabriken setzen.

Das Pilotprojekt von Asda wurde in Kooperation mit der GIZ[2] entworfen und durchgeführt und basierte auf dem Modell der „schlanken Produktion" (Lean Manufacturing).[3]

---

[1] Vgl. unter anderem Khorshed und Hearson 2006; Khorshed 2008.

[2] Gesellschaft für Technische Zusammenarbeit (GTZ), inzwischen umbenannt in Gesellschaft für Internationale Zusammenarbeit (GIZ).

[3] Das Lean-Modell wurde ursprünglich von Toyota entwickelt und zielt auf die kontinuierliche Verbesserung der Produktionsprozesse ab, um Abfälle, Verzögerungen und Kosten zu reduzieren. Die

---

D. Eagleton (✉)
ActionAid UK, London, UK
E-Mail: dominic.eagleton@actionaid.org

G. Burckhardt (Hrsg.), *Corporate Social Responsibility – Mythen und Maßnahmen*,
DOI 10.1007/978-3-658-02842-8_25, © Springer Fachmedien Wiesbaden 2013

25.2   Hungerlöhne

In einer im Jahr 2011 erschienenen CSR-Veröffentlichung stellte Asda sein Projekt als Erfolg dar, indem es eine Lohnsteigerung von 14 % im Rahmen einer 48-Stunden Woche in vier Fabriken hervorhob, die das Programm durchlaufen hatten.[4] Zwar ist eine Lohnsteigerung für die ArbeiterInnen dringend nötig, doch ist der gezahlte Lohn weit entfernt von einem existenzsichernden Lohn in Bangladesch. In drei der vier Pilotfabriken lagen die durchschnittlichen Monatslöhne für ArbeiterInnen vor dem Programm bei 3500 taka (ca. 33,70 €) und nach dessen Abschluss im Jahr 2011 bei 3900 taka (ca. 37,50 €). Ein existenzsichernder Mindestlohn liegt hingegen bei 12248 taka (ca. 116,-€), wie die „Asiatische Grundlohnkampagne" für das Jahr 2011 berechnet hat.[5]

Darüber hinaus hätten Asdas Pilotfabriken auch unabhängig von dem Projekt ihre Löhne anheben müssen. Denn im Dezember 2010 erhöhte die bangladeschische Regierung den gesetzlichen Mindestlohn für Arbeitskräfte in der Bekleidungsindustrie und legte einen Lohn von 3455 taka (33,-€) für BerufseinsteigerInnen in den Bereichen Nähen und Zuschneiden fest. Die Durchschnittslöhne von 3900 taka und weniger in drei der vier Pilotfabriken erwecken den Eindruck, dass das Programm dem Unternehmen lediglich dazu diente, sich kostensparend an die neue Gesetzeslage anzupassen. Es dauerte zudem ungefähr zwei Jahre, um den Lohnanstieg umzusetzen, was angesichts der vergleichsweise geringen Erhöhung eine lange Zeitspanne darstellt.

Hätte Asda sich auf die Abnahmepreise gegenüber seinen Zulieferern konzentriert, anstatt einzig auf Produktivitätssteigerungen zu setzen, so hätte ein existenzsichernder Lohn in den Pilotfabriken mit einer Preissteigerung von lediglich 0,085 € pro Bekleidungsstück erreicht werden können, wie die britische NRO ActionAid ausgerechnet hat.[6]

25.3   Exzessive Überstunden

Bangladeschs Textilfabriken sind dafür bekannt, dass sie ihre ArbeiterInnen zu Arbeitszeiten zwingen, die weit über eine normale 48-Stunden-Woche hinausgehen. Laut einem internen Evaluierungsbericht von Asdas Projekt wurden die Überstunden angeblich auf weniger als 10 h pro Woche in drei der vier Fabriken reduziert.[7] Im April 2011 führte ActionAid Interviews mit 37 ArbeiterInnen in zwei der Pilotfabriken durch: Die ArbeiterIn-

---

Arbeitskräfte werden dafür häufig in Einheiten organisiert, in deren Rahmen sie ein Training zu Erkennung und Behebung von Leistungsschwächen erhalten.

[4] Asda George 2011.

[5] Die Asiatische Grundlohnkampagne ist ein Zusammenschluss von Gewerkschaften, NROs und arbeitsrechtlichen Interessensgruppen, der sich für einen existenzsichernden Mindestlohn in allen asiatischen Produktionsländern von Textil- und Bekleidungsprodukten einsetzt. Zu den aktuellen Berechnungen für 2011 vgl. Labour Behind the Label 2011.

[6] Armistead 2011.

[7] Dager 2010.

nen in einer der drei Pilotfabriken erklärten, dass sie nach einem vollen Arbeitstag oftmals bis weit nach Mitternacht und teilweise bis 3 Uhr morgens arbeiten müssten, um dann am nächsten Morgen weiterzuarbeiten.[8] Von den 18 in dieser Fabrik interviewten Arbeiter-Innen gaben zwei Drittel an, im letzten Monat derartige Schichten absolviert zu haben.[9]

25.4   Schikanierung von Arbeiterinnen

Laut Angaben von Asda gegenüber ActionAid sind die ArbeiterInnen in den Pilotfabriken keinem unzulässigen Arbeitsdruck ausgesetzt. Auch die GIZ gibt an, das Lean-Modell trage durch die Streichung von Positionen im mittleren Management zur Reduzierung der Belästigung der ArbeiterInnen bei. In den beiden von ActionAid untersuchten Fabriken war eine Schikanierung der ArbeiterInnen jedoch nach wie vor festzustellen. In einer Fabrik beschwerten sich drei Viertel der interviewten ArbeiterInnen über Beschimpfung und Beleidigungen; fast die Hälfte von ihnen gab an, auch physische Misshandlung erlitten zu haben, etwa in Form von Schlägen oder Haare ziehen. Mehr als 60 % der ArbeiterInnen erklärten, sie seien während ihrer Schicht vom Toilettengang abgehalten worden.[10]

25.5   Stärkung der Arbeiterinnen

Ein weiteres Ziel des Projekts ist Asda's CSR-Veröffentlichung zufolge die Stärkung (Empowerment) der ArbeiterInnen. Asda's Verständnis von Empowerment besteht darin, die Arbeitskräfte zu qualifizieren und ihre Verantwortung für die Produktion zu erhöhen. Eine stärkere Unterstützung der Selbstorganisation und Interessensvertretung der ArbeiterInnen ist hingegen nicht vorgesehen.

Darüber hinaus wurde die gesamte Pilotphase des Projekts ohne Einbezug von Gewerkschaften, NROs oder sonstigen InteressensvertreterInnen der Arbeitskräfte durchgeführt. Das Projekt sah keinerlei Bildung von betrieblichen Arbeitnehmervertretungen vor und die von ActionAid interviewten ArbeiterInnen erhielten keine arbeitsrechtliche Fortbildung.

25.6   Hinter der PR-Fassade

Nach Angaben eines GIZ-Mitarbeiters zielte das Projekt in erster Linie auf die Steigerung der Produktivität ab, während die Einhaltung sozialer Aspekte nur an zweiter Stelle stand.[11] Der CSR-Bericht von Asda zeichnet hingegen ein anderes Bild, demzufolge die

---

[8] Weibliche Arbeiterinnen fühlten sich auf dem Heimweg nach einer Nachtschicht nicht sicher, weshalb sie manchmal die Nacht auf dem Fabrikboden verbringen würden.

[9] Armistead 2011.

[10] Ebd.

[11] Armistead 2011.

Stärkung der ArbeiterInnen, die Verbesserung der Einkommensmöglichkeiten sowie die
Reduzierung von Überstunden die drei wichtigsten Projektziele darstellten.

Das Lean-System wurde in erster Linie für die Verbesserung der Effizienz und Pro-
duktqualität von Fabriken entwickelt. Die Vorteile dienen hauptsächlich dem Einzelhandel
und den Zulieferern. So scheint es, dass Asda's Motivation für die Durchführung des Pilotprojekts hauptsächlich in der Verbesserung der Wertschöpfungskette und letztlich der
Profitsteigerung bestand. Die begrenzten Verbesserungen für die ArbeiterInnen sind ein
Nebenprodukt, das Asda's PR-Abteilung für die Stärkung des Images verwenden kann.

25.7   Asda's nächste Schritte

Dem CSR-Report zufolge plant Asda, das Pilotprogramm auf 17 Fabriken in Bangladesch
sowie auf Fabriken in China und Indien auszuweiten. Zudem verpflichtet sich das Unternehmen, einen Mechanismus zur Feststellung des Lohnkostenanteils für die Haupt-
produktlinien (z. B. Jeans und T-Shirts) einzuführen, die ca. 30 % des Gesamtgeschäfts
ausmachen. Keine dieser Initiativen wurde jedoch mit dem expliziten Ziel einer Erhöhung
der Löhne eingeführt, geschweige denn der Sicherstellung eines existenzsichernden Lohns.

Im Rahmen der Ausweitung des Projekts führt Asda einige Maßnahmen zur stärkeren
Beteiligung der ArbeiterInnen durch. So lässt sich das Unternehmen durch anerkannte
Arbeitsrechtsorganisationen beraten und führt Trainingsmaßnahmen für ArbeiterInnen
zu grundlegenden Arbeitsrechten ein. Nichtsdestotrotz hat Asda derzeit nicht die Absicht,
eine ernsthafte Beteiligung der ArbeiterInnen in der großflächigen Umsetzung seines Programms sicherzustellen, oder im Rahmen des Übergangs zum Lean-Modell die Versammlungsfreiheit in den Fabriken zu stärken.

25.8   Fazit

Asda stellt sein Pilotprojekt öffentlich als Erfolg in Hinblick auf die Verbesserung der
Lohn- und Arbeitsbedingungen der ArbeiterInnen dar – bis hin zu der Aussage, dass KonsumentInnen nun mit einem „reinen Gewissen"[12] einkaufen könnten. Nach wie vor bleiben die Löhne und Arbeitsbedingungen jedoch inakzeptabel, während die geschäftlichen
Vorteile für Asda beachtlich erscheinen.

Asdas Programm spiegelt einen Trend wider, der von einer wachsenden Anzahl großer
Marken und Einzelhändler verfolgt wird: Die Erhöhung der Löhne von TextilarbeiterInnen durch Steigerung der Produktivität. Die Studie von ActionAid bestärkt jedoch die Be-
denken arbeitsrechtlicher Interessensgruppen, dass Produktivitätssteigerungen allein wohl

---

[12] Asda 2011.

kaum zu einem existenzsichernden Lohn für die ArbeiterInnen führen. Gleichzeitig bringen sie aber das Risiko einer erhöhten Stressbelastung mit sich.[13]

Wenn Marken und Einzelhändler ernsthaft den existenzsichernden Lohn einführen wollen, so sollten sie ihre eigene Verantwortung wahrnehmen: Sie sollten Abnahmepreise sicherstellen, die einen existenzsichernden Lohn und die Stärkung der Vereinigungsfreiheit ermöglichen, anstatt die Verantwortung für bessere Löhne in Form von Produktivitätssteigerungen auf die ArbeiterInnen abzuwälzen.

---

[13] Die britische NRO „Labour Behind the Label" geht davon aus, dass Produktivitätssteigerungsprogramme in Textilfabriken zu steigendem Arbeitsdruck, erhöhtem Stress, einer stärkeren Schikanierung durch Vorgesetzte, weniger Pausen, sowie häufigeren Arbeitsunfällen und der Streichung von Arbeitsplätzen führen können, siehe Maher, S. and McMullen, 2011.

Die Unterstützung der Bekleidungsindustrie durch die GIZ in Bangladesch – einseitige Förderung der Unternehmensverbände

26

Khorshed Alam und Gisela Burckhardt

Am Beispiel eines Projekts der GIZ zur Unterstützung der Bekleidungsindustrie in Bangladesch wird dargestellt, dass die deutsche Entwicklungszusammenarbeit einseitig lokale Unternehmensverbände unterstützt und die Zivilgesellschaft zu wenig fördert. Die Kritik wird im Folgenden näher erläutert.

Bangladesch ist stark abhängig von seiner Bekleidungsindustrie, die mit einem Wert von 16 Mrd. US-Dollar drei Viertel der Exporte ausmacht. Im Zeitraum 2010–2011 wuchs der Sektor um 40 %. Allerdings ist Bangladesch auch bekannt für die Vernachlässigung von Arbeits- und Menschenrechten, für Betrug und Korruption, mangelnde staatliche Aufsicht in den Fabriken und eine ineffiziente, ja korrupte Justiz.

26.1 Projektkomponenten

Die GIZ[1] führt im Auftrag des BMZ[2] mit Steuermitteln seit 2006 ein Projekt mit dem Namen PROGRESS[3] in Bangladesch durch. Das Projekt zielt darauf ab, die Wettbewerbsfähigkeit kleiner und mittlerer Unternehmen zu stärken durch: Produktinnovationen,

---

[1] Gesellschaft für Internationale Zusammenarbeit (GIZ), früher Gesellschaft für Technische Zusammenarbeit.

[2] Bundesministerium für Wirtschaftliche Zusammenarbeit und Entwicklung.

[3] Promotion of Social, Environmental, and Production Standards in the Ready-Made Garment Sector. Seit einem Projektleiterwechsel Anfang 2011 trägt das Projekt den neuen Namen Promotion of

---

K. Alam (✉)
Alternative Movement for Resources and Freedom Society, Dhaka, Bangladesch

G. Burckhardt
Heidebergenstraße 14, 53229 Bonn, Deutschland
E-Mail: gisela.burckhardt@femnet-ev.de

G. Burckhardt (Hrsg.), *Corporate Social Responsibility – Mythen und Maßnahmen*, DOI 10.1007/978-3-658-02842-8_26, © Springer Fachmedien Wiesbaden 2013

Produktivitätserhöhung, Förderung von Handel, Steigerung der Eco Effizienz (Umwelt-schäden und Kosten reduzieren), Einführung eines Umwelt Management Systems, Aus-bildung von Behinderten sowie Qualifizierung von TrainerInnen und die Umsetzung von Sozial- und Umweltstandards in verschiedenen Sektoren, insbesondere Bekleidung.[4]

Im Jahr 2010 erschien ein CSR Führer für Unternehmer und Manager, der versucht, den Unternehmern Bangladeschs das Thema CSR verständlich zu machen. Dort findet man folgenden Satz: „The factory manager should inform the proprietor that employing workers in compliance with Bangladesh Labour Act 2006 is CSR"[5]. Wenn die Einhaltung des bestehenden Arbeitsgesetzes als CSR verkauft wird, zeigt dies, wie wenig selbstver-ständlich es in Bangladesch ist, Gesetze einzuhalten.

26.2 Produktivitätssteigerung

Von November 2007 bis April 2008 führte die GIZ in 4 Versuchsfabriken für Strickwaren in Kooperation mit dem Unternehmensverband BKMEA[6] das LEAN-Herstellungsverfah-ren (schlanke Produktion) ein. Es soll die Produktivität erhöhen und Abfälle reduzieren, indem Arbeitsschritte standardisiert und Arbeitskräfte besser eingesetzt werden. Dafür soll eine industrielle Kultur geschaffen werden, in der die gesamte Belegschaft an der Re-duzierung von Verzögerungen, der Kostenreduzierung und Qualitätssteigerung mitarbei-tet.[7] Die Arbeitsproduktivität, die bei 29 % zu Projektbeginn lag, konnte laut GIZ um 119 % gesteigert, Produktionskosten um 61 %, die Bearbeitungszeit um 75 % reduziert werden.[8] BKMEA beriet nach diesem Modell weitere 28 Fabriken, die eine Produktivitätssteigerung von 15–70 % vorweisen konnten.[9]

Die Produktivitätssteigerung ermöglicht es dem Management, Löhne anzuheben und die Wettbewerbsfähigkeit zu steigern. Da der erwartete Lohnanstieg jedoch ausblieb und eine Produktivitätssteigerung nicht zu mehr Sicherheit am Arbeitsplatz beitrug, führte der erhöhte Leistungsdruck laut Auskunft von Gewerkschaften und NRO vielerorts zu einer verstärkten Ausbeutung und Demoralisierung der ArbeiterInnen.

Social and Environmental Standards in the Industry (PSES).

[4] GIZ und PROGRESS o.D.

[5] Reed Consulting und GIZ 2010, S. 11.

[6] Bangladesh Knitwear Manufacturers and Exporters Association.

[7] Die ArbeiterInnen sind in „Produktionseinheiten" eingeteilt: Hier werden sie zur Identifizierung und Lösung von Problemen ausgebildet, was einen schnelleren Durchlauf der Textilien ermöglichen soll. Die einzelnen Einheiten bekommen Produktionsziele, für deren Überschreitung sie belohnt werden. Das Pilotprojekt GIZ/ASDA wandte das Lean-Modell an, siehe Beurteilung des Ansatzes in dem Artikel von Dominic Eagleton in diesem Buch.

[8] GIZ und PROGRESS, o.D.

[9] GIZ und PSES 2011a.

26.3   Einhaltung von Sozialstandards

Um die Einhaltung von Sozialstandards (Social Compliance) zu fördern und die Regierung in der Durchsetzung der Arbeitsgesetze zu unterstützen, setzte die GIZ im Projekt PROGRESS auf Bewusstseinsbildungs- und Fortbildungsmaßnahmen. Es wurden 52.400 illustrierte Poster zu arbeitsrechtlichen Kernthemen in 3.000 Fabriken verteilt sowie 5.000 Handbücher über Arbeitsrechte an ArbeiterInnen ausgegeben. 300 Social Compliance TrainerInnen wurden ausgebildet, die als Selbständige von Einkäufern, Fabrikmanagern und Unternehmerverbänden angefragt werden können. Ein Trainer Manual auf CD zum Thema *Social Standards* wurde von der GIZ 2008 erstellt. In Fabriken wurden Arbeiterzellen geschaffen, deren FührerInnen (ca. 3.000) in Arbeitsrechten geschult wurden. Auf diese Weise wurden an die 30.000 ArbeiterInnen erreicht[10]. Das Projekt hat auch Fabrikinspektoren des Arbeitsministeriums geschult, leider ist die Zahl von 45 geschulten Inspektoren[11]relativ unbedeutend.

Das Projekt unterstützte auch die Awash Foundation, eine NRO, deren Büros von PROGRESS ausgestattet wurden; Trainings und rechtliche Beratung von Arbeiterinnen durch Awash wurden finanziell unterstützt. Die Mittel für Awash sind jedoch sehr gering im Vergleich zu den Summen, die Projekte mit den Unternehmerverbänden BKMEA und BGMEA[12] erhielten. Keine Unterstützung ist zudem bekannt für Gewerkschaften. Ohne die Schulung von Gewerkschaftern aber, die gerade in Bangladesch besonders nötig wäre, wird es keinen sozialen Frieden und keinen Fortschritt geben.

26.4   Trainingsprogramme im Auftrag von Einkäufern aus Europa

Sowohl das GIZ Projekt PROGRESS als auch die GIZ International Services[13] führen Trainings für Fabrikmanager aller Ebenen teilweise auch mit ArbeiterInnen durch. So wurden von der GIZ ein Trainingsprojekt zusammen mit Tchibo, ein anderes mit ASDA[14] sowie Trainings für Puma, Lidl u. a. durchgeführt.[15]

---

[10] GIZ und PSES 2011b.

[11] Ebd.

[12] Bangladesh Garment Manufacturers and Exporters Association.

[13] GIZ-IS führt Drittgeschäfte durch und handelt wie eine Consulting, die für ihre Dienstleistungen vom Auftraggeber bezahlt wird, wird also nicht aus Steuergeldern finanziert.

[14] Siehe dazu den Artikel von D. Eagleton in diesem Buch.

[15] Dabei waren unterschiedliche Abteilungen der GIZ involviert: GIZ-IS, PROGRESS in Bangladesch und das Public Private Partnership Büro in der GIZ Zentrale.

26.4.1 Das Trainingsprogramm im Auftrag von Lidl

Im Gegensatz zu Tchibo, dessen WE-Projekt (WE = Worldwide Enhancement of Social Quality) auf einer Internetseite dargestellt und dessen Wirkungen von der GIZ evaluiert worden sind[16], verhält sich Lidl intransparent und verlangt Geheimhaltung, wenn es Unterlagen zur Verfügung stellt.[17] Der Trainingsansatz sieht zwar auf den ersten Blick dem des WE Trainings ähnlich. Die Struktur ist die gleiche: Workshops und Fabrikbesuche wechseln ab. Beide Trainings stellen als Anreiz für das Fabrikmanagement zur Teilnahme am Training Kostensenkung und Produktivitätssteigerung in Aussicht. Dennoch wird das Training unterschiedlich umgesetzt. Es geht beim WE Training um einen Lernprozess und den Aufbau von sozialen Beziehungen. Beim Lidl Training hingegen geht es um die Erfüllung von Sozialstandards, wobei Lidl der Weg dahin nicht interessiert. Wichtig ist Lidl nur, dass die Auditergebnisse sich verbessern. Dabei ist allseits bekannt, dass viele Auditergebnisse erkauft werden können.[18] Auch das Engagement der Einkäufer ist ein anderes: Tchibo begleitet den Prozess intensiv, Lidl hingegen hat alles an die GIZ und diese an eine Consulting delegiert. So wird auch die Einkaufs- und Preispolitik nicht mit den Zulieferern diskutiert, wohingegen Tchibo sich dieser Diskussion stellt. Ein weiterer Unterschied besteht in der Tiefe und Intensität der Trainings. Lidl ließ in kürzerer Zeit mehr Lieferanten schulen als es im WE Training möglich war.

Kritisch ist zu sehen, dass Gewerkschaften bei beiden Trainings nicht beteiligt waren. Wenn ArbeiterInnen an Trainings teilnahmen, waren sie vom Management ausgewählt worden. Tchibo hat Konsequenzen gezogen und ist derzeit dabei, mit den Gewerkschaften ins Gespräch zu kommen.

26.5 Wirkung der Trainingsprogramme

Das WE-Projekt wurde extern evaluiert und dessen Ergebnisse öffentlich bekannt gemacht.[19] Lidl hat erklärt, dass die Sozialstandards bei ihren Zulieferern nach dem Training besser eingehalten würden als früher, doch gibt es hierüber keine nachprüfbaren Befunde. Befragungen von Arbeiterinnen bei Lidl Zulieferern durch Partner der Kampagne für Saubere Kleidung (CCC) ergaben, dass die Näherinnen keine oder nur unwesentliche Wirkungen der Trainings verspürt haben: Einige konnten Verbesserungen bei der Sicherheit feststellen (freie Gänge, Feuerlöscher, etc.), aber andere Verbesserungen (weniger Überstunden, bessere Bezahlung, Organisationsfreiheit, keine Demütigungen mehr durch Vorgesetzte) sind nicht eingetreten.

---

[16] Siehe hierzu den Artikel von G. Burckhardt in diesem Buch.
[17] So erhielt die Kampagne für Saubere Kleidung Unterlagen von Lidl über das Training nur unter der Zusage von Vertraulichkeit.
[18] Siehe Kritik an Sozialaudits im Beitrag von Burckhardt und Merck in diesem Buch.
[19] Siehe Bericht darüber von Burckhardt in diesem Buch.

26.6   Die Rolle der GIZ

Die GIZ hat die Aufgabe, für eine nachhaltige Entwicklung einzutreten und bietet hierzu Dienstleistungen an. Faktisch unterstützt die GIZ in Bangladesch schwerpunktmäßig und mit hohen Mitteln die lokalen Unternehmensverbände. Da die GIZ die Trainingsprogramme in Kooperation mit den Einkäufern durchführt und diese auch dafür zahlen, werden deren Interessen vorrangig bedient.

Die einseitige Ausrichtung der GIZ zeigte sich auch bei dem von 2004–2007 durchgeführten Public Private Partnership (PPP) Projekt der GIZ mit der AVE[20], das in 11 Ländern „Runde Tische" etablierte.[21] Die GIZ hat in den Ländern nicht die Vereinigungsfreiheit gestärkt, sondern dazu beigetragen, dass arbeitgebergesteuerte Arbeiterkomitees in den Fabriken etabliert werden. Dies untergräbt die Organisierung der Beschäftigten durch die Gewerkschaften, wie auch eine Studie in der Türkei zum dortigen Runden Tisch festgestellt hat: „In the presence of a CoC, convincing the workers to give up their association rights is easier since CoC improves workers' conditions and decreases the utility of unions"[22].

Die Förderung der Zivilgesellschaft in Bangladesch wird zudem von der GIZ vernachlässigt, die stark auf Unterstützung angewiesen wäre. Dabei könnte die GIZ eine gute Vermittlerrolle zwischen Unternehmerverbänden, Gewerkschaften und NROs einnehmen. Diese Chance wird in Bangladesch leider vertan, sodass sogar Unternehmen (siehe Tchibo und H&M) lieber einen direkten Draht zu Gewerkschaften suchen als die GIZ als Vermittler zu nutzen.

Als Entwicklungshilfeminister Dirk Niebel im Juni 2011 Bangladesch besuchte, besichtigte er auch eine Textilfabrik, wo es Trainings zu Sozial- und Umweltstandards gegeben hatte. Dirk Niebel zeigte sich beeindruckt: „Ich freue mich, dass wir mit unserer Unterstützung dafür sorgen konnten, dass weitere 300 Unternehmen jetzt internationale Kernarbeitsnormen einhalten." [23] Die Organisationsfreiheit stellt eine der Kernarbeitsnormen dar, die überall in Bangladesch verletzt wird. Es scheint, dass der Minister sich mit den Gewerkschaften in Bangladesch nicht unterhalten hat.

---

[20] Außenhandelsvereinigung des deutschen Einzelhandels.

[21] Projektvorschläge von NROs wie dem der CCC wurden dagegen nicht berücksichtigt

[22] Ararat und Bayazit 2008, S. 33.

[23] Dirk Niebel am 23.06.2011 gemäß BMZ Homepage (Letzter Zugriff: 12.07.2011).

Gisela Burckhardt

Dieser Beitrag fasst eine Evaluierung des Public Private Partnership (PPP) Projekts, eines gemeinsamen Trainingsprojekts von Tchibo und GIZ[1], zusammen und kommt zu einer positiven Bewertung des Trainingsansatzes, obwohl keine wesentlichen Verbesserungen in wichtigen Arbeitsrechten festgestellt werden konnten. Positiv wird die Transparenz des Projekts eingeschätzt sowie, dass der Ansatz darauf abzielt, Vertrauen zwischen Management und Beschäftigten aufzubauen, womit er die Basis für die Einhaltung von Sozialstandards schafft.

Die Kampagne für Saubere Kleidung (CCC) hat in den Jahren 2004 bis 2006 eine Kampagne gegen Tchibo durchgeführt, die dazu führte, dass das Unternehmen begann, sich mit den Arbeitsbedingungen seiner Zulieferer zu beschäftigen. Bald erkannte Tchibo: „Sozialaudits und Managementtrainings haben keine wesentlichen Fortschritte in Bezug auf existenzsichernde Löhne, Diskriminierung, Reduzierung von Überstunden sowie die Organisations- und Tarifverhandlungsfreiheit erzielt. Für eine dauerhafte Verbesserung der Arbeitsbedingungen ist neben der Kontrolle von Produktionsstätten eine Qualifizierung notwendig, die Manager und Beschäftigte wirksam einbindet."[2]

Diese Einsicht führte zu einem Trainingsansatz, dessen Hauptziel der Dialog zwischen Management und Beschäftigten war. Der Trainingsansatz wurde in einem PPP Projekt zwischen der GIZ als Auftragnehmerin des BMZ[3] und Tchibo von September 2007 bis

---

[1] Deutsche Gesellschaft für Technische Zusammenarbeit, heute Gesellschaft für Internationale Zusammenarbeit.

[2] Tchibo 2011.

[3] Bundesministeriums für Wirtschaftliche Zusammenarbeit und Entwicklung.

G. Burckhardt (✉)
Heidebergenstraße 14, 53229 Bonn, Deutschland
E-Mail: gisela.burckhardt@femnet-ev.de

G. Burckhardt (Hrsg.), *Corporate Social Responsibility – Mythen und Maßnahmen*,
DOI 10.1007/978-3-658-02842-8_27, © Springer Fachmedien Wiesbaden 2013

August 2010 bei jeweils 10 Zulieferern von Tchibo in Bangladesch, China Nord, China Süd und Thailand erprobt. Das Projekt führte den Namen „Worldwide Enhancement of Social Quality" (WE) und zielte laut eigener Aussage[4] auf eine Verbesserung der Arbeitsbedingungen bei den 40 Produzenten von Tchibo in Asien ab. Kern des PPP Projekts waren Trainingsmaßnahmen über Sozialstandards für Fabrikmanager und Beschäftigte von Tchibo-Zulieferern. Lokale TrainerInnen führten pro Land (in China waren es zwei Regionen) jeweils sieben (zweitägige) Workshops durch, an denen Manager und, meistens von der Fabrik ernannte, ArbeiterInnen teilnahmen. Zwischen den Workshops fanden Fabrikbesuche statt, bei denen die Umsetzung der Trainingsinhalte mit Beschäftigten überprüft bzw. weitere Trainings mit zusätzlichen ArbeiterInnen durchgeführt werden sollten.

Die Kosten des Projekts beliefen sich auf 2,6 Mio. €: Davon wurden 55 % von Tchibo getragen, 45 % stellte das BMZ aus Steuermitteln zur Verfügung. Zum Ende der dreijährigen Projektphase beauftragte die GIZ ein Consultingunternehmen mit der Evaluierung von WE. Zur Ausweitung des Projekts sprach Tchibo andere Handelsunternehmen an, doch blieb dieser Versuch bisher laut Aussage von Tchibo erfolglos. Tchibo selbst führt inzwischen den Trainingsansatz mit teilweise anderen Elementen weiter, allerdings ohne Unterstützung aus Steuergeldern. Bis 2015 will Tchibo alle wichtigen Zulieferer mit Hilfe des WE Trainingsansatzes qualifizieren.

27.1 Ziele des WE-Projekts

Ziele der Trainings auf Fabrikebene sollten sein: 1. Aufbau von Dialogstrukturen in den Fabriken, 2. Einhaltung von Sozialstandards und 3. Verbesserung des wirtschaftlichen Erfolgs. Zusätzlich war beabsichtigt, die lokalen TrainerInnen so auszubilden, dass sie den Trainingsansatz als Dienstleistung in ihrem Land anbieten können, wofür eine Nachfrage geschaffen werden musste. Diese Komponente diente vor allem als Begründung dafür, dass das Projekt als PPP aus Steuermitteln mitfinanziert wurde.

27.2 Ergebnisse des WE-Projekts laut Evaluierung[5]

Von den ursprünglich 40 Fabriken, die am WE Projekt teilnahmen, beteiligten sich 35 bis zum Schluss. Die Evaluierungskommission besuchte acht Fabriken in China, vier in Bangladesch und zwei in Thailand an jeweils einem Tag. Folgende Ergebnisse stellt das Gutachten fest:

---

[4] Tchibo 2011.

[5] GIZ und Ramboll 2010. Die folgenden Ausführungen basieren auf den Ergebnissen der Evaluierung, ergänzt durch Beobachtungen der Autorin, die auf Einladung von Tchibo an einem der Trainings in Bangladesch teilgenommen hat.

1. Aufbau von Dialogstrukturen/Verbesserung der Kommunikation:
   Es wurden in Bangladesch in allen Fabriken Beschwerdeboxen installiert und so genannte „Worker Participation Committees" (WPC) sowie „Komitees für Gesundheit und Sicherheit am Arbeitsplatz" gegründet. WPC sind in Bangladesch gesetzlich vorgeschrieben, dennoch existierten sie vor dem Projekt nicht. Allerdings berichteten ArbeiterInnen, dass weder die Beschwerdeboxen genutzt würden noch die WPC wichtige Anliegen der Beschäftigten diskutierten.[6] Laut Evaluierung war das WE Projekt hinsichtlich der Verbesserung der Kommunikation in China und Thailand erfolgreicher als in Bangladesch.[7] Jedoch erfährt man, dass in Südchina zwei Fabriken den WE Ansatz sogar bei der gesamten Arbeiterschaft anwandten, was darauf schließen lässt, dass in allen anderen Fabriken immer nur die ausgewählten ArbeiterInnen einbezogen waren, nicht aber die gesamte Belegschaft. Dies ist natürlich kritisch zu sehen, weil so der große Trainingsaufwand nur sehr eingeschränkt zur Wirkung kam.

2. Einhaltung von Sozialstandards:
   Verbesserungen gab es im Bereich Sicherheit und Gesundheit am Arbeitsplatz. Zwangsarbeit wurde von den Evaluierern selbst nicht festgestellt, doch die Arbeiterinnen (in China und Thailand) erzählten ihnen, dass Überstunden nicht freiwillig sind, was eine Form von Zwangsarbeit darstellt. In Bangladesch äußerten sich die Arbeiterinnen nicht dazu, woraus die Evaluierer den Schluss ziehen „The findings suggest that forced labour in the visited factories constitutes an exception rather than the rule"[8]. Dieser Aussage muss entschieden widersprochen werden, denn zahlreiche Studien der CCC belegen, dass erzwungene Überstunden in der Mehrheit aller Fabriken und nicht nur in Bangladesch eher die Regel als die Ausnahme sind.[9] In allen Fabriken stellte die Evaluierung selbst nach den Trainings noch Unregelmäßigkeiten bei den Arbeitsverträgen fest. Im Bereich Diskriminierung konnte die Kommission zwar keine Verstöße feststellen, räumte aber selbstkritisch ein, dass dies ein Bereich sei, in dem Verstöße bei einem eintägigen Besuch kaum festzustellen sind. In einigen Fabriken in Bangladesch wurden Bonussysteme bei der Bezahlung eingeführt, doch nur eine Fabrik in China hat ihre Bezahlung erhöht. Vier Fabriken in China erreichten eine Reduzierung der Überstunden, allerdings noch nicht im gesetzlich vorgeschriebenen Maße. Dennoch betont die

---

[6] Als Gründe für die ineffiziente Kommunikation wird von den Evaluationsbeauftragten die Tradition Bangladeschs vorgebracht, dass die Nutzung solcher Instrumente eingeübt werden müsste. Warum das nicht geschah, wird jedoch nicht erklärt. Ein weiterer Grund sei die hohe Fluktuationsrate der Näherinnen wie auch des mittleren Managements, die durchschnittlich nur ein Jahr in einer Fabrik bleiben und dann zur nächsten wechseln. Schließlich wird noch das niedrige Bildungsniveau der Arbeiterinnen angeführt sowie eine autoritäre Struktur, die das Arbeitsklima bestimmt und die Befähigung von Arbeiterinnen durch Kommunikationsansätze erschwert.

[7] In sechs der acht besuchten Fabriken in China wurden Arbeitervertretungen laut Evaluierungsbericht frei gewählt. Allerdings sind hier gewisse Zweifel angebracht, denn es ist bekannt, dass die Gewerkschaften in China von staatlicher Seite stark kontrolliert werden.

[8] GTZ und Ramboll 2010, S. 36.

[9] CCC 2005; Südwind 2007; CCC 2008; CCC 2008b; CCC 2008c.

Evaluierung: „It has been easier for the WE project approach to reach success in China than in Bangladesh and Thailand as the Chinese government is currently promoting and enforcing laws regarding social standards quite strictly.[10]" Freiräume zur Ausübung des Rechts auf Organisationsfreiheit und Kollektivverhandlungen werden in keiner Fabrik gewährt, doch war die Durchsetzung dieses Rechts laut Evaluierung auch kein Ziel des WE Projekts. Vielmehr sollte es zunächst um die Schaffung von Vertrauen und den Aufbau von Dialogstrukturen gehen.

3. Verbesserung des wirtschaftlichen Erfolgs
   Die Zulieferer Tchibos in China und Thailand gaben an, dass Unfälle und die Fehlerquote zurückgegangen seien, sowie die Abwesenheits- und Fluktuationsrate der Beschäftigten abgenommen habe. Die Fabriken in China waren sogar der Meinung, dass ihre Produktivität um 5–15 % gestiegen sei. Die Manager in Bangladesch konnten keine Angaben machen, da sie keine Daten zu diesen Aspekten erheben.

4. Verbreitung des Trainingsansatzes
   Aufgrund seiner Länge und Kosten ist eine Verbreitung des WE Ansatzes nicht wie geplant erfolgt. Zwar konnten einige TrainerInnen in China Teile des WE-Trainings vermarkten, doch weder in Bangladesch noch Thailand gelang dies den Trainerinnen.

27.3 Schlussfolgerungen und Einschätzung

Die Evaluierung[11] zeigt die besten Ergebnisse, wo es um die Verbesserung des wirtschaftlichen Erfolgs geht. In China konnten mehr Fortschritte bei der Umsetzung von Sozialstandards erreicht werden als in Bangladesch, weil in China von staatlicher Seite stärker auf die Verbesserung der Arbeitsbedingungen Wert gelegt wird. Wenn Regierungen gesetzliche Rahmenbedingungen nicht nur formulieren, sondern auch auf ihre Einhaltung achten, kann dies also wesentlich zur Verbesserung der Arbeitsbedingungen beitragen. Es gab Verbesserungen, die leichter umzusetzen sind, wie Gesundheit und Sicherheit am Arbeitsplatz, aber andere wichtige Bereiche wie erzwungene Überstunden, Arbeitsverträge, Diskriminierung und Lohn haben sich gar nicht oder nur wenig verbessert.[12]

---

[10] GIZ und Ramboll 2010, S. 44.

[11] Grundsätzlich muss die Methodik der Evaluierung kritisch hinterfragt werden. Zum einen wurden die 14 Fabriken jeweils nur einen Tag besucht, zum anderen haben sich die Evaluierer in China (oder Hongkong) und Thailand mit keiner Nichtregierungsorganisation (NGO) oder Gewerkschaft unterhalten. In Bangladesch sprachen sie mit einer NGO, die als unternehmensnah einzuschätzen ist. Kritische Organisationen oder Wissenschaftler vor Ort wurden offenbar nicht befragt.

[12] Tchibo ist allerdings der Meinung, dass die Fabriken in den Audits vor Projektbeginn wesentlich schlechter aufgestellt waren als sie angegeben hatten, wohingegen sie am Ende des Projekts aufgrund des inzwischen gewonnenen Vertrauens ehrliche Antworten gaben, der Fortschritt bei der Umsetzung der Sozialstandards somit eigentlich höher liegt als er ermittelt wurde.

Warum hat das WE-Projekt keine besseren Ergebnisse, insbesondere in Bangladesch, zur Umsetzung von Sozialstandards erreicht? Folgende Aspekte könnten dazu beigetragen haben:

- Viele Fabrikbesitzer, insbesondere in Bangladesch, haben den Trainingsansatz nicht ausreichend mitgetragen. Dies zeigte sich a) an der hohen Fluktuation unter den Teilnehmern an den Workshops und b) daran, dass die Inhalte nicht in ganzer Breite in die Fabrik getragen wurden. Diese Schlussfolgerungen lassen sich vor allem aus den Empfehlungen der Evaluierung ableiten, nämlich, dass zukünftig jede Fabrik dazu verpflichtet werden soll, eine stabile Gruppe an Teilnehmern zu benennen und dass die Fabriken langfristige Ziele selbst bestimmen sollen, um die „Ownership" zu erhöhen statt den Vorgaben von Tchibo/GIZ zu folgen. Eine andere Empfehlung lautet, dass Methoden und Konzepte entwickelt werden sollten, die ermöglichen, dass der Ansatz in die gesamte Fabrik getragen wird.
- Lokale Gewerkschaften wurden nicht in das Training einbezogen.
- Die an den Trainings teilnehmenden ArbeiterInnen wurden größtenteils vom Management ernannt und nicht gewählt und verfügen deshalb über keine Autorität gegenüber ihren KollegInnen.

Schließlich ist noch kritisch anzumerken, dass die Breitenwirkung beim WE-Ansatz ungenügend ist; es gibt wenig Bereitschaft bei anderen Unternehmen, den WE-Trainingsansatz ebenfalls umzusetzen, so dass die ausgebildeten TrainerInnen den Ansatz nicht oder nur gering vermarkten können. Daher war eine Finanzierung des Projekts aus Steuermitteln nicht unbedingt gerechtfertigt.

Dennoch unterscheidet sich der WE-Trainingsansatz lobenswert von den vielen anderen Trainings, die Unternehmen ihren Zulieferern mehr oder weniger freiwillig aufzwingen, ohne einen echten Dialog zwischen Management und ArbeiterInnen zu befördern. Das Besondere am WE-Trainingsansatz ist das Ziel, Kommunikation und Vertrauen unter den Parteien zu schaffen. Damit schafft er die Basis für die Umsetzung der Sozialstandards.

Außerdem hat das WE-Projekt Transparenz über sein Vorgehen hergestellt: Zum einen wurde das WE auf einer Webseite präsentiert.[13] Zum anderen informierte Tchibo die CCC offen über den Verlauf des Projekts und ermöglichte sogar einer CCC Aktivistin die Teilnahme an einem Workshop. Positiv zu bewerten ist insbesondere, dass es überhaupt eine Evaluierung der Wirkungen des WE-Projekts gab. Bisher gibt es kaum Wirkungsstudien von CSR-Maßnahmen oder wenn doch, werden die Ergebnisse nicht der Öffentlichkeit zur Verfügung gestellt.

Letztlich kommt es jedoch darauf an, dass ein Unternehmen alles dafür tut, dass Sozialstandards eingehalten werden, indem es Preise zahlt, die existenzsichernde Löhne er-

---

[13] Tchibo 2011. Allerdings sind dort bis heute (Stand: 10.10.2011) nicht die Trainingsmaterialien einzusehen, die von Seiten Tchibos zum Ende der ersten Projektphase für das Jahr 2010 zugesagt worden waren.

möglichen, indem es lange Lieferfristen vorgibt und indem dem Produzenten Planungssicherheit ermöglicht wird. Der Aufbau von Kommunikationsstrukturen kann dabei helfen, nicht aber per se etwas verändern, vor allem nicht, solange die Verhandlungsmacht der ArbeiterInnen so schwach ausgebildet ist. Tchibo ist hier inzwischen auf dem richtigen Weg.

In China wird CSR ein Wettbewerbsfaktor – eine Mitgliedschaft in der „Fair Wear Foundation" ist dafür ein geeignetes Instrument

28

Mila Hanke

28.1 Die Entwicklung in China

In den Küstenregionen Chinas herrscht seit gut zwei Jahren akuter Arbeitskräftemangel. Während der Wirtschaftskrise 2008 mussten zahlreiche Bekleidungsproduzenten ihre Fabriken schließen oder Teile der Belegschaft entlassen. Hunderttausende WanderarbeiterInnen zogen damals zurück in ihre Heimatprovinzen im weit entfernten Inland. Als die Wirtschaft dann wieder anzog, fehlten diese Menschen in den Fabrikhallen. Die Folge: Unter den Produktionsbetrieben entstand ein regelrechter Konkurrenzkampf um Arbeitskräfte. Und der hat die Machtverhältnisse verschoben. Plötzlich können die Chinesen streiken oder schon bei der Einstellung Forderungen stellen: Nach höheren Löhnen, sauberen Arbeitsplätzen, Sozialleistungen, Verträgen. Die Regierung hat bereits reagiert und die gesetzlichen Mindestlöhne mehrfach angehoben, um soziale Unruhen abzuwenden. Und auch die Fabrikanten müssen handeln. Denn ohne eine genügend große Belegschaft können sie weder laufende Aufträge einhalten, noch neue annehmen.

Einer, der diese Entwicklung früh erkannt hat, ist Gerhard Flatz. Der geborene Österreicher lebt und arbeitet seit 1997 in China. Seit über drei Jahren leitet er die Textilproduktionsfirma KTC (Knowledge Technology Craft). In seiner Fabrik in der südchinesischen Provinz Guangdong produziert er mit 2.200 Mitarbeitern Funktionsbekleidung für mehrere europäische Outdoormarken.

Flatz ist kein Wohltäter, er ist Unternehmer. Und er ist sich sicher: Langfristig wird er nur erfolgreich sein, wenn er hohe soziale Standards bietet – den ArbeiterInnen ebenso wie seinen europäischen Auftraggebern. Seit dieser Erkenntnis hat sich auf seinem chinesischen Fabrikgelände einiges verändert: Die Werkhallen sind klimatisiert, es gibt eine Karaokebar, demnächst soll der Sportplatz erneuert werden. Die Löhne liegen zwar noch nicht

M. Hanke (✉)
München, Deutschland
E-Mail: kontakt@milahanke.de

G. Burckhardt (Hrsg.), *Corporate Social Responsibility – Mythen und Maßnahmen*,
DOI 10.1007/978-3-658-02842-8_28, © Springer Fachmedien Wiesbaden 2013

auf Höhe der Existenzlohnforderungen der Asia Floor Wage Campaign, aber deutlich über dem gesetzlichen Mindestlohn. Die ArbeiterInnen können an einem Sozialversicherungssystem teilnehmen und es wurde eine kleine innerbetriebliche Gewerkschaft gegründet. Zwar ist diese noch nicht demokratisch gewählt, doch es ist ein erster Schritt hin zu mehr Mitspracherecht für die Belegschaft. Auch die Anzahl der Überstunden ist weniger geworden, vor den Feiertagen rund um Chinese New Year ist sie aber noch immer zu hoch. Doch Flatz ist gewillt, das Problem gemeinsam mit seinen Kunden in den Griff zu bekommen: Durch eine frühzeitigere Auftragsplanung und eben dadurch, dass es in seiner Fabrik keinen Arbeitskräftemangel mehr geben soll, der Produktionsabläufe durcheinander bringt.

28.2   Produzent in China wird Mitglied der Fair Wear Foundation

Um seine Vorreiterrolle zu betonen und sich offiziell von anderen chinesischen Produzenten abzugrenzen, ist Flatz im Mai 2011 noch einen Schritt weiter gegangen: Er ist mit KTC der Fair Wear Foundation (FWF) beigetreten – und ist damit die erste unabhängige Funktionsbekleidungs-Produktionsfirma, die direkt mit der FWF zusammenarbeitet. Mit der Mitgliedschaft lässt sich Flatz nun also nicht mehr Audits von seinen Kunden auferlegen, sondern macht die Arbeitsbedingungen in seinen Fabriken selbst transparent. Sein Vorteil: Er bleibt nicht anonym im Hintergrund, während die Marken sich die Fortschritte in seiner Fabrik auf ihre eigenen Websites schreiben. Er kann mit seinem Engagement nun selbst Marketing betreiben – gegenüber den ArbeiterInnen ebenso wie gegenüber europäischen Kunden.

28.3   Was bedeutet eine Mitgliedschaft bei der FWF?

Die FWF ist eine unabhängige Multi-Stakeholder-Initiative, die sich weltweit für verbesserte Arbeitsbedingungen in der Textilindustrie einsetzt (siehe auch Kap. 4.1.). Mitglieder verpflichten sich zu einer Kontrolle auf zwei Ebenen: In den Zulieferfabriken, aber auch – und das ist ein Schwerpunkt der FWF – im eigenen Unternehmen. Bei den sogenannten „Management System Audits" (MSA) steht vor allem die eigene Einkaufspraxis unter Beobachtung. „Wirklich nachhaltige Verbesserungen der Arbeitsbedingungen lassen sich nur erreichen, wenn die Verantwortung nicht allein den Zulieferfabriken zugeschoben wird", betont Ivo Spauwen von der FWF. „Die auftraggebenden Unternehmen müssen den Zulieferern genügend Handlungsspielraum geben, damit sie Missstände auch tatsächlich beheben können. Sonst *kann* sich gar nichts verändern."

Zum Beispiel: Wenn Bestellungen nicht rechtzeitig im Voraus erteilt oder Mengen und Liefertermine kurzfristig geändert werden, ist ein Produktionsbetrieb zu exzessiven Überstunden quasi erzwungen. Werden zudem zu niedrige Stückpreise für die bestellte Ware gezahlt, wird ein Produzent nie in der Lage sein, existenzsichernde Löhne einzuführen, ohne dabei die eigene Wirtschaftlichkeit zu gefährden. „Die FWF unterstützt beide Seiten dabei, kooperative Geschäftspraktiken zu entwickeln, die faire Arbeitsbedingungen fördern", betont Spauwen.

Ein zusätzliches Kontrollinstrument der FWF – neben den Audits in Fabriken und Unternehmen – ist eine unabhängige, lokale Beschwerdestelle, an die sich ArbeiterInnen jederzeit anonym wenden können. Eingehende Beschwerden reichen von defekten Feuerlöschern, über fehlende Verträge bis hin zu ausbleibenden oder verspäteten Lohnauszahlungen. Aus Angst davor, nicht anonym zu bleiben und daraufhin vielleicht den Arbeitsplatz zu verlieren, wird der Beschwerdemechanismus allerdings in vielen Ländern nur wenig genutzt. Ein häufiges Problem ist zudem, dass das Fabrikmanagement die Belegschaft gar nicht über diese Stelle informiert und die Kontaktdaten nicht öffentlich aushängt. Mit der FWF-Mitgliedschaft hat sich Fabrikmanager Gerhard Flatz – neben der Einhaltung der geforderten Sozialstandards – auch zu dieser kleinen, aber wichtigen Maßnahme verpflichtet.

28.4   Neuer Antrieb für bessere Arbeitsbedingungen?

Das Beispiel KTC zeigt, dass sich die Sozialstandards in der Bekleidungsindustrie verbessern können, wenn die Produktionsbetriebe unternehmerische Vorteile für sich selbst erkennen. Gerhard Flatz hat in China eine persönliche Motivation: Den wirtschaftlichen Überlebenskampf seiner Firma sowie die Erkenntnis, dass CSR auch für Fabrikanten Marketinginstrument und Wettbewerbsvorteil sein kann. Mit der Mitgliedschaft in der FWF unterstreicht Flatz, wie ernst es ihm mit seinem Ansatz ist.

Den ArbeiterInnen in der Textilindustrie dürfte es letztendlich egal sein, aus welchen Gründen sich Marken und Fabrikanten für ein stärkeres CSR-Engagement entscheiden. Hauptsache, ihre Arbeitsbedingungen ändern sich.

Drei Bausteine, mit denen die „Fair Wear Foundation" Sozialstandards in der Zulieferkette überprüft

Verifikations-Audit in den Zulieferfabriken: Mit Verifikations-Audits prüft die FWF innerhalb von drei Jahren eine bestimmte Anzahl der Zulieferfabriken eines Mitgliedsunternehmens. Insgesamt sollen diese Fabriken mindestens 10 % des Einkaufsvolumens abdecken. Nach jedem Audit wird ein „Corrective Action Plan" erstellt, der detailliert Forderungen und Empfehlungen mit konkreten Zeitvorgaben auflistet. Wichtig zu wissen: Die Verifizierungen dienen lediglich einer stichprobenartigen Bestandsaufnahme, ob und wie stark das Unternehmen seinen Verpflichtungen als FWF-Mitglied nachkommt – und nicht der regelmäßigen Überwachung der gesamten Lieferkette. Diese Aufgabe obliegt den Unternehmen selbst, und zwar in Form von sogenannten Monitoring-Audits und einem eigenen internen Kontrollsystem, dem „Management System Audit".

Management System Audit im Unternehmen: Das Management System Audit (MSA) findet einmal jährlich statt. Dabei wird nicht die Zulieferfabrik, sondern das Mitgliedsunternehmen selbst auf den Prüfstand gestellt. Die Ergebnisse geben Aufschluss darüber, wie gut die Firmen ihre eigene Managementphilosophie darauf ausgerichtet haben, faire Arbeitsbedingungen in der Zulieferkette zu fördern. Der wichtigste Einflussfaktor ist dabei die Beschaffungs- bzw. Einkaufspolitik: Die Auswahl der Zulieferer, die Dauer der Zusammenarbeit, die Preisverhandlungen und die Auftragsplanung – all diese Aspekte beeinflussen, wie effektiv die Unternehmen bzw. die Zulieferfabriken die von der FWF geforderten Sozialstandards umsetzen können.

Ebenfalls überprüft wird bei einem MSA das firmeninterne Monitoring-System: das Verfahren, mit dem das Unternehmen seine Zulieferbetriebe im Alltag eigenverantwortlich und kontinuierlich überwacht. Mit jedem Mitgliedschaftsjahr steigen die Anforderungen der FWF: Im ersten Jahr müssen so viele Zulieferer in das Monitoring-System aufgenommen werden, dass 40 % des Einkaufsvolumens abgedeckt sind, im zweiten 60 und im dritten 100 %. Konkret bedeutet dies, dass das Unternehmen unabhängige Prüforganisationen (die FWF oder auch eine andere Institution) mit sogenannten Monitoring-Audits bei seinen Produktionsfabriken beauftragen muss. Zur Dokumentation seines Engagements sollte das Unternehmen zudem ein detailliertes Lieferantenregister vorweisen können, in dem durchgeführte oder geplante Audits ebenso erfasst werden, wie eingegangene Beschwerden und die ergriffenen Gegenmaßnahmen.

Beschwerdesystem: Viele ArbeiterInnen in der Bekleidungsindustrie haben nicht die Möglichkeit, sich innerhalb ihrer Fabrik oder bei unabhängigen lokalen Institutionen über Arbeitsrechtsverletzungen zu beschweren. Die FWF füllt diese Lücke, indem sie Beschwerdeverwalter in den Ländern zum Einsatz bringt, in denen sie aktiv ist. Das Beschwerdesystem ist eine Art Sicherheitsnetz für den Fall, dass die Bemühungen der Mitgliedsunternehmen und der Fabrikmanager um bessere Sozialstandards nicht vollständig funktionieren. Das System soll garantieren, dass alle ArbeiterInnen in den Zulieferbetrieben (oder auch lokale NROs) jederzeit und anonym auf Missstände hinweisen können. Alle Beschwerdeverwalter sprechen die Landessprache(n) und Englisch und sind in derselben Zeitzone mit einer lokalen Telefonnummer erreichbar. Wird eine Beschwerde eingereicht, muss sich das Mitgliedsunternehmen gemeinsam mit der Fabrikleitung schnellstmöglich darum kümmern, das Problem zu beheben.

Hessnatur leistet Pionierarbeit mit Lohnstudie

29

Maik Pflaum

29.1 Hungerlöhne in den Nähfabriken

Seit den Anfängen der Clean Clothes Campaign Ende der 1980er Jahre stellt die Forderung nach Löhnen, die die Grundbedürfnisse befriedigen, eines der zentralen Anliegen von Nichtregierungsorganisationen (NROs) und Gewerkschaften dar. Die Realität in den über den Globus verstreuten Nähfabriken bietet jedoch immer noch ein gänzlich anderes Bild: Hungerlöhne sind an der Tagesordnung. Die NäherInnen, zumeist Frauen, müssen zahllose Überstunden leisten und können doch den Grundbedarf ihrer Familien kaum sicherstellen.

29.2 Asia Floor Wage

Dank zunehmender Nachfragen kritischer KonsumentInnen sehen sich viele Unternehmen mittlerweile unter Zugzwang. Bisher benutzten Bekleidungskonzerne die Ausrede, es sei nicht definiert, wie man einen „Living Wage" (Grundbedürfnislohn) berechne. Deswegen zahlten sie die staatlich festgelegten, investoren-freundlichen Mindestlöhne. Diese Ausrede zieht spätestens seit dem Start der *Asia Floor Wage* (AFW) *Campaign*[1] im Herbst 2009 nicht mehr. Die Kampagne für einen asiatischen Grundlohn vereint rund 70 Gewerkschaften und NROs aus Asien, darunter China, Indien, Indonesien und Bangladesch. Die AFW hat ein Berechnungsmodell für einen Basislohn entwickelt, der dazu dienen soll, die Konkurrenz um die niedrigsten Löhne in den asiatischen Ländern abzubauen. Die Idee

---

[1] Weitere Informationen auf http://www.asiafloorwage.org.

M. Pflaum (✉)
Christliche Initiative Romero, Münster, Deutschland
E-Mail: pflaum@ci-romero.de

G. Burckhardt (Hrsg.), *Corporate Social Responsibility – Mythen und Maßnahmen*,
DOI 10.1007/978-3-658-02842-8_29, © Springer Fachmedien Wiesbaden 2013

dahinter: Bei Lohnerhöhungen drohten die Unternehmen, in ein „billigeres" Land abzu-
wandern. Wenn aber alle Länder ihre Löhne anhand der Berechnung der AFW sukzessive
anheben würden, bliebe der Lohnabstand zwischen den Ländern gleich. Die Regierungen
müssten keine Angst vor Abwanderung mehr haben und könnten die Löhne erhöhen.[2]Der
jeweilige AFW-Monatslohn – zwischen 112 € in Bangladesch und gut 200 € in China[3] – ist
mindestens doppelt so hoch wie der aktuelle gesetzliche Mindestlohn in den genannten
Ländern.

29.3   Sprosse für Sprosse hoch auf der Lohnleiter

Die Ansicht der AFW, was ein Grundbedürfnislohn umfassen sollte, deckt sich mit jener
der Fair Wear Foundation (FWF), einer glaubwürdigen Multi-Stakeholder-Einrichtung,
bestehend aus Unternehmen, Gewerkschaften und NROs.[4] Die FWF legt aber keine absoluten Lohnhöhen fest. Sie bedient sich des Instruments der Lohnleiter, die sichtbar machen
soll, auf welchem Niveau sich der Lohn in der jeweiligen Fabrik befindet: Die unterste
Sprosse ist die Armutsgrenze, die nächste der staatlich festgelegte Mindestlohn eines Landes. Die Sprosse darüber kennzeichnet den Best Practice-Lohn, den höchsten Lohn also,
der in der Branche gezahlt wird. Meist noch darüber findet sich der Grundbedürfnislohn,
wie er von der AFW angesetzt wird. Die FWF verlangt von ihren Mitgliedern, die Lohnhöhen in den Zulieferfabriken zu überprüfen und sukzessive – entlang der Lohnleiter – anzuheben, bis ein Living-Wage-Niveau, also ein Existenzminimum, erreicht ist.

29.4   Die Lohnstudie von Hessnatur: Interview

Hessnatur, Naturtextilienhersteller mit Sitz in Butzbach und mit seiner Aufnahme im Jahr
2005 das älteste Mitglied der FWF in Deutschland, führte Ende 2010 eine Lohnstudie in
allen 142 Zulieferbetrieben (ZL) in 32 Ländern durch. Diese ist ein wertvoller Beitrag zur
Diskussion des Themas Grundbedürfnislohn. Wir sprachen darüber mit Stefanie Santila

---

[2] Die AFW definiert den Mindestlohn mit 540 PPP$ (Purchasing Power Parity; eine Vergleichswäh-
rung nach der Kaufkraftparität-Methode der Weltbank. Umgerechnet in die eigene Landeswährung
kann man für dieses Geld in jedem Land einen Warenkorb für gleich hohe Geldbeträge erwerben.
Eine ArbeiterIn soll den Grundbedarf von zwei Erwachsenen und zwei Kindern in einer regulären
Arbeitswoche erhalten, ohne Überstunden und ohne Zuschläge. Die AFW geht von 3.000 Kalorien
pro Tag und Erwachsenem aus, für Kinder die Hälfte. Die Kosten für Nahrung werden Mal zwei
genommen, um auch andere Ausgaben (Miete, Kleidung, Gesundheit, etc.) abzudecken.

[3] Asia Floor Wage Campaign 01.05.2011.

[4] Die FWF zielt auf die Verbesserung der Arbeitsbedingungen in der Bekleidungsindustrie ab und
überwacht die Einhaltung ihres Verhaltenskodex bei den Mitgliedsunternehmen, siehe http://fair-
wear.org.

Karl, CSR-Project-Managerin, und Rolf Heimann, dem Leiter der Abteilung Innovation und Ökologie, beide von hessnatur.[5]

Wie gingen Sie bei Ihrer Lohnstudie vor?

hessnatur(HN): Wir haben alle unsere Zulieferer angeschrieben und sie u. a. gefragt, was der niedrigste, der höchste und der Durchschnittslohn einer Näherin für die Regelarbeitszeit (netto), also ohne Überstunden und Boni, ist. Dabei haben wir alle Lieferanten oder Produzenten gleich behandelt – ob die Fabrik in Deutschland, China oder Bangladesch liegt. In einem zweiten Schritt haben wir alle verfügbaren Daten zu Löhnen in den verschiedenen Produktionsländern gesammelt. Diese Daten wurden für jeden Zulieferer in die Lohnleiter eingetragen: Armutsgrenze, staatlicher Mindestlohn, niedrigster, höchster und Durchschnittslohn pro Betrieb, Living Wage oder Asia Floor Wage (AFW) – falls verfügbar. So konnten wir abbilden, wo eine Vollzeitnäherin aktuell bei jedem ZL steht.

Was waren die Hauptschwierigkeiten?

HN: Es liegen oftmals extrem unterschiedliche Vergleichszahlen für ein Gebiet vor, was z. B. ein Grundbedürfnislohn sein sollte. Ein regelrechtes Zahlenwirrwarr. Aber auch, dass es für manche Regionen oder Länder gar keine Vergleichszahlen gab.

Was sind die Haupterkenntnisse?

HN: Dass wir auch nicht-asiatische Länder in den Fokus unserer Diskussionen nehmen müssen. Hier lagen die Löhne oftmals weit unter einem Grundbedürfnislohn-Niveau. Im Gegensatz z. B. zu China, obwohl die vorherrschende Meinung sagt: „China, das ist problematisch." Aber nicht unbedingt. Unsere ZL in China schnitten sehr gut ab. Ebenso wie Thailand. Insofern bringen die Ergebnisse unserer Studie einige Vorurteile ins Wanken. Die Studie hilft, Bilder zu objektivieren. Eine wichtige Erkenntnis für uns war auch, dass Audits alleine, also ohne den Fokus auf das Thema Löhne zu legen, zu keiner Lohnerhöhung führen. Dies konnten wir bei ZL feststellen, in denen vor zwei Jahren ein Audit durchgeführt worden war und sich die Löhne nicht positiv verändert hatten.

Welche Rolle für das Thema Löhne spielt Ihre Mitgliedschaft in der FWF?

HN: Sie spielt in unserer täglichen Arbeit eine große Rolle. Im letzten Jahr hat die FWF die sogenannte Lohn-Leiter entwickelt. Neu ist auch, dass die FWF in den Korrekturplänen, die die Auditergebnisse abbilden, nun auch Empfehlungen zu den Löhnen gibt. Vorher tauchte zu Löhnen nichts auf, wenn in einer Fabrik die Mindestlöhne gezahlt wurden. Nun gibt es eine Einordnung, wo die Zulieferfabrik steht.

Wo befindet sich hessnatur bezüglich der Löhne in seinen Zulieferfabriken?

HN: Wir stehen beim Lohnniveau vergleichsweise gut da. Das hängt auch mit unserem aufwendigen Auswahlverfahren für ZL zusammen, wo die Verantwortlichen für Sozialstandards gleichberechtigt mitentscheiden und ein Vetorecht haben. Und sicherlich

---

[5] Das Interview führte Maik Pflaum am 22.8.2011 in Butzbach.

auch damit, dass wir lange Lieferantenbeziehungen pflegen und die ZL unterstützen, immer besser zu werden. Aber trotzdem: Wenn wir das Konzept eines Grundbedürfnislohns nach den Kriterien der AFW zugrunde legen und sagen: Da müssen zwei Erwachsene und zwei Kinder von einem Vollzeitlohn ihren Grundbedarf abdecken können, dann ist noch viel zu tun.

In wie vielen Fabriken wird bei der Konfektionierung für eine reguläre Arbeitswoche ein Grundbedürfnislohn gezahlt?

HN: Leider haben wir für einige Länder keine Angaben, wie hoch ein Grundbedürfnislohn ist. Für China verfügen wir über die Zahlen. Dort liegen wir beim durchschnittlich gezahlten Lohn 30 % über dem von der AFW geforderten Lohn. Und in Thailand erreichen wir das AFW-Niveau.

Klaus Hohenegger, Unternehmensberater, argumentiert: Für ein in Thailand hergestelltes Outdoor-Funktions-T-Shirt von 45 € im Geschäft müsste man der Näherin nur etwa 30 Cents mehr an Lohn bezahlen, um auf den AFW-Lohn zu kommen.

HN: Die große Frage ist hier die des technischen Ablaufs. Wie bekommt denn die Näherin die 30 Cents? Wenn wir sie von Anfang an auf die Kosten drauf schlagen, kommen am Ende 1,50 € Mehrkosten heraus, weil alles prozentual nach oben geht. Man müsste die 30 Cents „parken", aus der Kalkulation heraus nehmen – aber da haben wir ein EDV-Problem. Schwierig. Auch müssten die Mehr-Zahlungen überprüfbar, also transparent sein. Da ist nicht jeder ZL begeistert. Wir wollen sichergehen, dass ein Mehrpreis auch tatsächlich bei den Näherinnen ankommt. Hier würden wir ein gemeinsames Projekt mit anderen Unternehmen begrüßen. Gerade beim Thema Lohn sollte dies relativ einfach zu realisieren sein, da es um überschaubare Produktionsstrukturen geht.

29.5 Ausblick: Wer zahlt die Rechnung?

Wer bezahlt die höheren Löhne der NäherInnen? Die Zulieferfabrik? Der Auftraggeber? Die KäuferInnen? Wenn ein Konzern wie z. B. die adidas AG im Jahr 2010 einen Gewinn von 567 Mio. € einfährt, so tut er das auch, weil die ArbeiterInnen oftmals inakzeptabel niedrige Löhne erhalten. Da ist es schwer zu vermitteln und geradezu zynisch, wenn ausgerechnet die KonsumentInnen dem Sportriesen auch noch mehr für seine Produkte bezahlen sollten, quasi als Prämie für die Einhaltung der Menschen- und Arbeitsrechte. Die aktuellen Gewinnmargen vieler Unternehmen dürfen keine Tabuzone sein. Nicht vergessen sollte man außerdem, dass saubere Arbeitsbedingungen und würdige Löhne sogar ein Wettbewerbsvorteil sein können, der mittelfristig auch zu höheren Unternehmenserträgen führen kann. Hier ist auch die kritische KonsumentIn gefragt – im Privaten wie bei der öffentlichen Beschaffung.

Der ICTI CARE-Prozess des Weltverbandes der Spielzeugindustrie: transparent – glaubwürdig – wirksam?

30

Uwe Kleinert

Die Sorgfaltspflicht von Unternehmen im Zusammenhang mit ihrer Verantwortung für die Beachtung der Menschenrechte umfasst neben der Risikoabschätzung und entsprechenden Vorkehrungen gegen Verstöße die *Überprüfung* und den *Nachweis* der Wirksamkeit der ergriffenen Maßnahmen. John Ruggies Leitsätze 20 und 21 nehmen darauf ausdrücklich Bezug („*Know & Show*"[1]). Der folgende Beitrag geht der Frage nach, inwieweit der vom Weltverband der Spielzeugindustrie initiierte ICTI-CARE-Prozess diesen Anforderungen gerecht wird und ob Aussagen über seine Wirksamkeit möglich sind.

30.1 Der ICTI-CARE-Prozess

Ende 2003 begann der Weltverband der Spielzeugindustrie (ICTI) in China mit der Umsetzung eines Monitoring- und Zertifizierungsprogramms zur Überprüfung seines Mitte der 1990er Jahre verabschiedeten Branchenkodexes. Im Rahmen dieses sogenannten ICTI-CARE-Prozesses können sich chinesische Spielzeugfabriken von akkreditierten Auditfirmen daraufhin überprüfen lassen, ob sie den Vorgaben des Kodexes entsprechen. Werden bei den Fabrikkontrollen Verstöße festgestellt, müssen sie innerhalb einer angemessenen Frist behoben werden. Danach erhält die Fabrik ein Zertifikat, das gegebenenfalls nach einem Jahr erneuert werden muss. Zertifizierte Fabriken werden auf der Website des ICTI-CARE-Prozesses gelistet.[2]

---

[1] Ruggie, John (2011), S. 19 f.

[2] Eine ausführliche Darstellung und Kritik des ICTI-CARE-Prozesses legte die Aktion fair spielt im November 2009 mit dem Diskussionspapier „Langer Anlauf – doch zu kurz gesprungen" vor (siehe www.fair-spielt.de). Die Website des ICTI-CARE-Prozesses ist unter www.icti-care.org zu finden.

U. Kleinert (✉)
Werkstatt Ökonomie, Heidelberg, Deutschland
E-Mail: Uwe.kleinert@woek.de

G. Burckhardt (Hrsg.), *Corporate Social Responsibility – Mythen und Maßnahmen*, DOI 10.1007/978-3-658-02842-8_30, © Springer Fachmedien Wiesbaden 2013

Der ICTI-Kodex spricht einige relevante Probleme an, insbesondere Arbeitsschutzvorkehrungen, Mindestlöhne und Arbeitszeiten, Leistungen bei Krankheit und Schwangerschaft usw., nimmt aber ausschließlich auf die lokalen Gesetze Bezug. Trotz dieser Unzulänglichkeit könnte er – konsequent angewandt – einen Beitrag zur Verbesserung der Arbeitsbedingungen leisten, da angemessene Arbeitsstandards unter anderem daran scheitern, dass die chinesischen Behörden bestehende Vorschriften nicht durchsetzen. Die Einschränkungen der Vereinigungsfreiheit und des Rechts auf Kollektivverhandlungen in China werden durch den ICTI-CARE-Prozess nicht berührt.

Ein wesentliches Element des ICTI-CARE-Prozesses war das sogenannte Date-Certain-Programm, mit dem sich Unternehmen, die Spielzeug aus China beziehen, dazu verpflichten können, ab einem frei wählbaren Zeitpunkt nur noch Ware aus zertifizierten Fabriken einzukaufen. Firmen, die eine solche Selbstverpflichtung abgegeben haben, werden ebenfalls auf der Website des ICTI-CARE-Prozesses gelistet.

30.2 … eine Erfolgsgeschichte?

Mit den wenigen Indikatoren, die für den ICTI-CARE-Prozess veröffentlicht werden, möchten die Verantwortlichen vor allem die Erfolgsgeschichte des Programms unterstreichen. Im Mittelpunkt stehen dabei die Zahl der für den Prozess registrierten Fabriken, die Zahl der zertifizierten Fabriken und die Zahl der Unternehmen, die sich am Date-Certain-Programm beteiligen.

Die Zahl der *registrierten* Fabriken stieg in den Jahren 2004 bis 2009 kontinuierlich von rund 200 auf 2.400 an und stagniert seither auf diesem Niveau. Die Zahl der *zertifizierten* Fabriken folgte in etwa diesem Trend, wuchs aber seit 2009 weiter an: Mitte 2005 waren 100 Fabriken zertifiziert, Mitte 2011 rund 1.500.[3] Die Zahl der chinesischen Spielzeugfabriken mit Exportlizenz wird auf rund 4.000 geschätzt.

Die Zahl der Unternehmen, die in China Spielzeug produzieren lassen und sich am Date-Certain-Programm beteiligen, stieg in den letzten drei Jahren von knapp 300 auf jetzt 754.[4]

Diese Angaben taugen allenfalls als Leistungsindikatoren für den ICTI-CARE-Prozess und besitzen keinerlei Aussagekraft für die Wirkung des Prozesses in den Fabriken, wie dieser Beitrag weiter unten aufzeigt.

---

[3] Aktuell sind 2.377 Fabriken registriert, 1.239 von ihnen zertifiziert (www.icti-care.org, 17. September 2011).

[4] www.icti-care.org, zuletzt 17. September 2011; ältere Angaben stehen nicht zur Verfügung.

30.3   Date Certain: Von wegen sicher

Die Angaben zum Date-Certain-Programm sind selbst in diesem eingeschränkten Sinn aus zwei Gründen untauglich:

Zum einen ist für das Date-Certain-Programm keine Wirkungskontrolle vorgesehen. Unternehmen können zwar öffentlich mit ihrer Selbstverpflichtung werben, ob sie diese einhalten, wird aber weder kontrolliert noch dokumentiert. Forderungen der Aktion fair spielt, die Date-Certain-Zusagen im Rahmen des ICTI-CARE-Prozesses zu überprüfen und für unbegründete Verzögerungen oder falsche Angaben eines Unternehmens zur Zahl seiner Lieferanten Sanktionen zu verhängen, werden von den Verantwortlichen kategorisch zurückgewiesen.[5] Seit langem ist zwar in der Diskussion, die Unternehmen im Rahmen des Programms zur Vorlage von Fortschrittsberichten zu verpflichten, bisher gibt es dafür aber weder ein Konzept zu deren Form und Inhalt noch einen Zeitplan.

Zum anderen hat die ICTI CARE Foundation die Verantwortung für die Zusammenstellung der Date-Certain-Zusagen an die nationalen Spielzeugverbände übertragen, ohne die Richtigkeit von deren Angaben zu überprüfen. Das ist nicht unproblematisch, wie das Beispiel des Deutschen Verbandes der Spielwarenindustrie (DVSI) deutlich macht: Die vom DVSI zusammengestellte Liste datiert, bis auf eine Ergänzung, von Anfang 2006. Einige der 32 deutschen registrierten Unternehmen existieren inzwischen überhaupt nicht mehr, andere haben sich bekanntermaßen nie am ICTI-CARE-Prozess beteiligen wollen und von daher auch keine Date-Certain-Zusage abgegeben; wieder andere, deren Erklärung der Aktion fair spielt seit langem vorliegt, fehlen in der Liste.

Wie bedeutungslos das Programm ist, zeigt sich daran, dass – mit einer Ausnahme – das Date Certain aller deutschen Unternehmen, die aktuell auf der Website der ICTI CARE Foundation gelistet sind, inzwischen abgelaufen ist.[6] Lediglich 13 der 31 Unternehmen haben ihre Selbstverpflichtung erfüllt.

30.4   Audits mit beschränkter Wirkung

Antworten auf die entscheidenden Fragen bezüglich ihrer Wirkung bleibt die ICTI CARE Foundation schuldig: Haben sich die Arbeitsbedingungen in den beteiligten Fabriken verbessert? Ist der Anteil der Fabriken, in denen die geforderten Standards eingehalten werden, gewachsen? In welchen Problembereichen sind Verbesserungen festzustellen, in welchen nicht?

---

[5] Um diese Lücke zu schließen, bietet die Aktion fair spielt auf ihrer Website (www.fair-spielt.de) eine laufend aktualisierte Firmenübersicht zur Beteiligung (vor allem) deutscher Spielzeughersteller am ICTI-CARE-Prozess an. Die Übersicht beruht auf Angaben der Unternehmen, die entsprechende Nachweise vorlegen müssen.

[6] www.icti-care.org, 17. September 2011.

Zweifel an der Wirksamkeit des ICTI-CARE-Prozesses äußern vor allem Nichtregie-rungsorganisationen vor Ort immer wieder. In mehreren, auch aktuellen Fallstudien, die in der Regel auf Befragungen von ArbeiterInnen beruhen, wurden auch in zertifizierten Fabriken Verstöße gegen chinesisches Arbeitsrecht festgestellt.[7] Natürlich muss man rea-listischerweise davon ausgehen, dass die Einhaltung der Gesetze selbst mit dem wirkungs-vollsten Programm nicht 100-prozentig garantiert werden kann. So gesehen ist nicht jeder Verstoß ein Beweis für die Untauglichkeit des ICTI-CARE-Prozesses.

Aber: Auch die ICTI CARE Foundation sah sich in den vergangenen Jahren zu Hun-derten sogenannter *Quality Check Audits* veranlasst, um bei begründetem Verdacht die Ergebnisse der vorangegangenen Regelaudits zu überprüfen. In fast allen Fällen wurden Abweichungen festgestellt, verbreitet waren bei den Regelaudits gefälschte Unterlagen vor-gelegt oder die Inspektoren auf andere Weise getäuscht worden.

Um die Validität der Audits wenigstens annähernd und durchschnittlich beurteilen zu können, muss die ICTI CARE Foundation nach Auffassung der Aktion fair spielt Zufalls-stichproben durchführen, um zu überprüfen, ob deren Ergebnisse mit denen der Regelau-dits übereinstimmen. Solange es bei einem nennenswerten Anteil der Zufallsstichproben zu Abweichungen kommt, können die Regelaudits nicht als glaubwürdiger Nachweis für die Einhaltung der geforderten Arbeitsstandards gelten. Dass sich die ICTI CARE Foun-dation bislang weigert, solche Stichprobenkontrollen durchzuführen, nährt den Verdacht, dass sie selbst an der Aussagekraft der Regelaudits zweifelt.

30.5   Continuous Improvement: Ein Beitrag zu mehr Wirksamkeit?

Um die Wirksamkeit des ICTI-CARE-Prozesses zu verbessern, beschloss die ICTI CARE Foundation Mitte 2009 die Einführung eines so genannten *Continuous Improvement Pro-cess*: Bei Löhnen und Arbeitszeiten, bei denen bei den *Quality Check Audits* besonders viele Verstöße festgestellt worden waren, sollten die Fabriken die geforderten Standards nicht sofort erfüllen müssen, sondern dafür – im Gegenzug zu engmaschigeren Kontrollen – eine Übergangsfrist in Anspruch nehmen dürfen.[8] Hintergrund war die Vermutung, dass viele Fabriken wegen der als streng wahrgenommenen Anforderungen sich erst gar nicht am ICTI-CARE-Prozess beteiligten oder einen Ausweg in Betrügereien suchten.

Zusammen mit dem *Continuous Improvement Process* wurden Zertifikate unterschied-licher Klassen eingeführt: Fabriken mit einer wöchentlichen Arbeitszeit von höchsten 66 h erhalten ein Zertifikat der Klasse A, solche mit maximal 72 h ein Zertifikat der Klasse B, alle übrigen ein Zertifikat der Klasse C. Spätestens nach zwölf Monaten muss eine Fabrik der Klasse B oder C die Klasse A erreicht haben.

---

[7] SACOM 2010a, 2010b, 2011 (verfügbar unter www.sacom.hk).

[8] Die Übergangsfrist beträgt bei den Löhnen drei (plus eventuell zwei weitere) Monate, bei den Arbeitszeiten wurde die Übergangszeit seit Mitte 2009 schrittweise auf jetzt zwölf Monate verkürzt.

Man mag die Argumentation nachvollziehen können, unproblematisch ist sie nicht: Zum einen können während der Übergangsfrist Fabriken zertifiziert werden, die gegen geltendes (wenn auch nicht durchgesetztes) Recht verstoßen. Zum anderen macht die ICTI CARE Foundation nicht transparent, welche Fabrik über ein Zertifikat welcher Klasse verfügt. Und schließlich gibt es keine Informationen darüber, ob der allgemeine Trend bei den Zertifikaten tatsächlich in Richtung Klasse A geht – wiederum ein Hindernis für eine wenigstens quantitative Wirkungsbeurteilung.

Dass die Zahl der registrierten Fabriken seit 2009 stagniert, die der zertifizierten Fabriken aber weiter steigt, legt nah, dass der *Continuous Improvement Process* nicht zu einer größeren Bereitschaft zur Beteiligung am ICTI CARE-Prozess beigetragen hat, wohl aber zu einer Absenkung der Anforderungen. Vergleichsdaten zu den Arbeitszeiten deuten in dieselbe Richtung: Während der Anteil der Fabriken im ICTI CARE-Prozess mit einer maximalen Wochenarbeitszeit von 50 bis 60 h zwischen 2008 und 2010 von 26 auf 16 % zurückging, stieg der Anteil der Fabriken mit mehr als 70 Wochenstunden im selben Zeitraum von 18 auf 32 %. Die ICTI CARE Foundation betrachtet das allerdings nicht als faktische Verschlechterung, sondern als Ausdruck der verbesserten Transparenz.[9]

30.6   Fazit

Eine Beurteilung der tatsächlichen Auswirkungen des ICTI CARE-Prozesses auf die konkreten Arbeitsbedingungen der ArbeiterInnen in den chinesischen Spielzeugfabriken ist vor allem wegen des Mangels an Transparenz nahezu unmöglich. Es fehlen beispielsweise Angaben auf Jahresbasis über:

* die Zahl und den Anteil der Audits ohne Beanstandungen; diese wären aber nur aussagekräftig, wenn über die Stichprobenkontrollen ein Indikator für die durchschnittliche Validität der Audits zur Verfügung stünde,
* die Entwicklung des Anteils der Zertifikatsklassen,
* die Zahl der „on probation" gesetzten Betriebe;
* die Zahl der aus dem Prozess ausgeschlossenen Betriebe,
* die Art und Zahl der häufigsten Verstöße,
* die Art und Zahl der über die Hotline vorgebrachten Beschwerden und die daraufhin ergriffenen Maßnahmen.

Darüber hinaus sollten die Abnehmer chinesischer Spielzeugfabriken, die sich am ICTI CARE-Prozess beteiligen, zur Verankerung geeigneter Managementsysteme, die auch eine Erfassung und Offenlegung von Wirkungsindikatoren vorsehen, verpflichtet werden.

---

[9] ICTI CARE Foundation, 24. Januar 2011.

Es ist noch ein langer Weg – Interview mit Jenny Chan über Arbeitsrechtstrainings bei HP-Zulieferern in China

31

Sarah Bormann

Das Interview führte Sarah Bormann mit Jenny Chan, die von 2006 bis 2009 als leitende Koordinatorin von SACOM arbeitete.

Die Hongkonger Organisation „Students and Scholars against Corporate Misbehavior" (SACOM) koordinierte 2008 und 2009 Arbeitsrechtstrainings bei zwei Zulieferern von Hewlett Packard (HP): Chicony Electronics und Delta Electronics. Das „Chinese Working Women Network" (CWWN) und das „Labor Education and Service Network" (LESN) führten die Trainings in den Fabriken in der südchinesischen Stadt Dongguan durch. Der Zugang war durch eine Kooperation mit HP und den beiden Zulieferern gegeben. HP zahlte für die Kosten der Trainings. In seinem CSR-Bericht[1] bezieht sich HP positiv auf das Projekt und die Kooperation mit SACOM. Es ging bei dem Projekt darum, die Grundlagen für die Umsetzung des geltenden Arbeitsgesetzes, insbesondere nach Inkrafttreten des neuen Arbeitsvertragsgesetz am 01.01.2008, zu schaffen.[2]

Sarah: SACOM unterzeichnete 2007 ein Abkommen mit HP über die Durchführung von Arbeitsrechtstrainings. Wie habt Ihr es erreicht, dass HP dem zustimmte?
Jenny: *Wir haben öffentlichen Druck aufgebaut. 2006 begann SACOM mit der Recherche über elektronische Sweatshops in China und eine bedeutende Zahl der untersuchten Fabriken waren Zulieferer von HP. Die Veröffentlichung des Reports erhielt große Medienaufmerksamkeit. Gemeinsam mit der Schweizer Organisation „Brot für alle" führten wir 2007 eine Post-*

---

[1] Hewlett Packard 2010.

[2] HP ist der weltweit größte Computerhersteller, allerdings hat er im August 2011 den Verkauf seiner gesamten Sparte elektronischer Konsumgüter bekannt gegeben.

S. Bormann (✉)
Berlin, Deutschland
E-Mail: sarah.bormann@gmx.net

G. Burckhardt (Hrsg.), *Corporate Social Responsibility – Mythen und Maßnahmen*,
DOI 10.1007/978-3-658-02842-8_31, © Springer Fachmedien Wiesbaden 2013

kartenaktion gegen HP und andere Markenunternehmen durch. Der Marktführer reagierte und wir begannen einen Dialog. Sie waren sehr besorgt um ihr Ansehen. Zu dieser Zeit wurde ein Fall von Kinderarbeit in der Elektronikindustrie bekannt. Obgleich HP hiervon nicht betroffen war, verstanden sie die Macht einer solchen Meldung. Es war Risikomanagement und HP wollte seine etwas fortschrittlichere Haltung gegenüber Nichtregierungsorganisationen (NRO) zeigen. Letztendlich kannten sie die Probleme in ihren Zulieferketten und waren sich der Grenzen ihrer Auditpraxis bewusst.

S: Was war die Motivation der Zulieferer, ihre Fabriktore zu öffnen?
J: *HP wollte Delta und Chicony beteiligen, weil sie direkte Vertragspartner sind und über lange Geschäftsbeziehungen verfügen. Beide stimmten dem zu, um die Geschäftsbeziehungen mit HP zu verbessern – also Erzielung von höheren Auftragsmengen, besseren Preisen und Lieferbedingungen und mehr Produktentwicklung. Das war ein geschäftlicher Deal zwischen den beiden Seiten.*

S: Das Projekt basierte auf unterschiedlichen Elementen wie Workshops für Manager, Verteilung von Materialien,eine Hotline und Training für das Arbeiterkomitee. In beiden Unternehmen boten die NRO CWWN und LESN Trainings für alle ArbeiterInnen an. Wie war die Resonanz?
J: *Es nahmen über 4.000 Beschäftigte teil, bei Chicony ca. die Hälfte und bei Delta ein Drittel der ArbeiterInnen. Berücksichtigt man die hohe Fluktuationsrate, so ist es ein sehr gutes Ergebnis. Die Teilnahme war freiwillig und fand in der Arbeitszeit statt.*

Die Diskussionen waren sehr angeregt, aber eine Arbeiterin konnte nur jeweils an einem Training teilnehmen. Das Management wollte schlicht keine weiteren Unterbrechungen der Fabrikroutine. Wir verteilten Handbücher, damit die TeilnehmerInnen nach nur einem Training nicht alles vergessen. Am wichtigsten war, dass sie mit ihren KollegInnen im Betrieb und in den Schlafräumen begannen zu diskutieren. Es konnten auch konkrete Änderungen erzielt werden.Eine Beschwerde der ArbeiterInnen betraf das lange Stehen am Arbeitsplatz. Nach diversen Gesprächen stellte die Unternehmensleitung Stühle zur Verfügung. Auch weitere Beschwerden wurden aufgegriffen: Die Unternehmensleitung von Delta willigte ein, die hohe Anzahl von Überstunden zu reduzieren und die Abrechnung der Überstunden transparenter zu gestalten. Eine andere Forderung der ArbeiterInnen war warmes Wasser zum Duschen. Die Arbeiterinnen merkten: Wir können etwas verändern.

S: Es gab einen wesentlichen Unterschied zwischen beiden Unternehmen: Bei Chicony gab es bereits ein Arbeiterkomitee, bei Delta nicht. Folglich konnte die NRO CWWN bei Chicony zusätzlich ein Training für die Mitglieder des Komitees anbieten. Außerdem richteten sieeine unabhängige Beschwerdehotline ein. Die Verhandlungen mit Delta verliefen dagegen schwieriger und das Unternehmen verweigerte letztendlich die Einrichtung einer Hotline. Warum verhielten sich die beiden Unternehmen so unterschiedlich?
J: *Sowohl Chicony als auch Delta stammen aus Taiwan und viele ausländische Investoren wollen keine Interessenvertretung. Was Chicony von allen anderen unterschied, war ihr Inte-*

resse, Mitglied der EICC (Electronics Industry Citizenship Coalition) zu werden.[3] *Das Arbeiterkomitee bei Chicony wurde am 01.01.2008 gegründet, exakt an dem Tag, als das neue
Arbeitsvertragsgesetz in Kraft trat.*[4] *Chicony wollte mit dem Arbeiterkomitee seine Kunden
beeindrucken und demonstrieren, dass es das neue Gesetz ernst nimmt. Es war erfolgreich
und ist heute Mitglied des EICC.*

**S: Die Gründung des Arbeiterkomitees war also durch die Unternehmensleitung ini-
tiiert?**
J: *Meines Wissens ja. Zwanzig Prozent der Mitglieder benannte das Management. 80 % sind
einfache ArbeiterInnen, die gewählt wurden. Ein Arbeiterkomitee ist keine Basisgewerkschaft.
Dennoch bietet es ein Vehikel, um die ArbeiterInnen zusammenzubringen und sie können es
als eine kollektive Struktur nutzen. Wir hatten bei den Mitgliedern des Arbeiterkomitees von
Chicony den Eindruck, sie wollen wirklich etwas für die ArbeiterInnen tun. Im Vergleich waren sie ziemlich mutig und wollten einen Aktionsplan für die Verbesserung der Arbeitsbedingungen ausarbeiten. CWWN führte mit den insgesamt 30 Mitgliedern vier Trainings durch.
Ziel war, dass sie ihre Rolle als Arbeitnehmervertretung verstehen, das neue Gesetz kennen
und es anzuwenden wissen. Es ist noch ein langer Weg bis sie Kollektivverhandlungen führen
können, aber es ist der richtige Ansatz.*

S: Warum setzte Chicony ein Arbeiterkomitee und nichteine Gewerkschaft ein?
J: *Es gibt gesetzliche Unterschiede: Im Fall einer Betriebsgewerkschaft muss das Unternehmen
eine monatliche Summe von zwei Prozent der gesamten Gehaltskosten an eine übergeordnete
Gewerkschaft unter der Führung der All China Federation of Trade Unions (ACFTU) zahlen.
Die Gewerkschaft soll formell unter der Struktur der chinesischen Regierung angesiedelt sein
und die Manager wollen die Intervention der ACFTU-Funktionäre aus ihren alltäglichen
Angelegenheiten draußen halten. Außerdem ist ein Arbeiterkomitee nicht als Gewerkschaft
registriert und steht damit nicht unter dem Schutz des Gewerkschaftsgesetzes.*

**S: Es war das erste Mal, dass die NRO CWWN und LESN Trainings in den Fabriken
und nicht in Worker Centern durchführten. Ist es nicht ein Nachteil, diese in einem
ungeschützten, vom Management kontrollierten Raum abzuhalten?**
J: *Worker Centers stehen unter Beobachtung des Staates. Würden sie offen ArbeiterInnen
organisieren, wäre das Risiko ihrer Schließung hoch. Außerdem: In den Worker Centers kommen ArbeiterInnen von unterschiedlichen Fabriken zusammen. Wenn die einzelne ArbeiterIn
in ihre Fabrik zurückgeht, ist sie wieder alleine. Sie fühlt sich frustriert, es fehlt die Unterstützung auf der Betriebsebene. Die Fabrik ist der Ort, an dem die ArbeiterInnen gemeinsame*

---

[3] EICC wurde 2004 von HP, Dell und IBM gegründet und mittlerweile gehören ihr über 40 Unternehmen der globalen Elektronikindustrie an. Kernstück ist ein branchenweiter Verhaltenskodex, der
soziale und ökologische Mindeststandards umfasst.

[4] Das Arbeitsvertragsgesetz stärkt die Mitbestimmung, Manager müssen nun bei bestimmten Entscheidungen Arbeitnehmervertretungen konsultieren (siehe auch den Artikel Chahoud in diesem
Band dazu).

Forderungen entwickeln und in Auseinandersetzung mit dem Management Handlungsspiel-
räume ausloten. Es gibt aber auch Nachteile: Manager beobachten was passiert. Sie haben tat-
sächlich unser Trainingsmaterial überprüft, bevor wir es aushändigen konnten. Sie könnten
ganz einfach die engagierten ArbeiterInnen identifizieren und feuern. Trotz dieser Schwierig-
keiten sind die Arbeiterkomitees eine wichtige, zu den Angeboten in den Worker Centern
komplementäre, Strategie.

S: Wie beurteilst Du den Erfolg des Projekts? Betreiben heutenochdie Mitglieder des
Arbeiterkomitees die Hotline?
J: *In nur wenigen Monaten erhielten wir über 100 Anrufe. Nach Auslaufen des Projekts sank*
die Zahl der Anrufe dramatisch. Es scheint, dass wenn kein Projekt mehr besteht, auch das
Management dem nicht mehr viel Aufmerksamkeit schenkt. Ich habe selbst viele Fragen in
Bezug auf die Nachhaltigkeit des Projekts. Meine Einschätzung ist, dass bei Chicony der Keim
für das Bewusstsein ihrer Rechte und ihrer kollektiven Stärke durch das Projekt gepflanzt
wurde. Ich hoffe sie nehmen dies mit, wenn sie ihren Arbeitsplatz wechseln oder zurück aufs
Land gehen.

S: In einer Presseerklärung von 2009 beschreibt ihr die Vision eines neuen arbeiterba-
sierten CSR-Modells. Wie weit seid ihr von diesem Ziel entfernt?
J: *Der übergeordnete strategische Plan besteht in drei Schritten: Zunächst ein allgemeiner*
Wissenstransfer durch Trainings, dann die Motivation der Beschäftigten, Konflikte selbst auf
der Betriebsebene zu lösen und schließlich sie zu bemächtigen, ihre eigenen Organisationen
zu gründen, ob nun als Arbeiterkomitee oder als Gewerkschaft. In diesem Pilotprojekt ge-
lang es uns, nur den ersten Schritt durchzusetzen. Dies war allerdings im Elektroniksektor in
China ein wirklicher Durchbruch. Es gab zuvor lediglich bei Zulieferern von Nike ähnliche
Trainings in den Jahren 2002 und 2003. Diese fokussierten aber nur Arbeits- und Gesund-
heitsschutz. Es ist schwierig, Zugang zu den Fabriken zu erhalten und SACOM hat bislang
nur dieses eine Pilotprojekt mit HP durchführen können, unsere andauernden Verhandlun-
gen mit Apple sind extrem hart.

S: Wie beurteilst Du den strategischen Nutzen von CSR?
A: *Unsere Erfahrung mit diesem Projekt bestätigt, dass wir den CSR-Diskurs nutzen können,*
um bestimmte Ressourcen zu erhalten und einen Schritt voranzukommen. Entscheidend wäre
ein starkes gesetzliches Regelwerk, das von einem demokratischen Staat in Kraft gesetzt wird.
Derzeit ist der chinesische Parteienstaat autoritär und hin und wieder repressiv und brutal.
Solange die Gewerkschaften in China nicht frei gewählt werden und gegenüber ihren Mit-
gliedern keine Rechenschaft ablegen müssen, ist eine externe Unterstützung durch andere
zivilgesellschaftliche Akteure notwendig.

Faire IT durch CSR? Erfahrungen und Beobachtungen aus dem Projekt makeITfair

32

Cornelia Heydenreich

Das katholische Hilfswerk CAFOD aus Großbritannien rüttelte 2004 die Öffentlichkeit – und die IT-Branche – mit einer Studie wach. Der Report „Clean up your Computer" informierte über die Arbeitsbedingungen bei der Herstellung von Computern in Mexiko, China und Thailand. Die Branche reagierte mit der Verabschiedung eines Verhaltenskodex und gründete einen internationalen Verband, die Electronic Industry Citizenship Coalition (EICC).

Anscheinend war erst die öffentliche Aufmerksamkeit und Kritik nötig, damit die Branche aktiv wurde. Immer wieder stellen Nichtregierungsorganisationen fest, dass die Einhaltung von Menschen- und Arbeitsrechten sowie Umweltstandards in der weltweiten Lieferkette multinationaler Unternehmen kein Selbstläufer ist. Das europäische Projekt makeITfair hat sich deshalb die Elektronikindustrie vorgenommen und beobachtet insbesondere die Produktion von Unterhaltungselektronik wie Handys, MP3-Player und Laptops. Das Projekt will dazu beitragen, den gesamten Lebenszyklus von IT-Geräten fair und ökologisch gestalten – vom Design der Geräte bis zum Abbau der Rohstoffe, von der Produktion der Einzelbauteile bis zur Entsorgung des Elektroschrottes. Germanwatch koordiniert die deutschen Aktivitäten von makeITfair.

32.1 Unternehmen kennen die Herkunft ihrer Rohstoffe nicht

Als makeITfair 2007 einen Fragebogen an die führenden Elektronikfirmen bezüglich ihrer Rohstoffverantwortung schickte, gaben die Firmen an, dass sie die Herkunft der Metalle nicht zurückverfolgen können, da sie diese nicht selbst einkauften und zudem nur ein geringer Verbraucher von Metallen seien. Sie betonten, dass sie deshalb keinen Einfluss auf

C. Heydenreich (✉)
Germanwatch e.V., Berlin, Deutschland
E-Mail: heydenreich@germanwatch.org

G. Burckhardt (Hrsg.), *Corporate Social Responsibility – Mythen und Maßnahmen*, DOI 10.1007/978-3-658-02842-8_32, © Springer Fachmedien Wiesbaden 2013

die Arbeitsbedingungen beim Abbau der Rohstoffe hätten. Ein halbes Jahr darauf veröffentlichte makeITfair Berichte über die erschreckenden Arbeits- und Umweltbedingungen beim Abbau von drei Metallen in Afrika. Die Studien zeigten, dass die Elektronikindustrie ein signifikanter Endverbraucher der Metalle ist: Sie verbraucht 35 % der weltweiten Zinnproduktion, 25 % des Kobalts und bis zu 14 % der Platinmetalle. Was den Unternehmen selbst nicht möglich erschien, haben NRO-Recherchen vermocht: Den Weg einiger Metalle bis zu den Rohstoffminen zurückzuverfolgen. Die NRO stellten die Studienergebnisse auf einem internationalen Runden Tisch den Unternehmen vor und starteten parallel eine E-Mail-Aktion kritischer VerbraucherInnen.

Ein halbes Jahr später erschien eine Studie, die vom Elektronikverband EICC und den in der Global E-Sustainability-Initiative (GeSI) zusammengeschlossenen Mobilfunkunternehmen in Auftrag gegeben war. Die Untersuchungen zum Zusammenhang von Rohstoffabbau und Elektronikindustrie bestätigten die makeITfair-Ergebnisse: Die Industrie verwendet eine bedeutsame Menge verschiedener Metalle und hat Einfluss auf Sozial- und Umweltstandards beim Abbau. Inzwischen erkennen viele IT-Hersteller ihre Verantwortung für die sozialen und ökologischen Bedingungen beim Abbau der für die IT-Produktion verwendeten Metalle an. Einige Unternehmen erklärten öffentlich, die Arbeitsbedingungen in den Minen verbessern zu wollen. Mit einem Pilotprojekt begannen sie, die Herkunft der in ihren Geräten verarbeiteten Rohstoffe nach zu verfolgen. Damit war die Situation in den Minen noch nicht verbessert, aber das Eingeständnis einer Verantwortung sowie eine Transparenz in der Lieferkette sind ein erster wichtiger Schritt in diese Richtung.

32.2 Handyproduktion: Verbesserungen sichtbar, aber unzureichend

Im Jahr 2008 veröffentlichte makeITfair eine Studie über die schlechten Arbeitsbedingungen in Zulieferfabriken von Handyfirmen in China und den Philippinen.[1] Junge Frauen arbeiteten ohne Gesichtsschutz oder Handschuhe in den Fabriken und atmeten gefährliche Dämpfe an den schlecht gelüfteten Arbeitsplätzen ein. Sie berichteten von Schnitt- und Brandverletzungen an Handflächen und Fingern und ihre Arbeitsbedingungen waren weder sicher noch akzeptabel. Seitdem hat sich einiges verändert, wie eine Folgestudie bei einigen der untersuchten Firmen in China, die Ladegeräte an Nokia, Motorola, Samsung und LG liefern, im Jahr darauf zeigte.[2] Ein neuer Besitzer übernahm die Fabriken und investierte 2,5 Mio. US-Dollar, vor allem in angemessene Sicherheitsausrüstung sowie Trainings zur Arbeitssicherheit, um die Gesundheit der ArbeiterInnen zu schützen.

Aber es bestehen weiterhin enorme Probleme, wie zum Beispiel exzessive Überstunden und damit verbundene Gesundheitsprobleme. Fünfzehn bis zwanzig Überstunden pro

---

[1] makeITfair (2008).

[2] makeITfair (2009) Mobile phone production in China.

Woche sind keine Seltenheit – dabei erlaubt das chinesische Arbeitsgesetz maximal 36 Überstunden im ganzen Monat. Häufig sind die ArbeiterInnen jedoch auf Überstunden angewiesen, um mit der zusätzlichen Bezahlung auf einen halbwegs akzeptablen Lohn zu kommen. Die Studie zeigt, dass die Beschäftigten extreme Überstunden aufgrund eines niedrigen Grundlohns sowie wegen der kurzfristigen Aufträge oder kurzfristiger Änderungen von Bestellungen durch die Auftragsfirmen leisten müssen. Auch werden Frauen während des Bewerbungsprozesses aufgrund von Alter, Geschlecht und Geburtsort diskriminiert.

In einer anderen Studie[3] untersuchte makeITfair die Produktion von Spielekonsolen, MP3-Playern und Smartphones bei vier Zulieferfirmen in China im Jahr 2009 und veröffentliche Anfang 2011 eine Folgestudie.[4] In den Fabriken sind die Löhne seit der ersten Studie zumindest geringfügig erhöht worden und es werden weniger Schülerpraktikanten beschäftigt. Die diskriminierenden Hepatitis B-Tests, nach denen erkrankte BewerberInnen gar nicht erst eingestellt wurden, sind inzwischen abgeschafft. Aber gravierende Probleme bestehen auch weiterhin: Die Löhne liegen trotz der Lohnerhöhungen immer noch unter dem Existenzminimum, die ArbeiterInnen müssen massive Überstunden leisten und sie haben weiterhin keine gewerkschaftliche Vertretung.

Die beiden Beispiele zeigen, dass Verbesserungen bei den Arbeitsbedingungen durch Initiativen auf Unternehmensebene möglich sind – allerdings sind sie häufig begrenzt auf Arbeitssicherheit und Gesundheitsschutz. Viel zu oft gibt es zudem nur dort Fortschritte, wo Initiativen wie makeITfair zuvor den Finger in die Wunde legten. Grundlegende Veränderungen wie Gewerkschaftsfreiheit und faire Einkaufspraktiken, also zum Beispiel eine gerechte Preisgestaltung der Markenunternehmen bei der Auftragsvergabe, fehlen dagegen. Aber erst damit könnten wesentliche strukturelle Probleme wie die extrem hohen Überstunden und andererseits die zu geringen Löhne behoben werden. Der Wettbewerb im IT-Sektor ist extrem hoch und ein einzelnes Unternehmen kommt bei preisrelevanten Themen an seine Grenzen. Selbst einige Unternehmensvertreter unterstützen daher, dass für bestimmte Fragen wie existenzsichernde Löhne gesetzliche Rahmensetzungen erforderlich sind.[5]

32.3   Gesetze beschleunigen den Prozess

Auch im Rohstoffbereich zeigte sich die Katalysatorwirkung von gesetzlichen Rahmensetzungen. Zwar hatten die Unternehmen ihre Verantwortung zunächst ganz abgestritten, begannen dann aber mit Pilotprojekten, die Rohstoffe bis zur Mine zurückzuverfolgen.

---

[3] makeITfair (2009): Playing with labour rights.
[4] makeITfair (2011).
[5] So sprachen sich zum Beispiel bei einem Workshop von Misereor, der Werkstatt Ökonomie und Germanwatch im Oktober 2010 einige Unternehmensvertreter für gesetzliche Regelwerke zu einem existenzsichernden Lohn aus.

Seit die USA im Juli 2010 den sogenannten „Dodd-Franc-Act" unterzeichnet haben, kam
Bewegung in die Sache. Das neue Gesetz verbietet es zum Jahresende 2011, in den USA
Produkte einzuführen, in denen Rohstoffe aus Konfliktregionen verbaut sind. Plötzlich
ging es schnell: Die erste „konfliktfreie" Metallhütte war bereits Ende 2010 ausgezeichnet,
bei einer internationalen Konferenz im September 2011 diskutierten GeSI und EICC, wie
am besten nachgewiesen werden kann, dass die Metalle auch wirklich nicht aus Konfliktregionen kommen. Die sozialen und ökologischen Bedingungen des Rohstoffabbaus sind
dabei jedoch nicht selbstverständlich mit im Blick. Und die Gemeinden vor Ort befürchten, dass die Unternehmen es sich möglicherweise ganz einfach machen und gar keine
Rohstoffe mehr aus der DR Kongo kaufen. Für die Menschen, die vom Rohstoffabbau leben, wäre dies nicht die erwünschte Wirkung.

32.4   Fazit

Die bisherigen Erfahrungen mit der IT-Branche im Rahmen der Arbeit des europäischen
Projektes makeITfair lassen folgende Schlussfolgerungen zu:

1. CSR-Maßnahmen können dazu beitragen, die Arbeitsbedingungen und die Umweltsi-
   tuation in der IT-Branche zu verbessern.
2. Häufig bedarf es zunächst einer Aufmerksamkeit über kritische NRO-Studien, Medien-
   berichte und Öffentlichkeitskampagnen, damit Unternehmen aktiv werden.
3. CSR-Maßnahmen haben ihre Grenzen – strukturelle Probleme werden häufig nicht
   behoben.
4. Wenn eine politische Rahmensetzung ins Spiel kommt, sind plötzlich Entwicklungen
   möglich, die zuvor undenkbar erschienen.

Es kommt also darauf an, den vom ehemaligen UN-Sonderbeauftragten für Wirtschaft
und Menschenrechte, John Ruggie, vorgeschlagenen intelligenten Mix aus Rahmensetzung und freiwilligen Maßnahmen zu konkretisieren. Diesen Mix braucht nicht nur die
IT-Branche.

Staatliche und private Regulierung der Elektronikindustrie in Mittel- und Osteuropa: Ersatz oder Ergänzung?

33

Timea Pal

Staatliche und private Anstrengungen zur Regulierung von sozialen und ökologischen Faktoren in globalen Lieferketten werden gemeinhin als gegensätzlich angesehen: Die eine Regulierungsform ersetzt die andere, anstatt sie zu ergänzen. Angesichts der Analysen zur Effektivität von CSR-Initiativen in der globalen Elektronikindustrie sollten wir diese Prämisse jedoch überdenken, und stattdessen über private und staatliche Regulierung als institutionelle Ergänzungen nachdenken. Dieser Artikel beleuchtet die Interaktion zwischen staatlicher und privater[1] Regulierung in Hinblick auf die Einhaltung internationaler Arbeitsstandards bei Elektronikzulieferern in Mittel- und Osteuropa (MOE[2]).

33.1 Institutionelle Ersetzbarkeit oder Komplementarität

Ursprünglich wurden CSR-Initiativen von großen Markenfirmen als Ersatz für ungenügende staatliche Regulierung in aufsteigenden Wirtschaftsmächten eingeführt.[3] Neuere empirische Studien zur globalen Elektronikindustrie[4] zeigen jedoch, dass soziale und ökologische Probleme in globalen Lieferketten nicht einseitig durch private oder staatliche Regulierung gelöst werden können. Vielmehr hängt die Einhaltung von Arbeits- und Um-

---

[1] Dies beinhaltet sowohl das firmeninterne Monitoring als auch Kontrollen durch Audit-Unternehmen.

[2] Im Folgenden wird auch die Abkürzung MOEL für „mittel- und osteuropäische Länder" gebraucht.

[3] David und Koenig-Archibugi 2003.

[4] Hier ist insbesondere die Forschungszusammenarbeit zwischen Hewlett Packard (HP) und dem Massachusetts Institute of Technology (MIT) zu nennen, die unter der Leitung Prof. Richard Locke und der Mitarbeit von Greg Distelhorst, Timea Pal, Ben Rissing und Hiram Samel durchgeführt wird.

T. Pal (✉)
Massachusetts Institute of Technology, Massachusetts, USA
E-Mail: palt@mit.edu

G. Burckhardt (Hrsg.), *Corporate Social Responsibility – Mythen und Maßnahmen,*
DOI 10.1007/978-3-658-02842-8_33, © Springer Fachmedien Wiesbaden 2013

weltstandards und deren Verbesserung von dem komplementären Zusammenspiel von CSR-Anstrengungen und staatlicher Regulierung ab.

Das vielleicht anschaulichste Beispiel für die Komplementarität der beiden Regulierungsformen zeigt sich in den CSR-Programmen globaler Marken, die von ihren Zulieferern in den verschiedenen Ländern die Einhaltung der jeweiligen staatlichen Vorgaben verlangen und dies überprüfen. Gleichzeitig üben die innerstaatlichen Stellen zur Durchsetzung der Arbeitsgesetzgebung einen erheblichen Einfluss auf die Einhaltung privater CSR-Standards aus.

33.2   Einhaltung von CSR-Standards und innerstaatliche Institutionen

CSR-Initiativen multinationaler Unternehmen werden nicht im luftleeren Raum implementiert. So haben quantitative Analysen der CSR-Auditberichte von HP Zulieferern in aller Welt sowie verschiedene Fabrikbesuche ergeben, dass die Qualität der staatlichen Institutionen in den jeweiligen Produktionsländern der wichtigste Einflussfaktor für die Einhaltung von CSR-Standards ist.[5] Trotz der problematischen Arbeitsbedingungen für LeiharbeitnehmerInnen halten sich Elektronikzulieferer aus MOEL insgesamt stärker an Arbeitsstandards als Zulieferer aus asiatischen oder lateinamerikanischen Ländern. Im Vergleich zu anderen aufsteigenden Ländern sind erstere für ihre relativ starken innerstaatlichen Institutionen bekannt, insbesondere in Hinblick auf die Rechenschaftspflicht der Regierungen und die Effizienz der öffentlichen Verwaltung.[6]

In den MOEL liegen die Ursprünge der nationalen Arbeitsgesetzgebung oftmals in der sozialistischen Ära, als die Arbeiterwohlfahrt einen hohen politischen Stellenwert einnahm. Trotz starker Reformen in den letzten Jahrzehnten bieten die nationalen Arbeitsgesetze immer noch beachtlichen Schutz für Vollzeitangestellte mit unbefristeten Verträgen. Gleichzeitig gibt es umfangreiche und funktionierende Verwaltungsstrukturen zur Durchsetzung der Arbeitsgesetze, wie etwa die Tschechischen und Ungarischen Arbeitsaufsichtsbehörden.[7]

In den MOEL beziehen sich die meisten Arbeitsrechtsverletzungen auf flexible Arbeitsmodelle, bei denen die staatliche Regulierung in Hinblick auf Inhalt oder Durchsetzung defizitär ist. Gerade die Zeitarbeit ist in vielen MOEL nur schwach reguliert, was insbeson-

---

[5] Eine detaillierte Diskussion der Analyseergebnisse findet sich in dem demnächst erscheinenden Beitrag von Locke et al. (im Druck 2011a).

[6] Diese Merkmale werden von Rechtsstaatlichkeits-Indizes erfasst, siehe z. B. die Berichte des World Justice Programs für 2009, 2010 und 2011.

[7] Einer aktuellen Studie der ILO zufolge ist die Zahl der ArbeiterInnen pro Inspektor in den MOEL viel niedriger ist als in anderen Teilen der Welt. In Ungarn sind es ca. 10.000 ArbeiterInnen pro Inspektor, in China 18.000 und in Bangladesch gibt es nur einen Inspektor für 3 Mio. ArbeiterInnen, vgl. International Labour Office, Committee on Employment and Social Policy 2006.

dere dem starken Bedarf an billigen und flexiblen Arbeitskräften ihrer exportorientierten und von Auslandskapital abhängigen Ökonomien geschuldet ist. Sowohl in Ungarn als auch in der Tschechischen Republik unterliegt die Beschäftigung von Leiharbeitnehmern nur geringen arbeitsrechtlichen Beschränkungen, die nicht zur Gleichbehandlung von Stammbelegschaft und Leiharbeitnehmern beitragen. Die Durchsetzungsverantwortung liegt bei den gleichen Behörden, die auch für die Überwachung klassischer Beschäftigungsformen zuständig sind: Insbesondere der Informationsfluss stellt hier ein Problem für die Überwachung der neuen flexiblen Beschäftigungsformen dar.[8]

33.3   Langfristige Verbesserung: Die fortgesetzte Bedeutung des innerstaatlichen regulatorischen Rahmens

Obwohl prekäre Arbeitsbedingungen in erster Linie durch mangelhafte innerstaatliche Institutionen ermöglicht werden, so bleiben langfristige Verbesserungen doch vom institutionellen Kontext und dessen komplementärem Zusammenspiel mit CSR abhängig.[9] Die dahinter liegenden Prozesse werden zum großen Teil durch die Implementierungsstrategien großer Markenunternehmen beeinflusst – insbesondere durch den Stellenwert der Auditierung und der Zusammenarbeit mit lokalen Interessensgruppen.

Nationale Gesetze und regulatorische Leitlinien werden oftmals zu einer wichtigen Legitimationsquelle für CSR-Audits und die Einforderung von Korrekturmaßnahmen. So konnten private Auditoren die ursprüngliche Ablehnung eines ungarischen Fabrikbesitzers gegenüber einer gleichen Entlohnung von Stammbelegschaft und Leiharbeitnehmern durch den Verweis auf das übergeordnete Gleichstellungsziel des ungarischen Arbeitsgesetzes beseitigen. Das Markenunternehmen weitete sein CSR-Programm ferner auf die Sublieferanten[10] aus, die durch Audits der direkten Lieferanten überprüft werden sollten. Diese Maßnahme trug erheblich zu der Verbesserung des Informationsflusses zwischen den Elektronikherstellern und den Arbeitsbehörden bei und machte ausbeuterische Praktiken transparenter. Hier ist insofern eine Komplementarität festzustellen, als dass die ungarische Arbeitsaufsichtsbehörde insbesondere die mangelnde Transparenz zwischen verschiedenen Fabriken als Monitoring-Problem benannte.

Auch die Praktiken eines anderen CSR engagierten Markenunternehmens setzten Prozesse bei einem anderen ungarischen Elektronikzulieferer in Gang. Die ungarischen Gesetze erkennen das Recht der ArbeitnehmerInnen auf Organisation und Kollektivver-

---

[8] Ebd.

[9] Dies ist der Schwerpunkt eines anderen demnächst erscheinenden Beitrags, der die Ergebnisse der Forschungszusammenarbeit von HP-MIT diskutiert, vgl. Locke et al. (im Druck 2011b). Dies ist auch Thema meiner Dissertation, welche die Lieferketten anderer Markenfirmen mit Elektronikzulieferern in Ungarn, Rumänien und Slowenien beleuchtet.

[10] Sublieferanten = Lieferanten zweiter Stufe, Zulieferer des eigentlichen direkten Lieferanten eines multinationalen Konzerns.

handlungen auf allen Ebenen klar an, allerdings haben nationale Tarifverträge eher eine konsultative und orientierende Funktion und beziehen sich oft nur auf wenige Themen.[11] Für die Wahrung von Arbeitnehmerinteressen ist die Arbeitnehmervertretung und Kollektivverhandlung auf betrieblicher Ebene daher besonders wichtig. In dem Versuch, nicht selbst zur Legitimierung neuer Arbeitsformen beizutragen, haben sich die Gewerkschaften allerdings bislang zurückhaltend gezeigt, was die Organisierung von Leiharbeitnehmern auf allen Ebenen angeht. Im Falle einer Fabrik unter der Aufsicht der engagierten Markenfirma wurden die lokalen Gewerkschaftsführer jedoch ermutigt, ihr Verhältnis zu Leiharbeitnehmern zu überdenken. Durch die Zusammenarbeit des lokalen Unternehmens mit einer Gewerkschaft konnten zahlenmäßige Obergrenzen für den Anteil von Leiharbeitnehmern in der Fabrik festgelegt und die prekären Arbeitsbedingungen angegangen werden. Dies führte zu einer Öffnung der Gewerkschaft für LeiharbeitnehmerInnen und deren Einbindung in Betriebsvereinbarungen. Um den Herausforderungen der hohen Fluktuationsrate unter ihnen zu begegnen, gründete die Gewerkschaft schließlich ein regionales Vertretungsbüro für LeiharbeitnehmerInnen.

Die einseitige Konzentration auf entweder private oder staatliche Regulierung kann der Komplexität sozialer und ökologischer Belange in globalen Lieferketten nicht vollends gerecht werden, Komplementarität ist deshalb wichtig. Die aufgeführten Beispiele zeigen, dass öffentliche und private Ergänzungen im regulatorischen Bereich eine Vielzahl von Prozessen beinhalten können, die bisher in eher unkoordinierter Art und Weise entstanden sind. Eine stärkere Koordination zwischen Regierungen, Konzernen und lokalen zivilgesellschaftlichen Akteuren in Hinblick auf eine gemeinsame Verbesserung der sozialen Nachhaltigkeit verspricht somit viel Potenzial für signifikante Verbesserungen.

---

[11] www.eurofound.europa.eu/eiro/country/hungary_4.htm.

Social Business mit unsozialen Folgen

34

Adidas, BASF, Danone und Otto wollen in
Bangladesch mit Sozialunternehmen die Armut
bekämpfen. Mit ihren hehren Zielen sind sie bislang
gescheitert

Kathrin Hartmann

Es waren große Worte, mit denen die Großkonzerne ihre Joint Ventures mit Friedensnobelpreisträger Muhammad Yunus präsentierten: Im März 2009 verkündete der Chemieriese BASF, in Bangladesch mit Insektenschutzmittel präparierte Moskitonetze und Vitaminpäckchen an Arme zu verkaufen. Im November 2009 versprach adidas einen „Turnschuh für Arme", der vor Infektionen schützen soll. „In Bangladesch soll kein Mensch mehr barfuß laufen" sagte Yunus, der Schuh sollte höchstens einen Dollar kosten. Im selben Monat verkündete das weltgrößte Versandhaus Otto, in Bangladesch eine soziale Textilfabrik zu errichten. Michael Otto konstatierte, seine „Fabrik der Zukunft " solle „Vorbild werden für die Textilproduktion in Bangladesch und für ähnliche Fabriken auf der ganzen Welt".[1] Nach neuesten Öko- und Sicherheitsstandards gebaut, sollte sie Kleidung für den Weltmarkt produzieren, aber die Mitarbeiter sollten nur nach dem staatlichen Mindestlohn bezahlt werden. Dabei betrug der damals in Bangladesch noch umgerechnet 19 € im Monat.

Wie die anderen Joint Ventures sollte sich die Fabrik nach einer Anschubfinanzierung selbst tragen, die operativen Gewinne in die Firma investiert und nicht an die Stakeholder ausgeschüttet werden. Das markwirtschaftliche Prinzip zur Bekämpfung der Armut nennt sich „Social Business" und wird als nächste revolutionäre Idee des Mikrokredit-Erfinders Muhammad Yunus gefeiert: Der Zweck dieser Unternehmen soll es sein, soziale Probleme zu lösen. Die Medien griffen die Ankündigungen begeistert auf. Doch ob und wie die Konzerne ihren Ankündigungen Folge leisten – darüber gibt es wenige Nachrichten. Von den Konzernen selbst gibt es entweder keine oder unbefriedigende Antworten.

---

[1] Otto 2011.

K. Hartmann (✉)
München, Deutschland
E-Mail: hartmann.kathrin@gmx.de

G. Burckhardt (Hrsg.), *Corporate Social Responsibility – Mythen und Maßnahmen*,
DOI 10.1007/978-3-658-02842-8_34, © Springer Fachmedien Wiesbaden 2013

Im Juli 2011 gab Otto bekannt, dass sich der Zeitplan für die soziale Textilfabrik „durch politische und praktische Implikationen verzögert" habe.[2] Baubeginn war für März 2010 geplant, 2011 hätten die ersten Kleidungsstücke in den Handel kommen sollen. Doch selbst vier Jahre nach der Ankündigung steht keine „Fabrik der Zukunft" in Bangladesch und es ist fraglich, ob sie jemals gebaut werden wird.

34.1   Ein Turnschuh für die Armen aus dem Sweatshop?

Auch adidas scheiterte mit dem „Turnschuh für die Armen". Als der Konzernchef Herbert Hainer im November 2011 bekannt gab, dass adidas das Social Business in Bangladesch aufgeben würde, war dies den Medien aber nur eine Randnotiz wert. Dabei war auch dieses Projekt von Beginn an zweifelhaft: „Billige Laufschuhe kosten hier genauso viel, wenn nicht weniger" sagt Khushi Kabir, die die NRO Nijera Kori („Wir machen das selber") leitet.[3] Dabei handelte es sich nicht einmal um Turnschuhe, sondern um eine Art Sandale. Die sei besonders in der Regenzeit überflüssig, weil sie im wadentiefen Schlamm stecken bleiben würde: „Das ist interessant für Menschen, die nicht auf dem Land leben und nicht arm sind", sagt Kabir.[4] Tatsächlich wollte adidas den „One Dollar Trainer" über seine Tochter Reebook vertreiben, die Marktführer für Sportschuhe in Bangladesch ist.

In einer Testphase 2010 wurden 5.000 Schuhe für 80 bis 120 Taka (0,80 Eurocent und 1,20 €) verkauft.[5] Ob tatsächlich an Arme und mit welchem Ergebnis – darüber schweigt adidas. Die Schuhe wurden in Indonesien hergestellt, zu welchen Bedingungen bleibt unbekannt. NRO wie die Kampagne Saubere Kleidung und die Christliche Initiative Romero kritisieren adidas seit Jahren für die verheerenden Arbeitsbedingungen in den indonesischen Zulieferfabriken. Ein „Turnschuh für die Armen" aus dem Sweatshop – zynisch, aber logisch. Man kann nur dann Geschäfte mit Armen machen, wenn man ihnen günstige Produkte verkauft. Und Ware, die so billig verkauft werden soll, muss billig hergestellt werden. Dennoch überstiegen die Produktionskosten den Verkaufspreis: Drei Dollar plus 3,50 $ Einfuhrzoll habe der Schuh gekostet. Jetzt will adidas das Projekt nach Indien verlagern.[6]

34.2   Moskitonetze von BASF – ein kostengünstiges Pre-Marketing

Auch dem Chemiekonzern BASF sind nicht alle Vorhaben gelungen: 200.000 Moskitonetze und mehr als 15 Mio. Vitaminpäckchen gab BASF-Vorstandsvorsitzender Jürgen Hamprecht an, bis 2013 in Bangladesch verkaufen zu wollen. Eine erste Fabrik zur Produktion

---

[2] Forum Nachhaltig Wirtschaften 25.07.2011.

[3] Nicht veröffentlichtes Email-Interview mit Khushi Kabir vom 26. April 2011.

[4] ebd.

[5] Handelsblatt 09.11.2010.

[6] Handelsblatt 19.11.2011.

der BASF-Moskitonetze wurde zwar 2012 eröffnet, sie gehört zum Grameen-Konzern-Imperium. Die Vitaminpäckchen haben es wegen bürokratischer Hürden gar nicht erst auf den Markt geschafft. Auch hier bleibt der soziale Zweck fragwürdig: In Bangladesch kann man Moskitonetze überall günstig kaufen, an extrem Arme verteilen NROs[7] Netze kostenlos. Verdrängt BASF also nicht eher lokale Anbieter? Ansgar Wille von BASF Grameen Ltd in Bangladesch sagt, man hoffe, dass die Menschen bereit seien, mehr Geld für präparierte Netze auszugeben. Im Handelsblatt erklärte Hamprecht, mit Social Business einen neuen Absatzmarkt ausloten zu wollen: „Das ist für uns ein völlig neuer und zudem kostengünstiger Weg für das Pre-Marketing".[8]

34.3   Danones „Joghurt für Arme" wird an die Mittelschicht verkauft

Zumindest diese Rechnung ging bislang für die „soziale Joghurt-Fabrik" Grameen Danone auf. Das erste Joint Venture zwischen Grameen und einem multinationalen Konzern wurde 2006 in der Stadt Bogra gegründet. In der Fabrik wird ein Joghurt hergestellt, der mit Vitaminen und Mineralstoffen angereichert ist. Der „Shokti Doi" („Kraftjoghurt") soll von „Sales Ladies" an arme Familien auf dem Land verkauft werden. Die Frauen sollen damit ihren Lebensunterhalt verdienen, die Kinder vor Mangelernährung geschützt werden – rund ein Drittel der Kinder in Bangladesch leidet darunter.

In der Fabrik arbeiten Menschen aus der Umgebung, die Milch beziehen sie von kleinen Bauern. Die Joghurtfabrik erhielt für ihr „innovatives, sozial und finanziell nachhaltiges Unternehmenskonzept"[9] auf dem Vision Summit 2009 den Vision Award, sie gilt bis heute als Erfolgsmodell.

Doch fragt man vor Ort nach der Vorzeigefabrik, erhält man ernüchternde Antworten. „Ich habe meine Kollegen und deren Familien, die in und rund um Bogra leben, gefragt, was sie über Shokti Doi und über die Grameen Ladies wissen. Eine Familie ist sogar im lokalen Joghurt-Business tätig. Niemand, ich wiederhole, niemand hat je von den Grameen Ladies gehört, geschweige denn welche gesehen", sagt Khushi Kabir von Nijera Kori, die seit mehr als 30 Jahren auch in Bogra tätig ist.[10]

Während Danone im April 2008 auf der Homepage noch das ehrgeizige Ziel beschrieb, 50 solcher Fabriken in Bangladesch bis 2016 betreiben zu wollen, stand die bis heute einzige kurz vor der Schließung. Die Herstellungskosten waren zu hoch, die Armen konnten sich den Joghurt zu 5 Taka (ca. 5 Eurocent) nicht leisten: 40 % der Menschen in Bogra leben unterhalb der Armutsgrenze, 10 % sind extrem arm und leben von weniger als 66 Taka am Tag (ca. 60 Eurocent). Sales Ladies fanden den Verdienst von 0,6 Taka pro verkauften Becher zu wenig attraktiv. Als der Milchpreis sich 2007 beinahe verdoppelte, machte Gra-

---

[7] NROs = Nichtregierungsorganisationen.

[8] Handelsblatt 05.03.2009.

[9] Genisis Institute for Social Business and Impact Strategies 2011.

[10] Email-Interview Khushi Kabir.

meen Danone Verluste und erhöhte den Preis für den Joghurt auf 8 Taka. Daraufhin brachen Verkauf und Vertriebsnetz komplett zusammen.[11]

Nachdem der Betrieb mit 1,7 Mio. € von Danone (Umsatz: 15,22 Mrd. €) bezuschusst werden musste[12], lautete die simple marktwirtschaftliche Devise: verkaufen und Kosten sparen. Das spürten vor allem die Sales Ladies und die FabrikarbeiterInnen. Sales Ladies erhalten 0,6 Taka pro Becher und einen Gratis-Becher je zehn verkaufter Joghurts, wenn sie mindestens 50 verkaufen (Stand: März 2010). Frauen, die mindestens 24 Tage im Monat arbeiten, erhalten 550 Taka (ca. 5 €) im Monat. Im besten Fall verdienen sie 120 Taka, im schlechtesten 60 Taka am Tag.[13]

Doch die wenigsten Frauen arbeiten so viel. Weil sie stundenlang bei brütender Hitze mit 4 Kilo Gepäck kilometerweit durch die Dörfer laufen, klagen Frauen über Wasser in den Beinen und Kreuzschmerzen. Manche Frauen mögen an Selbstbewusstsein und Unabhängigkeit gewonnen haben, viele andere wiederum werden als Störenfriede wahrgenommen: „Warum kommst du und bringst unsere Kinder zum Weinen?" „Hau ab, wir haben kein Geld!" – so werden Sales Ladies beschimpft. Oft machen sie sogar Verluste, weil die Armen auf Pump kaufen oder mit Eiern oder Reis bezahlen. Noch dazu haben einige der Sales-Ladies Kredite aufgenommen, um den Joghurt von Danone kaufen zu können.[14]

34.4   Social Business zur Erprobung neuer Absatzmärkte

In der Fabrik, die 35 Leute beschäftigt, sind die Löhne niedrig: Frauen verdienen dort nur 133 Taka am Tag.[15] Ob sich Grameen Danone dem primären sozialen Ziel, die Mangelernährung zu bekämpfen, annähert, bleibt erst recht im Dunkeln: Wie viele (arme) Kinder den Joghurt wie oft essen und welchen Einfluss das auf ihre Gesundheit hat – darüber ist bis heute keine seriöse Studie veröffentlicht.

Die Fabrik in Bogra produziert rund 65.000 Becher Joghurt am Tag. Laut Danone verkaufen mehr als 800 Sales Ladies den Joghurt. Im Frühjahr 2010 verkauften aber nur 175 Sales Ladies den Joghurt ein oder mehrmals die Woche.[16] Denn tatsächlich wird der Shokti Doi zu 80 % außerhalb von Bogra vertrieben – fast die Hälfte davon in den Supermärkten der großen Städte.[17] Dort wird der Joghurt zu 12 Taka von der bangladeschischen Mittelschicht gekauft – für sie wird er auch in Fernsehspots beworben. Anders als BASF-Chef Hamprecht streitet Danone Deutschland-Chef Ramin Khabirpour im Interview mit

---

[11] Humberg, 2011, S. 143.

[12] ebd. S. 140.

[13] ebd. S. 160.

[14] Hartmann 2012, S. 271 f.

[15] Humberg S. 155.

[16] ebd. S. 155.

[17] ebd. S. 54.

Enorm im Frühjahr 2010 ab, dass der Konzern in Bangladesch einen neuen Absatzmarkt ausloten will.[18]

Doch die zweite Fabrik hätte 2011 in Dhaka eröffnet werden sollen – damit wäre Danone noch näher an den Supermärkten der Hauptstadt, aber noch weiter entfernt von den sozialen Zielen. „Die Social-Business-Idee ist in einer absoluten Pionierphase. In der wirtschaftlichen Realität hat man oft 15 bis 20 Jahre an etwas gearbeitet, bis es geklappt hat", sagt Hans Reitz, der deutsche Statthalter von Muhammad Yunus, der das Grameen Creative Labin Wiesbaden leitet. Dennoch bleibt fraglich, ob es grundsätzlich gelingen kann, mit marktwirtschaftlichen Methoden die Armut zu bekämpfen. Denn bislang machen die Joint Ventures nur eines deutlich: Ein existenzsichernder Lohn, der die Menschen tatsächlich aus der Armut befreien könnte, ist im Social Business nicht drin, wenn es wirtschaftlich rentabel sein soll.

---

[18] Hartmann 2010, S. 57.

Zusammenfassung der Beiträge und Fazit: CSR Maßnahmen von Unternehmen und ihre Wirkungen

Gisela Burckhardt

Die ersten beiden Beiträge dieses Teils stellen die Wirkungen von Verhaltenskodizes und Sozialaudits in Hinblick auf Verbesserungen der Arbeitsbedingungen der Beschäftigten in Frage. Der Beitrag aus Indien macht deutlich, dass Verhaltenskodizes oft den Vorwand liefern, um gewerkschaftliche Organisierung in den Fabriken zu unterbinden und stattdessen unternehmensnahe Arbeiterkomitees einzusetzen. Der nächste Artikel fasst in zehn Punkten die Kritik an Sozialaudits von Seiten der Kampagne für Saubere Kleidung zusammen, nämlich dass Audits nur zu einer begrenzten Verbesserung der Arbeitsbedingungen beitragen können.

Weitere Artikel untersuchen die Wirkungen von freiwilligen CSR-Maßnahmen einzelner Unternehmen am Beispiel von Trainings über Sozialstandards für Produzenten, die ASDA, Lidl und Tchibo jeweils in Kooperation mit der GIZ in Bangladesch durchführten. So entwickelte die GIZ mit dem britischen Unternehmen ASDA ein Pilotprojekt zur Produktivitätssteigerung sowie ein Training mit Zulieferern von Lidl in Bangladesch. Beide Trainings unterscheiden sich von dem als Public Private Partnership (PPP) durchgeführten WE-Training von Tchibo/GIZ. Letzteres zielte insbesondere auf die Entwicklung von Kommunikation und Vertrauen ab, wurde als eines der wenigen Trainings extern evaluiert, dessen Ergebnisse auch der Öffentlichkeit zur Verfügung gestellt wurden. Der Beitrag über das von der GIZ durchgeführte Training im Auftrag von Lidl analysiert gleichzeitig kritisch die Rolle der GIZ, der vorgehalten wird, einseitig die Unternehmensseite in Bangladesch und in anderen Ländern, z. B. bei den zahlreichen Runden Tischen im Rahmen des Pilotprojekts mit der Außenhandelsvereinigung des deutschen Einzelhandels, unterstützt zu haben. Es ist erstaunlich, dass es trotz vieler Trainings und nicht unerheblicher Summen, die die Unternehmen investieren, keine öffentlich zugänglichen Evaluierungen

G. Burckhardt (✉)
Heidebergenstraße 14, 53229 Bonn, Deutschland
E-Mail: gisela.burckhardt@femnet-ev.de

G. Burckhardt (Hrsg.), *Corporate Social Responsibility – Mythen und Maßnahmen*,
DOI 10.1007/978-3-658-02842-8_35, © Springer Fachmedien Wiesbaden 2013

über die Wirkungen der CSR-Maßnahmen gibt. Man muss davon ausgehen, dass es sie gibt, aber offenbar sind die Ergebnisse für die Unternehmen so ungünstig, dass sie sich scheuen, sie öffentlich zu machen.

Zwei Artikel widmen sich den beiden von der Fair Wear Foundation (FWF) entwickelten Instrumenten „Management System Audits" und „Beschwerdesysteme" am Beispiel einer Fabrik in China. Die Autorin kommt zu der Erkenntnis, dass die Schaffung von besseren Arbeitsbedingungen letztendlich von der Überzeugung des lokalen Managers abhängt, der CSR als Marketinginstrument entdeckt hat, wobei die FWF unterstützend wirken kann. Im Interview erklären Vertreter von „hessnatur" die Lohnleiter der FWF, eine Methode, mit der in systematischen Schritten die Löhne angehoben werden sollen. Hessnatur stellte bei einer Untersuchung aller seiner Lieferanten fest, dass die Probleme der niedrigen Bezahlung nicht in China am größten sind, wo die Bezahlung ihrer Lieferanten sogar über dem asiatischen Grundlohn liegt und dass Audits allein zu keiner Lohnerhöhung führen.

Der Bericht über die Spielzeugindustrie beschreibt den vom Weltverband der Spielzeugindustrie initiierten ICTI-CARE-Prozess als intransparent. Die ICTI CARE Foundation weigert sich zudem, Stichprobenkontrollen durchzuführen. Fallstudien weisen in zertifizierten Fabriken Verstöße gegen chinesisches Arbeitsrecht nach. Da Ergebnisse von Audits nicht offen gelegt werden, können die Auswirkungen des ICTI-CARE-Prozesses auf die Arbeitsbedingungen in den chinesischen Spielzeugfabriken letztlich nicht beurteilt werden.

Im Interview berichtet die Koordinatorin von SACOM, einer NRO in Hongkong, über Arbeitsrechtstrainings bei zwei Zulieferern von Hewlett Packard (HP) in China. Obwohl das Training kurz war und eine Arbeiterin nur jeweils einmal an einem Training teilnehmen konnte, gab es Erfolge in einem Betrieb wie z. B. Reduzierung der hohen Anzahl und mehr Transparenz bei der Abrechnung der Überstunden. Letztlich aber bleiben Wirkungen eines solchen Trainings begrenzt und die Koordinatorin meint: „Entscheidend wäre ein starkes gesetzliches Regelwerk, das von einem demokratischen Staat in Kraft gesetzt wird."

Die Bedeutung von Gesetzen hebt auch der Beitrag über das Projekt makeITfair vor, das die Produktion von Unterhaltungselektronik und Laptops unter die Lupe nimmt. Durch Druck des Projektes untersuchten Elektronikhersteller zum ersten Mal, woher ihre Rohstoffe kommen und unter welchen Arbeitsbedingungen sie abgebaut werden. Das Projekt prüfte auch die Arbeitsbedingungen in Zulieferfabriken von Handyfirmen in China und den Philippinen. Trotz einiger Verbesserungen im Bereich Gesundheit und Sicherheit am Arbeitsplatz, sind die grundlegenden Probleme unverändert (wie Löhne unter dem Existenzminimum, massive Überstunden, keine gewerkschaftliche Vertretung). Fortschritte gibt es immer nur, wenn Projekte Druck machen oder wenn es Gesetze gibt, wie z. B. das von den USA im Juli 2010 verabschiedete „Dodd-Franc-Act", das verbietet, in die USA Produkte einzuführen, in denen Rohstoffe aus Konfliktregionen verbaut sind. Plötzlich bemühten sich Unternehmen um Sicherheit, wobei allerdings die sozialen und ökologischen Bedingungen des Rohstoffabbaus dabei keine Rolle spielen. Es zeigt aber, dass Gesetze eine hohe Wirkung haben.

Der Komplementarität von freiwilligen Maßnahmen der Unternehmen und staatlichem Vorgehen geht der Artikel über Elektronikunternehmen in Osteuropa nach. Effiziente staatliche Institutionen in den Produktionsländern sind der wichtigste Einflussfaktor für die Einhaltung von CSR-Standards, so das Ergebnis von Recherchen. Arbeitsgesetze und funktionierende Aufsichtsbehörden in den ehemaligen sozialistischen Staaten schützen noch heute die Vollzeitbeschäftigten. Eine Erosion dieses Schutzes vollzieht sich jedoch derzeit bei den Zeitarbeitskräften. Dennoch sieht die Autorin großes Potenzial für Verbesserungen durch Koordination zwischen Regierungen, Konzernen und lokalen zivilgesellschaftlichen Akteuren.

Der letzte Artikel berichtet über Nachforschungen bei sogenannten „Social Business" in Bangladesch am Beispiel von Danone, BASF, adidas und Otto und kommt zu dem ernüchternden Ergebnis, dass die Unternehmenstätigkeiten nicht nur unsoziale Folgen haben, sondern darüber hinaus offenbar dazu dienen, Marktanalysen zu machen, um sich einen neuen Markt unter dem Deckmantel des „Sozialen Geschäfts" zu erschließen.

Welche Wirkungen haben also CSR-Maßnahmen von Unternehmen?

1. Für die meisten Unternehmen besteht CSR allein darin, ihren Produzenten Verhaltenskodizes aufzulegen und diese mit Hilfe von Audits zu prüfen. Inzwischen zeigen ausreichend viele Studien, dass diese Instrumente nicht zu einer wesentlichen Verbesserung von Sozialstandards beitragen.

2. Einige Unternehmen führen deshalb Trainings für ihre Produzenten durch, in der Regel jedoch ohne Einbezug von Gewerkschaften und NROs. Die Wirkungen sind unbekannt, da sie nicht (mit Ausnahme des WE-Projekts von Tchibo/GTZ) veröffentlicht werden. Man kann aber generell schlussfolgern, dass es von der Überzeugung der lokalen Managementleitung abhängt, ob sie die Einhaltung von Sozialstandards für wichtig halten, ob als CSR Marketinginstrument für Einkäufer oder aus innerer Überzeugung. Die Bereitschaft der Einkäufer, über Preise und Lieferbedingungen zu verhandeln, spielt hierbei sicherlich eine zentrale Rolle.

3. Funktionierende Aufsichtsbehörden und Rechtsstaatlichkeit in den Produktionsländern sind komplementär zu sehen zu den Versuchen einzelner Unternehmen, mit Trainingsmaßnahmen und Kontrollen Produzenten zur Einhaltung von Sozialstandards zu verpflichten.

4. Gesetze wie der „Dodd-Franc-Act" führen in kurzer Zeit zu einem veränderten Einkaufsverhalten der Unternehmen, was in jahrzehntelanger mühsamer Kleinarbeit nicht erreicht wird.

5. Die deutsche Entwicklungszusammenarbeit unterstützt (hier dargestellt am Beispiel eines Projekts in Bangladesch) vornehmlich Unternehmensverbände und vergibt die Chance, als Vermittlerin zu wirken.

Die (Ohn)Macht der Verbraucherinnen: Wie Transparenzpflichten den Weg aus der Vertrauensfalle weisen können

Judith Vitt

In politischen Diskussionen über die gesellschaftliche Verantwortung von Unternehmen wird häufig darauf hingewiesen, wie entscheidend die Rolle der VerbraucherInnen sei: Mit Hilfe des Internets hätten sie neue Macht erobert und könnten durch ihre „Abstimmung im Supermarkt" Unternehmen bestrafen oder belohnen. Nur durch den Willen der VerbraucherInnen könnten ganze Märkte auf den Pfad der Nachhaltigkeit gebracht werden.

So schön die Vorstellung auch ist, so greift sie dennoch viel zu kurz. In der Tat: Unsere Konsum- und Verbrauchsmuster sind heute nicht nachhaltig. Jeder Einzelne hat deshalb die Verantwortung, einen Beitrag für mehr Nachhaltigkeit zu leisten. Inwiefern VerbraucherInnen aber wirklich in die Lage versetzt werden, diese Verantwortung im Konsumalltag auch praktizieren zu können, muss äußerst kritisch hinterfragt werden.

36.1 Politischer Konsum – eine schlaue Marketingidee

Die intensiv propagierte Idee vom „politischen oder strategischen Konsum" ist zu großen Teilen schlaue Marketingstrategie, die auf wohlhabende und gebildete Käuferschichten setzt. In erster Linie ist sie produktorientiert und spricht den Wunsch nach Konsum an: Mit normativen Konzepten (was genau ist eigentlich ein „ethisch korrektes Produkt"?) muss sie sich dabei nicht sonderlich differenziert auseinandersetzen. Geringer gebildete (und daher meist auch geringer verdienende) VerbraucherInnen nehmen an dem Trend aus Mangel an Kaufkraft ohnehin kaum teil – denn die Nachhaltigkeit eines Produktes drückt sich meist auch in seinem Premium-Preis aus.

Wäre es wirklich gewollt, dass VerbraucherInnen durch ihre Kaufentscheidungen in der breiten Masse eine Veränderung anstoßen, müssten diese paradoxen Anreizstrukturen

J. Vitt (✉)
Verbraucherzentrale Bundesverband e.V., Berlin, Deutschland
E-Mail: vitt@vzbv.de

G. Burckhardt (Hrsg.), *Corporate Social Responsibility – Mythen und Maßnahmen*,
DOI 10.1007/978-3-658-02842-8_36, © Springer Fachmedien Wiesbaden 2013

umgekehrt werden. So müsste endlich die Frage angegangen werden, wie die negativen gesellschaftlichen Effekte (und die entsprechenden Kosten!) von nicht-nachhaltigen Produkten über den Preis abgebildet werden können. Die Komplexität der Zusammenhänge wird außerdem häufig unterschätzt: Wer Strom spart, sorgt nicht automatisch dafür, dass weniger Kohlendioxid entsteht. Solange die Gesamtzahl der Emissionszertifikate dieselbe bleibt, nutzt auch das Sparen der europäischen Haushalte nicht viel.

Politischer Konsum ist keine Alternative zur Politik. Ökologisches Bewusstsein im Alltag ersetzt nicht die verbindliche Festlegung und Durchsetzung von Klimaschutzzielen. Der Schutz von Menschenrechten ist keine Frage, die im Supermarkt entschieden werden sollte, sondern eine politische Aufgabe.

36.2 Transparenz schafft Vertrauen

Dennoch ist bewusster und kritischer Umgang mit Konsumentscheidungen ein wichtiger Baustein. Damit die „guten" Anbieter unterstützt werden können, müssen aber zunächst die richtigen Grundlagen geschaffen werden. Transparenz und Vertrauen sind hier die Zauberworte.

Die Gesamtzahl an Informationen, die wir täglich verarbeiten müssen, wächst seit Jahren. Damit wir in der Informationsflut nicht untergehen, entwickeln die meisten von uns pragmatische Strategien, mit denen wir durch den Informationsdschungel navigieren. Die Mehrheit verlässt sich deshalb gerne auf Empfehlungen von anderen – sofern sie vertrauenswürdig erscheinen. Neben Freunden und Bekannten zählen die meisten VerbraucherInnen zu den vertrauenswürdigen Ansprechpartnern vor allem unabhängige Test- und Beratungsinstanzen (z. B. Stiftung Warentest und Verbraucherzentralen) sowie Nichtregierungsorganisationen. Zertifikate, Siegel und Bewertungen spielen deshalb im Konsumalltag eine wichtige Rolle. Überträgt man diese Strategien auf den Bereich der gesellschaftlichen Verantwortung von Unternehmen, beginnen für VerbraucherInnen allerdings die Schwierigkeiten.

Fakt ist, dass die Zahl der verfügbaren Informationen über Nachhaltigkeit und Verantwortung von Unternehmen dramatisch zugenommen hat. Das Vertrauen in ihre Glaubwürdigkeit bewegt sich aber auf einem historischen Tiefstand – nur Politiker und Werbetexter schneiden schlechter ab. Was auf Webseiten, in Broschüren, Werbeaussagen, Kampagnen, Jahres- und CSR-Berichten von Unternehmen selbst verbreitet wird, bietet für viele VerbraucherInnen keine nützliche Orientierung, weil sie nicht auf den Wahrheitsgehalt der Informationen vertrauen. Die Aussagen sind meist nicht überprüfbar. Vergleiche unterschiedlicher Anbieter sind kaum möglich, weil eine Standardisierung der Information vermieden wird. Wer liest und analysiert schon 30 Nachhaltigkeitsberichte, bevor er sich ein T-Shirt kauft?

36.3   Die Suche nach glaubwürdigen Informationsquellen

Aus dem Wunsch nach wahrhaftigen Auskünften und Informationen suchen VerbraucherInnen sich möglichst unabhängige Informationsquellen, die ihnen einfache Orientierung versprechen. Im Internet entwickelt sich mittlerweile ein Ideenreichtum zu „strategischem" oder „politischem" Konsum: Auch die Möglichkeiten der sozialen Medien werden genutzt, um eine kritische Öffentlichkeit zu schaffen. Communities, Blogs, Labels, Ampeln, Twitter Walls und Apps sollen dabei helfen, den Weg durch den Informationsdschungel zu finden und Handlungsdruck bei Unternehmen aufzubauen.

Diese Vorgehensweise stößt aber schnell an ihre Grenzen. Informationen, die aus zweiter oder dritter Hand zu einer Gesamtaussage kombiniert werden und dabei nicht in den Kontext profunder Marktkenntnisse eingebettet sind, bringen zwar oft mediale Aufmerksamkeit, aber ebenso oft nur wenig Fortschritt für eine nachhaltige Entwicklung. Wenn Unternehmen sich aus Furcht vor Reputationsschäden durch undifferenzierte Beurteilungen dann lieber gänzlich in Schweigen hüllen, ist damit niemandem gedient.

Hinzu kommt, dass einige Fragen offen bleiben: Ist es möglich, dass ein und dieselbe Firma ethisch und ökologisch unbedenkliche Produkte in der einen und problematische Produkte in der anderen Produktlinie herstellt? Wie zuverlässig sind dann Einschätzungen zur gesellschaftlichen Verantwortung eines Unternehmens, die auf einzelnen Produkten basieren?

Der Aufwand, den unabhängige NGOs oder die Tester der Stiftung Warentest betreiben müssen, um CSR-Aussagen zu verifizieren und kritische Punkte aufzuspüren, ist immens. Eine flächendeckende Orientierung kann damit kaum erreicht werden. In den meisten Fällen wissen tatsächlich die Unternehmen am besten, wie es um Sozial- und Umweltstandards im Unternehmen und in der eigenen Wertschöpfungskette bestellt ist.

Entscheidend ist es deshalb, die Bedingungen für einen Qualitätssprung zu schaffen und auch unabhängigen und kritischen Akteuren der Zivilgesellschaft den Zugang zu substantiellen Informationen über Unternehmensperformance zu ermöglichen. Nur dann sind aussagekräftige Bewertungen, die der Realität gerecht werden und relevante Orientierung für VerbraucherInnen geben, möglich.

Über das Verbraucherinformationsgesetz (VIG) wird VerbraucherInnen aller Voraussicht nach auch in der aktuellen Novelle kein Zugang zu entsprechenden Informationen eingeräumt (z. B. durch entsprechende Erweiterung des Geltungsbereichs auf die sozialökologische Performance von Unternehmen und direkte Auskunftsansprüche gegenüber Unternehmen). Behörden verfügen derzeit selbst nicht über die relevanten Daten, um VerbraucherInnen bei der Einschätzung der ökologisch-sozialen Qualität von Produkten oder Unternehmen zu unterstützen. Es müssen daher auch andere Wege und neue rechtliche Instrumente diskutiert werden, mit deren Hilfe VerbraucherInnen an die entscheidenden Informationen gelangen können.

36.4   Offenlegungspflicht für Unternehmen gefordert

Wer auf verantwortungsvolle und mündige VerbraucherInnen auch in Fragen der Nachhaltigkeit setzt, muss dafür die entsprechenden Voraussetzungen schaffen. Die Einführung einer verbindlichen Offenlegungspflicht für Unternehmen (und andere Organisationen) zu den ökologischen, menschenrechtlichen und anderen gesellschaftlich relevanten Aspekten ihres Kerngeschäfts bildet die Basis. Diese gilt es, politisch und unter Beteiligung aller Stakeholder auszubauen. Dabei müssten nicht nur rechtliche Fragen, sondern auch ganz praktische Aspekte berücksichtigt werden: Unterschiedliche Zielgruppen haben unterschiedliche Bedürfnisse bei der Darstellung von Informationen – Finanzmarktakteure benötigen Informationen in einem anderen Format und Verdichtungszustand als Endverbraucher. Um die Balance zwischen Vertraulichkeit und Transparenz zu wahren, sollte erwogen werden, unabhängigen aber qualifizierten Intermediären (Information Broker aus NGO, Verbraucherschutz, Medien) einen umfassenden Zugang zu den auf der Grundlage von Offenlegung erhobenen Daten zu gewähren.

Eine Offenlegungspflicht, wie sie derzeit auf europäischer Ebene in der Diskussion ist und in einzelnen Staaten schon praktiziert wird, würde also – unter bestimmten Voraussetzungen – die Transparenz schaffen, die zu einem positiven und fairen, da faktenbasierten Wettbewerb um die Zustimmung der VerbraucherInnen beitragen könnte.

Der Dschungel der Labels

37

Sandra Dusch Silva

Bilder von brennenden Fabrikhallen, abgeholzte Regenwälder, gequälte Tiere und Giftseen drängen sich der aufgeklärten kritischen KonsumentIn beim Einkauf ins Bewusstsein. Die Hoffnung auf eine bessere Welt lastet auf ihren Schultern – doch was kann und sollte sie kaufen, um die Missstände zu beseitigen? Das Geschäft mit Siegeln und Zertifikaten für das gute Verbrauchergewissen boomt. Unzählige Werbekampagne von Unternehmen, die sich mit Wohltätigkeitsprogrammen und ein paar Nischenprodukten ein gutes verantwortungsvolles Image schaffen wollen, heizen den Markt an und machen die Verwirrung beim Einkauf komplett.

37.1 Vorsicht bei Qualitätsurteil „sehr engagiert"

Einkaufstipps für das gute Gewissen bieten Internetplattformen wie Utopia.[1] Hier finden KonsumentInnen Kaufempfehlungen von Fernsehgeräten, über Damenjeans bis hin zu Windeln. Die Stiftung Warentest untersucht seit 2004 vereinzelt auch die gesellschaftliche Unternehmensverantwortung und bewertet diese. In einem Test unterschiedlicher Laufschuhhersteller 2009 wurde adidas/ Reebok als sehr engagiert eingestuft.[2] Untersuchungen der Kampagne für Saubere Kleidung zeigen jedoch, dass der weltgrößte Sportartikelhersteller aller wohlklingenden CSR-Beteuerungen zum Trotz regelmäßig Arbeitsrechte in seinem weltweiten Zuliefernetz mit Füßen tritt, so beispielsweise in der Fabrik Ocean Sky

---

[1] Utopia 2013.
[2] Stiftung Warentest 2009.

S. Dusch Silva (✉)
Christliche Initiative Romero, Münster, Deutschland
E-Mail: dusch@ci-romero.de

G. Burckhardt (Hrsg.), *Corporate Social Responsibility – Mythen und Maßnahmen*,
DOI 10.1007/978-3-658-02842-8_37, © Springer Fachmedien Wiesbaden 2013

in El Salvador.[3] „Engagiert" nennen die Tester 2010 auch C&A.[4] Die Tester unterstreichen, dass C&A langfristig nur noch Baumwollkleidung in Bioqualität anbieten will. Immerhin verkaufte C&A bereits 2010 23 Mio. Kleidungsstücke aus zertifizierter Biobaumwolle. Die Biobaumwolle machte 2011 dreizehn Prozent der Baumwollkollektion des Unternehmens aus. C&A ist mittlerweile der wichtigste Abnehmer von Biobaumwolle weltweit. Beim Anbau dieser Baumwolle werden weniger Pestizide und Düngemittel eingesetzt als im konventionellen Anbau. Genmanipuliertes Saatgut ist verboten. Dies Engagement ist positiv, sagt aber leider nichts über die Herstellungsbedingungen der T-Shirts aus, die der Test im Fokus hatte. Unabhängige Kontrollen unter Einbeziehung lokaler Akteure fanden in den Nähfabriken des Familienunternehmens nicht statt. Mit fatalen Folgen: 2012 brannte ein C&A – Zulieferbetrieb in Bangladesch. Über 100 NäherInnen starben. Seit 2011 recherchieren die Tester selbst in den Zulieferfabriken nach und verlassen sich nicht mehr ausschließlich auf die unternehmenseigenen Auskünfte.

Einige Nichtregierungsorganisationen (NROs), wie beispielsweise der WWF helfen beim Tricksen, um ein soziales und ökologisches Image, dem sogenannten Greenwashing tatkräftig mit. Im Gegensatz zu manch anderer Umweltschutzorganisation setzt der WWF auf Unternehmenskooperation: 2009 zahlten Kooperationspartner insgesamt 3,1 Mio. Euro an die deutsche Sektion.[5] Das WWF-Logo steht auf einem Joghurtbecher von Danone, der aus Biokunststoff hergestellt wird, und suggeriert ökologische Unbedenklichkeit. Auch die Sammelkarten mit WWF-Tiermotiven bei REWE dienten mehr dem Imagegewinn des Supermarkts. Die Umweltschutzorganisation stand hierfür in der Kritik.[6]

37.2 Ein Kompass ohne klare Bewertungskriterien

Mit dem Ziel, öffentlichen Institutionen, Unternehmen sowie privaten VerbraucherInnen Orientierung in der Vielzahl von Zertifikaten und Siegeln zu bieten, wurde das Internetportal „Kompass Nachhaltigkeit" von der Deutschen Gesellschaft für Internationale Zusammenarbeit (GIZ) im Auftrag des Bundesministeriums für Wirtschaftliche Zusammenarbeit und Entwicklung (BMZ) eingerichtet.[7] Der mit Steuergeldern finanzierte Kompass bleibt jedoch weit hinter dem eigenen Anspruch zurück. Eine kritische Auseinandersetzung mit den skizzierten Initiativen fehlt. So listet die Datenbank die Unternehmensinitiative „Business Social Compliance Initiative" (BSCI) auf. Laut Kompass Nachhaltigkeit ist die BSCI eine Initiative, die ILO-Kernarbeitsnormen einhält. Im April 2013 stürzte in Bangladesch das Gebäude Rana Plaza zusammen und begrub unter sich Hunderte Tote. Zwei der Fabriken wurden im Auftrag der Business Social Compliance Initiative (BSCI)

---

[3] CIR 2011.
[4] Stiftung Warentest 2010.
[5] Spiegel 05.09.2011.
[6] Greenpeace Magazin 2011.
[7] Kompass Nachhaltigkeit 2011.

auditiert, in der über 1.000 große Unternehmen Mitglied sind, wie z. B. Otto, Metro, Aldi und Lidl. Das eingestürzte Gebäude zeigt deutlich, wie unzureichend private soziale Auditierungen sind. Im Zuliefernetz der BSCI-Mitglieder stellte die Kampagne für Saubere Kleidung wiederholt Missstände fest und kritisierte die Unternehmensinitiative wegen Greenwashing.[8] Auch die „Fair Wear Foundation" (FWF) sorgt laut Kompass Nachhaltigkeit für die Einhaltung der ILO-Kernarbeitsnormen. Den Unterschieden zwischen beiden Initiativen trägt der Kompass nicht Rechnung. Als Multi-Stakeholder-Initiative (kurz MSI) arbeiten Unternehmen, Gewerkschaften und NROs bei der FWF gemeinsam an der Umsetzung der Standards. Denn nur durch die Einbindung von Gewerkschaften und NROs ist eine glaubhafte Überprüfung von Kontrollergebnissen (Audits) möglich. Die BSCI ist hingegen eine reine Initiative der Wirtschaft und hat somit bereits strukturell keinen vergleichbaren Zugang zu grundlegenden Informationen, die für die Umsetzung sozialer und ökologischer Standards relevant sind.

37.3 Vertrauenswürdige Siegel und Initiativen

Die Christliche Initiative Romero untersuchte im Rahmen des Projekts WearFair die 30 wichtigsten Gütesiegel und Initiativen.[9] Vertrauenswürdig sind vor allem Siegel und Initiativen, die von unabhängigen Stellen entwickelt, vergeben und kontrolliert werden (Fair Wear Foundation und IVN best). Meist werden dabei entweder ökologische oder soziale Aspekte in den Blick genommen. Auch fokussieren die Siegel und Initiativen verschiedene Stationen entlang der textilen Kette: Den Anbau der Baumwolle (Fairtrade), die Zustände in den Nähfabriken (Fair Labor Association, Fair Wear Foundation oder Worldwide Responsible Apparel Production) oder das Endprodukt (Hauptsache Körperverträglich und Ökotext 100).

Zu den bekanntesten Gütesiegeln gehört Ökotex 100. Der Name lässt vermuten, dass grundlegende ökologische Kriterien bei den so gesiegelten Produkten eingehalten würden, doch weit gefehlt: Der Fokus liegt auf dem Endprodukt. Für die VerbraucherInnen wurde das Produkt von den schlimmsten Chemikalien sauber gewaschen, doch im Produktionsprozess waren sie noch enthalten und schädigten die Beschäftigten. Doch selbst für Babykleidung lässt das Siegel eine Mischung aus Schwermetallen, Pestiziden und Chlorbleiche noch zu. Weitreichend ist das Textilsiegel Global Organic Textile Standard (GOTS). Es umfasst den gesamten Herstellungsprozess eines Kleidungsstücks bis hin zu den Farben, die verwendet werden dürfen. Die ökologische Messlatte liegt hoch, allerdings gehen die Sozialstandards nicht so weit wie bei der Fair Wear Foundation (FWF), die zu den strengsten Sozialsiegeln auf dem Markt gehört. Im Nachhaltigkeitsportal der GIZ werden BSCI und Ökotex 100 gleichwohl als seriöse Garanten für Ökologie, Umweltschutz und sozial verantwortliches Handeln gelistet.

---

[8] Burckhardt 2010.
[9] Dusch Silva 2012.

37.4   Regeln und Rahmenbedingungen setzt die Politik

Viele Fälle von massiven Arbeitsrechtsverletzungen erreichen niemals die hiesige Öffentlichkeit. ArbeiterInnen in der informellen Wirtschaft, in den urbanen Slums und in der
Landwirtschaft Afrikas, Asiens und Lateinamerikas bleiben recht- und schutzlos. Trotz des
erfolgreichen Protests von KonsumentInnen-Kampagnen können weder die aufgeklärte
und kritische KonsumentIn, noch die VertreterInnen von NROs über Umwelt- und Sozialstandards für alle wachen. Es ist die Verantwortung von Regierung und Gesetzgeber, Regeln und Rahmenbedingungen zur Einhaltung von Sozialstandards und Menschenrechten
zu schaffen, damit kein Produkt, an dem Blut klebt, in die Verkaufsregale kommt – weder
hier noch anderswo. So würde auch die Abschaffung der EU-Agrarsubventionen definitiv
mehr BäuerInnen und deren Familien helfen, als die gestiegene, aber dennoch sich im ein-
stelligen Bereich befindenden Hilfe durch den Kauf von FairTrade-Produkten.

Offenlegungspflichten für Unternehmen in Deutschland

38

Volkmar Lübke

38.1 Wieso benötigen wir verbindliche Offenlegungspflichten für Unternehmen?

Wenn man darauf setzt, dass Unternehmen, die sich verantwortlich oder unverantwortlich verhalten, in den Märkten entsprechend positiv oder negativ sanktioniert werden, dann ist eine umfassende Information der jeweiligen Nachfrager (z. B. der Verbraucher, der öffentlichen Beschaffer, der Investoren oder der Einkäufer in Unternehmen) notwendig. Nur so können Letztere ihre Entscheidungen fundiert fällen. Andernfalls ist die ungewollte Unterstützung von umweltschädlichen Produktionsbedingungen, Menschen- und Arbeitsrechtsverletzungen oder Steuerflucht von Unternehmen in der Praxis grundsätzlich nicht auszuschließen.

Mögliche Informationsinstrumente dafür lassen sich in freiwillige oder verpflichtende, in direkte oder indirekte (mit dem „Umweg" über Behördendaten) und in aktive oder passive (Berichte versus Auskunftserteilung) einteilen. In Abb. 38.1 wird ein Überblick über existierende Informationswege gegeben (wobei allerdings in Deutschland bisher kein direktes Auskunftsrecht von Nachfragern gegenüber Unternehmen existiert). Die Pfeilrichtungen bezeichnen, ob es sich um ein aktives oder ein auf Nachfrage wirkendes Informationsinstrument handelt.

In den letzten Jahren ging eine wachsende Anzahl von Unternehmen dazu über, sogenannte CSR- oder Nachhaltigkeitsberichte zu veröffentlichen, die auch sozial und ökologisch relevante Informationen beinhalten. Diese freiwillige Publizität hat jedoch erfahrungsgemäß enge Grenzen:

V. Lübke (✉)
Berlin, Deutschland
E-Mail: v.luebke@gmx.de

G. Burckhardt (Hrsg.), *Corporate Social Responsibility – Mythen und Maßnahmen*,
DOI 10.1007/978-3-658-02842-8_38, © Springer Fachmedien Wiesbaden 2013

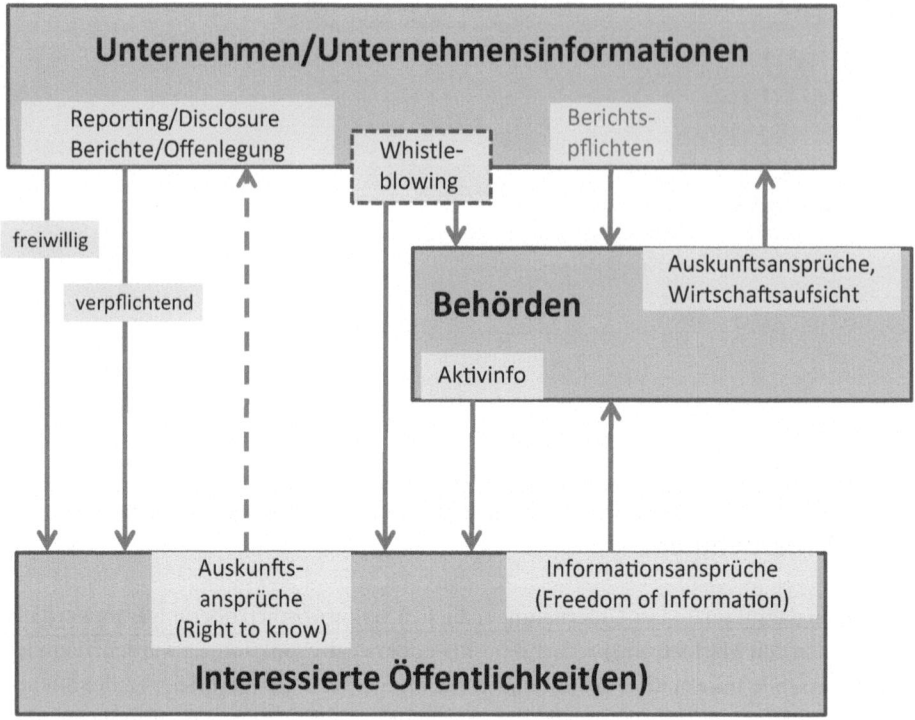

Abb. 38.1 Informationswege

- Freiwillige Publizität ist nur von den Unternehmen zu erwarten, die sich davon einen Wettbewerbsvorteil (oder zumindest: keinen Wettbewerbsnachteil) versprechen. Deshalb kann so keine hundertprozentige Markttransparenz erreicht werden.
- Freiwillige Publizität führt zu sehr unterschiedlichen Berichtsformaten und -inhalten, die eine Vergleichbarkeit erschweren oder gar verhindern. Damit wird auch die vergleichende Bewertung des Grades an Verantwortungsübernahme zwischen Unternehmen sehr kompliziert oder unmöglich.
- Bei freiwilliger Publizität kann häufig nicht zwischen harten Fakten und geschönter PR unterschieden werden. In der Regel muss man den Selbstauskünften der Unternehmen vertrauen, da eine unabhängige Verifizierung der Daten fehlt.
- Eine wahrheitsgetreue Offenlegung von Unternehmensaktivitäten wird immer auch negative Aspekte beinhalten müssen. Darüber hinaus entstehen durch freiwillige Berichterstattung zusätzliche Kosten. Im schlechtesten Falle können diese Bedingungen sogar zu Wettbewerbsnachteilen für jene Unternehmen führen, die einen transparenten Umgang mit Informationen pflegen.

Um eine vertrauenswürdige, vergleichbare und damit wirksame Informationsbasis für Marktentscheidungen unter Einbeziehung sozialer und ökologischer Aspekte zu schaffen, bedarf es deshalb gesetzlicher Offenlegungspflichten, die für alle relevanten Unternehmen gleichermaßen gelten und damit einen Wettbewerb um gesellschaftliche Verantwortungs-übernahme überhaupt erst ermöglichen.

38.2   Welche Offenlegungspflichten gelten gegenwärtig?

Die in Deutschland geltenden gesetzlichen Publizitätspflichten betreffen traditionell nur ökonomische Kennziffern und gelten nur für Unternehmen bestimmter Größe. Ihr Haupt-zweck ist es, frühzeitig vor etwaigen wirtschaftlichen Risiken zu warnen, in die das Unter-nehmen geraten könnte. Trotz der inzwischen deutlich gewordenen Folgen unternehme-rischer Tätigkeit für die sozialen und ökologischen gesellschaftlichen Zustände werden soziale und ökologische Risiken bisher nicht für die Begründung von gesetzlichen Publi-zitätspflichten angeführt.

Auch in der sogenannten „Modernisierungsrichtlinie" der EU aus dem Jahr 2003 wurde die verpflichtende Publizität nicht aus der Notwendigkeit einer gesellschaftlichen Kont-rolle von Unternehmenstätigkeit in Hinblick auf soziale oder ökologische Zielsetzungen abgeleitet. Maßstab blieb die Transparenz über die ökonomische Situation und Perspek-tive des Unternehmens. In der Richtlinie hieß es: „Soweit dies für das Verständnis des Geschäftsverlaufs, des Geschäftsergebnisses oder der Lage der Gesellschaft erforderlich ist, umfasst die Analyse [im Lagebericht] die wichtigsten finanziellen und – soweit ange-bracht – nichtfinanziellen Leistungsindikatoren, die für die betreffende Geschäftstätigkeit von Bedeutung sind, einschließlich Informationen in Bezug auf Umwelt- und Arbeitneh-merbelange.[1]"

Entsprechend fiel auch die Übernahme der Richtlinie in das deutsche Recht aus. In § 289, Absatz 3 des Handelsgesetzbuches (HGB) heißt es seit 2005: „Bei einer großen Kapi-talgesellschaft (…) gilt Absatz 1 Satz 3 entsprechend für nichtfinanzielle Leistungsindika-toren, wie Informationen über Umwelt- und Arbeitnehmerbelange, soweit sie für das Ver-ständnis des Geschäftsverlaufs oder der Lage von Bedeutung sind." Da keinerlei Hinweise darauf zu finden sind, welche nicht-finanziellen Leistungsindikatoren relevant sind, ob-liegt die Entscheidung darüber allein den Unternehmen. Zwar bemühen sich inzwischen zahlreiche Projekte und Initiativen darum, Systeme von nicht-finanziellen Leistungsin-dikatoren vorzugeben, diese Arbeiten stehen aber in Konkurrenz zueinander und haben keinerlei rechtliche Wirksamkeit. So ist es nicht verwunderlich, dass diese Vorschrift in der Praxis das Maß an Transparenz über die sozialen und ökologischen Leistungen deutscher Unternehmen kaum erhöht hat – anders als in europäischen Ländern, die weitergehende und präzisere Publizitätspflichten eingeführt haben (siehe hierzu den Artikel von Franzis-ka Humbert in diesem Bd.).

---

[1] Europäisches Parlament 2003.

38.3   Welche Impulse kommen von der EU?

Im Frühjahr 2011 startete die Europäische Kommission eine öffentliche Konsultation zu den Erfahrungen, die mit der Umsetzung der „Modernisierungsrichtlinie" vorliegen und zu den Vorstellungen, die zu ihrer Weiterentwicklung – insbesondere in Hinblick auf die Veröffentlichung von nicht-finanziellen Leistungsindikatoren – bestehen. In ihrem zusammenfassenden Bericht [2] wies die EU-Kommission darauf hin, dass viele der Antworten die mangelnde Vergleichbarkeit der Regelungen in den europäischen Mitgliedsstaaten beklagten und mehr als die Hälfte der Beteiligten die gegenwärtige gesetzliche Lage als „schlecht" oder gar „sehr schlecht" einschätzten. Dies machte es schwer für Investoren, zu erkennen, ob und in welchem Ausmaß Unternehmen tatsächlich gesellschaftliche Verantwortung übernähmen.

Außerdem berichteten diejenigen Mitgliedsstaaten, die über weitergehende Publizitätspflichten verfügen, dass dies zu keinen übermäßigen bürokratischen Hürden geführt habe. Mögliche Kosten wurden mehrheitlich als notwendige Investitionen in ein langfristig besseres Verhalten der Unternehmen angesehen. Als ein Ergebnis dieser Vorüberlegungen kündigte die EU-Kommission im Rahmen ihrer „Neuen CSR-Strategie"[3] an, im Laufe des Jahres 2012 einen neuen Gesetzesvorschlag zur Veröffentlichung von sozialen und ökologischen Informationen durch Unternehmen aller Sektoren vorzulegen. Daraufhin intensivierten die deutschen Unternehmensverbände im Einvernehmen mit der schwarz-gelben Bundesregierung ihre Lobbyarbeit gegen verbindliche Regeln für jegliche Aspekte von CSR.

Obwohl diese Position in den anderen Mitgliedsstaaten weitgehend auf Unverständnis stieß, hat die starke Stellung Deutschlands in der EU offensichtlich Wirkungen gezeigt. Im Richtlinienentwurf der EU-Kommission, der im Mai 2013 veröffentlicht wurde [4] wird zwar gefordert, dass große Unternehmen im Rahmen ihres Lageberichtes eine Erklärung zu Umwelt- und Arbeitnehmeraspekten, Respekt der Menschenrechte und zum Kampf gegen Korruption und Bestechung abgeben müssen. Allerdings sind die Vorgaben für diese Erklärung weiterhin vage und lassen zahlreiche Interpretationsspielräume bestehen, sodass die erwünschte klare und verbindliche Regelung der Publizitätspflicht davon noch nicht erwartet werden kann. Insbesondere sind die folgenden Aspekte zu bemängeln[5]:

- Der Entwurf fokussiert auf die Risiken, die für Unternehmen im geschäftlichen Sinne aufgrund von ökologischen und sozialen Veränderungen und Interessenverletzungen auftreten können. Demgegenüber werden die Risiken, die aufgrund der unternehmerischen Tätigkeit für die Gesellschaft entstehen, nicht berührt. Dies ist aber der eigentliche Gehalt der neuen Definition von CSR, die die EU-Kommission selbst vorgelegt hat.

---

[2] Directorate General for the Internal Market and Services 2011.

[3] Europäische Kommission 2011.

[4] Europäische Kommission 2013.

[5] Siehe dazu im Einzelnen: CorA Mai 2013 Stellungnahme zum Vorschlag der EU-Kommission zur Offenlegung von nichtfinanziellen Informationen durch Unternehmen.

- Da die meisten gesellschaftlichen Risiken in der globalisierten Wirtschaft bei Tochterunternehmen oder Lieferanten auftreten, ist eine Risikoanalyse für die gesamte Lieferkette nötig. Dies beinhaltet der Richtlinienvorschlag aber nicht.
- Nach wie vor werden keine klaren Vorgaben für die Art und die Qualität der geforderten Informationen gemacht. Den Unternehmen bleibt hier ein weiter Interpretationsspielraum.
- Es werden keinerlei Überprüfungs- oder Sanktionsmechanismen angeregt.
- Die Offenlegungspflichten sollen erst ab einer Unternehmensgröße von 500 MitarbeiterInnen gelten. Im EU-Rahmen beginnen „Große Unternehmen" üblicherweise ab 250
  MitarbeiterInnen. Diese Grenze sollte auch hier gelten.

Es wird weiterer engagierter Interventionen der Zivilgesellschaft bedürfen, damit der EU-
Vorschlag im Verlauf der beginnenden Debatten nicht noch mehr verwässert wird.

Offenlegungspflichten für Unternehmen im europäischen Vergleich

Franziska Humbert

Erst kürzlich hat die EU einen Vorstoß im Bereich gesellschaftlicher Unternehmensverantwortung gewagt. Nach langen, kontroversen Diskussionen hat die Kommission einen Vorschlag zur Einführung verbindlicher Offenlegungspflichten für große[1] Unternehmen für soziale und ökologische Informationen vorgelegt.[2] Der Vorschlag ergänzt die bestehenden Rechnungslegungs-Richtlinien[3], die bereits entsprechende Regelungsansätze aufweisen.[4]

Auch einige Mitgliedstaaten verfügen über entsprechende Offenlegungsregeln, die sie in Umsetzung der bestehenden Richtlinien erlassen haben. Obwohl der Vorstoß zu begrüßen ist und Unterstützung verdient, zeigt der folgende Überblick jedoch, dass die bisherigen Maßnahmen nicht ausreichend sind und nach wie vor Handlungsbedarf sowohl auf nationaler als auch auf EU-Ebene besteht.

---

[1] Große Unternehmen sind gemäß dem Vorschlag der Kommission Unternehmen, die während des Finanzjahres mehr als **500 MitarbeiterInnen** beschäftigen und deren Bilanzsumme entweder 20 Mio. € überschreitet oder deren Nettoumsatzerlös größer als 40 Mio. € ist. Damit liegt die Schwelle über dem derzeit im Rahmen der Rechnungslegungsrichtlinien geltenden Schwellenwert (**250 MitarbeiterInnen**).

[2] Vorschlag für eine Richtlinie des Europäischen Parlaments und des Rates zur Änderung der Richtlinien 78/660/EWG und 83/349/EWG des Rates im Hinblick auf die Offenlegung nichtfinanzieller und die Diversität betreffender Informationen durch bestimmte große Gesellschaften und Konzerne, (COM(2013) 207), 17. April 2013.

[3] Richtlinien 78/660EEG und 83/349/EEC.

[4] Modernisierungsrichtlinie (Richtlinie 2003/51/EG).

F. Humbert (✉)
Oxfam Deutschland, Deutschland
E-Mail: fhumbert@oxfam.de

G. Burckhardt (Hrsg.), *Corporate Social Responsibility – Mythen und Maßnahmen*, DOI 10.1007/978-3-658-02842-8_39, © Springer Fachmedien Wiesbaden 2013

39.1   EU-Regelung

Der jüngste Kommissionsvorschlag sieht vor, dass große Unternehmen im Lagebericht eine Erklärung mit Angaben mindestens zu Umwelt- Sozial- und Arbeitnehmerbelangen, zur Achtung der Menschenrechte und zur Bekämpfung von Korruption und Bestechung abgeben müssen. Die Erklärung soll neben der Unternehmenspolitik zu diesen Bereichen und deren Ergebnisse auch die mit diesen Themen verbundenen Risiken und den Umgang der Unternehmen mit ihnen beschreiben. Obwohl dies eine Erweiterung der bestehenden Rechtslage ist, besteht noch erheblicher Nachbesserungsbedarf, unter anderem in folgenden Bereichen:[5]

- die Lieferkette muss einbezogen werden,
- es müssen Kernindikatoren entwickelt werden, nach denen die Unternehmen berichten,
- Unternehmen ab bereits 250 Mitarbeiter/innen sollten betroffen sein.

39.2   Deutschland

Der EU-Vorschlag geht geringfügig über die deutsche Regelung hinaus: Die deutsche Norm hatte die bestehende EU-Regelung wortlautgetreu in das deutsche Handelsgesetzbuch (§§ 289, 289a, 315 HGB) übernommen. Danach müssen große Kapitalgesellschaften mit unter anderem über 250 ArbeitnehmerInnen bedeutsame Umwelt- und Arbeitnehmerbelange in ihre Geschäftsberichte mit einbeziehen, soweit sie für die Geschäftstätigkeit von Bedeutung sind. Diese Formulierung lässt allerdings offen, über welche sozialen und ökologischen Aspekte berichtet werden muss. Lieferanten sind nicht einbezogen. Der EU-Vorschlag stellt insofern einen Fortschritt dar, als dass er zwar explizit die Themen, über die berichtet werden soll, benennt und diese auch nicht mehr abhängig macht von ihrer Bedeutung für die finanzielle Lage des Unternehmens, ist aber, wie oben dargelegt in zentralen Punkten noch nachbesserungsbedürftig.

39.3   Dänemark

In Dänemark müssen die 1.100 größten Unternehmen sowie öffentliche Unternehmen, institutionelle Investoren, Genossenschaftsfonds (Mutual Funds) und börsennotierte Finanzunternehmen nach dem Prinzip „Comply or explain" (handle nach den Vorgaben oder erkläre, warum Du es nicht tust) in ihrem jährlichen Finanzbericht über ihre CSR-Politik informieren. CSR-Politik im Sinne der dänischen Regelung bedeutet, dass Unternehmen bei ihren Geschäftstätigkeiten freiwillig Themen wie Menschenrechte, Umwelt und Klima

---

[5] Siehe dazu das CorA-Positionspapier aus Mai 2013, www.cora-netz.org.

sowie Korruption berücksichtigen. Nach der neuen Informationspflicht sollen sie nun ihre Geschäftspraxis zu CSR offen legen. Gemäß dem Prinzip „Comply or explain" jedoch nur dann, wenn das jeweilige Unternehmen eine CSR-Politik entwickelt hat. Im anderen Fall braucht das Unternehmen ohne Angaben von Gründen nicht zu berichten. Demnach ist es Unternehmen letztlich freigestellt über soziale und ökologische Themen zu berichten. Dies ist kein großer Fortschritt gegenüber freiwilligen Initiativen.

39.4 Spanien und Schweden

In Spanien und Schweden müssen alle öffentlichen Unternehmen einen Nachhaltigkeitsbericht veröffentlichen.

In Schweden muss der Bericht im Einklang mit dem internationalen Berichtsstandard GRI (Global Reporting Initiative) stehen. Die Berichterstattung folgt insofern dem Prinzip „Comply or explain", als dass Unternehmen darüber informieren müssen, wie sie den Standard anwenden und inwiefern sie davon abweichen. Der Vorteil gegenüber der dänischen Regelung besteht darin, dass die Abweichung begründet werden muss.

39.5 Niederlande

In den Niederlanden müssen börsennotierte Unternehmen sowie Unternehmen mit einer Bilanzsumme von mehr als 500 Mio. € gegenüber ihrem Aufsichtsrat und Anspruchsgruppen (Stakeholders) über CSR-Themen nach dem Prinzip „Comply or explain" Rechenschaft ablegen.

Ein unabhängiges Gremium überprüft die Einhaltung der Berichtspflicht und veröffentlicht darüber regelmäßig Berichte in englischer Sprache. Obwohl auch hier lediglich das „Comply or explain"-Prinzip angewandt wird, ist es jedoch ein Fortschritt, dass die Einhaltung der Berichtspflicht von einem unabhängigen Gremium überprüft wird.

39.6 Frankreich

Die am weitesten gehende Regelung hat Frankreich eingeführt. Sie sieht vor, dass zukünftig nicht nur börsennotierte Unternehmen über soziale und ökologische Aspekte ihrer Geschäftstätigkeit berichten müssen, sondern auch andere Unternehmen ab 500 Angestellten und einer Bilanzsumme von 100 Mio. €. Die berichtspflichtigen Informationen sollen per Verwaltungsvorschrift im Einklang mit bestehenden europäischen und internationalen Standards bestimmt werden. Ein großer Fortschritt ist auch hier, dass unabhängige Dritte die offengelegten Informationen überprüfen sollen und dass das Ergebnis dieser Überprüfung der Aktionärs- oder Gesellschafterversammlung mitgeteilt werden soll. Die französische Regelung zeichnet sich außerdem dadurch aus, dass die Offenlegungspflicht auch in

Bezug auf ausländische Tochtergesellschaften und Zweigniederlassungen sowie bezüglich
solcher Unternehmen, über die das Mutterunternehmen die Kontrolle ausübt, besteht.
Was noch fehlt sind Sanktionsmechanismen, um Verstöße gegen die Offenlegungspflicht
zu ahnden sowie Verwaltungsvorschriften zur Umsetzung des Gesetzes. Erst dann kann
die Wirksamkeit der französischen Regelung abschließend beurteilt werden.

Trotz des jüngsten Vorstoßes der EU und einiger zumindest über die deutsche Norm
hinausgehender Regelungen in anderen Mitgliedstaaten, bleibt festzuhalten, dass es immer noch keine umfassende, sanktionsbewehrte Offenlegungspflicht für Unternehmen
zu sozialen und ökologischen Aspekten ihrer eigenen Geschäftstätigkeit sowie derjenigen
ihrer Lieferanten gibt. Es ist daher Zeit zu handeln. Deutschland und die übrigen Mitgliedstaaten sollten sich für eine Nachbesserung und anschließende Umsetzung des Gesetzge-
bungsvorschlages der EU-Kommission einsetzen. Die EU und die Mitgliedstaaten sollten
umfassende Offenlegungspflichten einführen (siehe Forderungen nach mehr Transparenz
in Kap. 7).

Nachhaltigkeitsaccounting – Initiativen zur Integration von Nachhaltigkeit in den Geschäftsbericht

40

Stefanie Hiß und Jakob Kunzlmann

Der Nachhaltigkeitsbericht eines Unternehmens gehört mittlerweile zum guten Ton in der Wirtschaft. Unternehmen versuchen auf diese Weise dem gesteigerten Informationsbedarf verschiedener Anspruchsgruppen durch die Veröffentlichung ihrer Aktivitäten zur Übernahme gesellschaftlicher Verantwortung Rechnung zu tragen. Aufgrund fehlender Standardisierung oder legislativer Vorgaben über Form und Inhalt von Nachhaltigkeitsberichten, haben sich in den letzten Jahren verschiedene Initiativen herausgebildet, die versuchen, auf ihre Interessen zugeschnittene Informationen von Unternehmen abzurufen. Ihnen liegt der Gedanke zugrunde, dass prosaische Nachhaltigkeitsberichte relativ beliebig ausgestaltet sein können und daher nicht vergleichbar sind. Sie drängen daher auf eine Integration wichtiger Nachhaltigkeitsparameter in den Geschäftsbericht.

40.1 Key Performance Indicators

Investoren haben in den letzten Jahren vermehrt so genannte nicht-finanzielle Indikatoren als zusätzliche Entscheidungsgrundlage entdeckt. Dabei handelt es sich unter anderem um soziale und ökologische Faktoren sowie um Aspekte der Unternehmensführung. Um diese nicht-finanziellen Informationen möglichst präzise und schnell zu verarbeiten, haben verschiedene Initiativen Key Performance Indikatoren (KPIs) entwickelt, die die Nachhaltigkeitsleistung von Unternehmen vergleichend abbilden sollen. KPIs sind punktuelle Leistungskennzahlen, mittels derer wichtige unternehmensinterne Prozesse erhoben und

S. Hiß (✉)
Schiller-Universität, Jena, Deutschland
E-Mail: Stefanie.hiss@uni-jena.de

J. Kunzlmann
Berlin, Deutschland
E-Mail: Jakob.Kunzlmann@uni-jena.de

G. Burckhardt (Hrsg.), *Corporate Social Responsibility – Mythen und Maßnahmen*,
DOI 10.1007/978-3-658-02842-8_40, © Springer Fachmedien Wiesbaden 2013

messbar gemacht werden. Sie sollen in die Geschäftsberichte von Unternehmen integriert werden, damit neben der rein finanziellen Darstellung eines Unternehmens (Finanz-Accounting) auch die nachhaltige „Performance" eines Unternehmens bewertet wird (Nachhaltigkeits-Accounting).

40.2 Die Initiative EFFAS/DVFA

Die Darstellung der Nachhaltigkeitsleistung eines Unternehmens in Form einiger KPIs ist mit Problemen verbunden, die wir im Folgenden exemplarisch anhand einer Initiative diskutieren. Dabei handelt es sich um den Ansatz der *European Federation of Financial Analysts Society* (EFFAS), dem Dachverband von Finanzanalysten in Europa, in Kooperation mit der Deutschen Vereinigung für Finanzanalyse und Asset Management (DVFA), die mit den *KPIs for ESG*[1] ein Rahmenwerk über die Quantifizierung von Nachhaltigkeit herausgegeben haben. Das KPI-Set von EFFAS/DVFA wurde 2010 veröffentlicht und ist eines der ersten im europäischen Raum, welches versucht, qualitative Informationen zu den Bereichen Umwelt, Soziales und Unternehmensführung (ESG), die bisher vor allem in Nachhaltigkeitsberichten offengelegt wurden, in quantitative Informationen umzuwandeln und in den Geschäftsbericht zu überführen.[2] Aufbauend auf den Indikatoren von EFFAS/DVFA wurde im April 2011 der *STOXX Global ESG Leaders Index* aufgelegt, der die Performance von Unternehmen hinsichtlich ESG-Kriterien abbilden soll.

40.3 Problemfelder bisheriger KPI-Initiativen

Wir identifizieren drei Problemfelder bei den bisherigen KPI-Initiativen:[3] Erstens finden vor allem die Interessen bestimmter Initiatoren oder Adressaten Eingang, wohingegen andere vernachlässigt werden. Bei den EFFAS/DVFA-KPIs sind es beispielsweise die Interessen von Finanzanalysten an der Reduktion von Risiken und der Erhöhung finanzieller Renditechancen durch die Berücksichtigung von Umwelt oder Sozialem.[4] EFFAS/DVFA schreiben selbst, dass die Adressaten der Informationen „(…) investment professionals, i.e. individuals who manage or evaluate investments or credit risks as professionals"[5] seien. Andere Stakeholder werden bewusst nicht adressiert.[6]

---

[1] EFFAS und DVFA 2010.

[2] Bergius 2011.

[3] Weitere Rahmenwerke haben die United Nations Conference on Trade and Development (UNCTAD 2008) und Axel Hesse (2010) im Auftrag des Bundesministeriums für Umwelt, Naturschutz und Reaktorsicherheit (BMU) vorgelegt.

[4] EFFAS und DVFA 2010, S. 8.

[5] EFFAS und DVFA 2010, S. 9.

[6] „While it is appreciated that corporate ESG or sustainability disclosure is aimed at a host of stakeholders such as civil societies, NGOs, employees, trade unions, governmental organisations etc., the

Zweitens findet eine erhebliche Komplexitätsreduktion der abgebildeten Dimensionen von Nachhaltigkeit statt. Der Bereich *Soziales* wird beispielsweise innerhalb der EFFAS/DVFA-KPIs für den Automobilsektor über vier obligatorische KPIs abgebildet: die Mitarbeiterfluktuation, die Ausgaben für die Weiterbildung der Mitarbeiter, die Altersstruktur und die Bezahlung der Mitarbeiter. Vier Kennzahlen genügen demnach, um den Bereich *Soziales* eines Unternehmens verhandelbar zu machen. Ähnlich verkürzt wird die Umweltleistung eines Unternehmens erhoben, wobei für diesen Bereich sogar zwei KPIs genügen: die Energieeffizienz und der Treibhausgasausstoß.[7] Die KPIs verkürzen die Umwelt-, Sozial- und Governance-Belange auf einige wenige Indikatoren, die ihren Adressaten genügen, um sich ein Bild des Unternehmens zu machen und mit denen Finanzanalysten das Chance/Risiko-Verhältnis des Unternehmens glauben besser bewerten zu können.

Ein drittes Problem stellt die Evaluation, Kalkulation und Offenlegung der Daten dar. Die Datenbereitstellung unterliegt den Unternehmen selbst und mittels Kalkulation und Offenlegung können Daten in großer Variation dargeboten werden. Sind es relative oder absolute Zahlen, die präsentiert werden? Erfolgt eine Orientierung an Benchmarks und wenn ja, an welchen? Werden Verlaufsdaten abgebildet oder nur Daten zur aktuellen Situation? Unterschiedliche Kalkulationen und Darstellungen von Daten können einen Vergleich bewusst erschweren und die Informationen in ein besseres Licht rücken. Im Vergleich zu anderen Initiativen zur Quantifizierung von Nachhaltigkeit[8] sind EFFAS/DVFA allerdings Vorreiter in diesem Bereich, da präzise Vorgaben über die Ausgestaltung und -formulierung der Daten gemacht werden.

Die interessen- und adressatengeleitete Initiative von EFFAS/DVFA verbleibt insgesamt auf einer partikularen Ebene und trägt wenig zu einer ganzheitlichen Sichtweise auf Unternehmen bei, die auch den Informationsbedürfnissen einer größeren Anzahl an Stakeholdern gerecht würde. Einen Schritt weiter geht das Konzept des *Integrated Reportings*.

40.4   Die Initiative Integrated Reporting

Im Gegensatz zur oben vorgestellten Initiative, die lediglich die Integration von wenigen ESG-KPIs in die Geschäftsberichte von Unternehmen einfordert, will der noch in der Pilotphase befindliche Ansatz des *International Integrated Reporting Committee* (IIRC) neue Wege gehen und unter anderem das Finanz- mit dem Nachhaltigkeits-Accounting in einem Bericht zusammenfassen.[9] Der besondere Anspruch besteht darin, dass nicht nur einzelne KPIs isoliert in einem separaten Bereich im jährlichen Geschäftsbericht als ergänzende Informationen bereitgestellt werden, sondern dass diese Informationen in ihren

---

authors do not take party for these organisations nor do they claim to express expectations or requirements for any target groups other than investment professionals" (EFFAS und DVFA 2010, S. 9).

[7] EFFAS und DVFA 2010, S. 68.

[8] Die Sustainable Development (SD)-KPIs von Axel Hesse und dem Bundesministerium für Umwelt, Naturschutz und Reaktorsicherheit (BMU) begnügen sich damit, Vorschläge für die Berichterstattung über Nachhaltigkeit zu unterbreiten (Hesse 2010).

[9] Hopwood et al. 2010, IIRC 2011.

Wechselwirkungen dargestellt werden sollen. Geplant ist beispielsweise eine Verschränkung von finanziellen und nicht-finanziellen Informationen, indem der Zusammenhang zwischen sozialer und ökologischer Nachhaltigkeit mit ökonomischer „Performance" deutlich gemacht wird.[10] Zwar arbeitet das IIRC wie auch die anderen Initiativen mit KPIs, betont aber, dass es besonderen Wert auf eine umfassende Abbildung von Nachhaltigkeit mittels KPIs legt.[11] Die Details sind allerdings bisher für Externe noch nicht einsehbar, perspektivisch sollen aber die grundlegenden Vorgaben zur Erhebung, Kalkulation und Veröffentlichung der Daten offen gelegt werden.[12]

Eine weitere Neuerung bei der IIRC-Initiative ist der Gedanke der ganzheitlichen *Value Creation*. Unternehmerisches Handeln beschränkt sich dabei nicht auf die Optimierung der finanziellen Performance oder des Marktwertes, sondern zielt darauf, einen ganzheitlichen (Mehr-)Wert für die Organisation im Austausch mit ihren Stakeholdern zu schaffen. Erreicht werden soll dies unter anderem durch die Integration der Bedürfnisse externer Stakeholder in das Geschäftsmodell und die Darstellung des Einflusses und der Nutzung von verschiedenen Arten von Kapital, wie etwa „Naturkapital" oder „soziales Kapital", auf den Wert eines Unternehmens.[13]

Einerseits sehen wir die Initiative des *Integrated Reportings* aufgrund der beschriebenen Weiterentwicklungen im Accounting-Ansatz als Chance für eine neue Perspektive auf Unternehmen: Im Gegensatz zu anderen Initiativen sind Nichtregierungsorganisationen wie *Transparency International* oder *World Wide Fund for Nature* (WWF) hier an der Ausgestaltung beteiligt. Andererseits sind wir skeptisch, inwieweit durch eine integrierte Berichterstattung die Informationsbedürfnisse von zivilgesellschaftlichen Organisationen auch tatsächlich bedient werden können, wenn die bereits aufgezeigten grundlegenden Probleme etwa einer Reduktion von Nachhaltigkeit auf einige KPIs zum Tragen kommen. Die IIRC-Initiative startet mit hohen Ansprüchen, aber da sie noch in den Kinderschuhen steckt, bleibt abzuwarten, inwieweit die geweckten Erwartungen in der weiteren Ausarbeitung im Jahr 2012 erfüllt werden können oder ob nachhaltige Aspekte letztlich doch nur marginal und selektiv aufgenommen werden.

---

[10] IIRC 2011a; IIRC 2011b, S. 11.

[11] A4S 2009.

[12] A4S 2009, S. 7.

[13] IIRC 2011. S. 10 ff.

Nachhaltigkeitsberichterstattung auf Grundlage der Global Reporting Initiative

Gisela Burckhardt und Brigitte Hamm

Die Global Reporting Initiative (GRI) wurde 1997 von der US-Umweltschutzorganisation „Coalition for Environmentally Responsible Economics (CERES)" und dem Umweltprogramm der Vereinten Nationen (UNEP) entwickelt. GRI wird als eine Multi-Stakeholder-Initiative angesehen, die sich aus Mitgliedern der Privatwirtschaft (Unternehmen und Verbände), Zivilgesellschaft (NROs), Arbeitnehmervertreter (Gewerkschaften) und „Vermittlereinrichtungen" (Wirtschaftsprüfer, Unternehmensberater, Stiftungen und Regierungen) zusammensetzt. Die Unternehmen zusammen mit der Consultingwirtschaft haben dabei allerdings hinsichtlich ihrer Anzahl ein deutlich stärkeres Gewicht als die anderen Gruppen.

Die Berichterstattung nach den GRI-Richtlinien ist freiwillig und kann von allen Unternehmen, unabhängig von Größe, Aktivitäten, Sektoren oder Land vorgelegt werden. Auch Nichtregierungsorganisationen (NRO) können nach GRI-Standards berichten. Derzeit erstellen rund 3.900 Unternehmen und Organisationen aus 60 Ländern einen Nachhaltigkeitsbericht nach den GRI-Kriterien. Diese Zahl ist allerdings noch gering angesichts der großen Anzahl weltweit bestehender Unternehmen. GRI finanziert sich aus Mitgliedsbeiträgen und Zuschüssen,u. a. von der Gesellschaft für Internationale Zusammenarbeit (GIZ), der schwedischen Entwicklungsorganisation SIDA u. a. und aus Verkaufserlösen von GRI Materialien (Veröffentlichungen und Trainingsmaßnahmen).

Die Version (G3.1) gilt seit März 2011. Ende Mai 2013 sind die G4 verabschiedet worden, es gilt eine Übergangszeit von zwei Jahren, bis die neue Version angewendet werden

G. Burckhardt (✉)
Heidebergenstraße 14, 53229 Bonn, Deutschland
E-Mail: gisela.burckhardt@femnet-ev.de

B. Hamm
Universität Duisburg-Essen, Duisburg, Deutschland
E-Mail: brigitte.hamm@uni-due.de

G. Burckhardt (Hrsg.), *Corporate Social Responsibility – Mythen und Maßnahmen*,
DOI 10.1007/978-3-658-02842-8_41, © Springer Fachmedien Wiesbaden 2013

muss. In diesem Artikel beziehen wir uns noch auf G3.1. Sie enthält gegenüber der Version 3.0 Präzisierungen vor allem bei den Themen Menschenrechte, Geschlechtergerechtigkeit und Auswirkungen auf Gemeinden. Ein Ziel der GRI ist es, die Nachhaltigkeitsberichterstattung genauso als Standard eines Unternehmens zu etablieren wie die Berichterstattung über die finanzielle Situation.

41.1 Anwendungsebenen

Unternehmen können die GRI-Richtlinien in unterschiedlichem Maße bearbeiten, dementsprechend stufen sie ihre Berichte in die Anwendungsebene A bis C ein, wobei A die höchste Ebene ist und aussagt, dass alle GRI-Standards angesprochen wurden. Dies fällt mit G.4 weg, stattdessen enthalten die Berichte in Zukunft nur noch: „in Einklang mit" und unterteilen in „generell (bzw. core)" oder „umfangreich (comprehensive)".

41.2 Externe Prüfung

Wird der Bericht zusätzlich extern z. B. von einem Wirtschaftsprüfungsunternehmen geprüft, erhält er ein Plus (+). Die Prüfung bezieht sich allerdings nur darauf, ob und zu welchem Grad (vollständig oder teilweise) die GRI-Kriterien in dem Nachhaltigkeitsbericht angewendet worden sind und ob sich ein Unternehmen bei der Erstellung seines Nachhaltigkeitsberichts an bestimmte Prozesse und Regeln gehalten hat. Informationen über die Einhaltung von Menschenrechten und Sozialstandards basieren in der Regel auf Auditergebnissen des Unternehmens, deren Glaubwürdigkeit jedoch kritisch zu hinterfragen ist. Dies wird aber nicht von den externen Prüfern geleistet.

41.3 Berichtsqualität

Der G3-Leitfaden (2000–2006: 7 ff.)[1] enthält Prinzipien zu Inhalt und Qualität. Zu letzterem gehören Ausgewogenheit, Vergleichbarkeit, Genauigkeit, Aktualität, Klarheit und Zuverlässigkeit. Die Prinzipien der Berichterstattung sind relativ allgemein gefasst und auslegbar und werden sehr unterschiedlich von Unternehmen umgesetzt. Die meisten Nachhaltigkeitsberichte von Unternehmen dienen der positiven Außendarstellung und berichten nicht kritisch über Probleme. Es sind „Möglichkeiten" der Berichterstattung, keine Vorschriften, und letztlich bleibt den Unternehmen frei gestellt, wie sie berichten wollen.

---

[1] Global Reporting Initiative 2000–2006: Leitfaden zur Nachhaltigkeitsberichterstattung Version 3.0., https://www.globalreporting.org/resourcelibrary/German-G3-Reporting-Guidelines.pdf.

41.4   Struktur und Aufbau eines GRI-Berichts

Die GRI-Kriterien verpflichten, über bestimmte Themen wie z. B. die Mitarbeiterinnen und Mitarbeiter, die Lieferanten und Umweltaspekte zu berichten, wobei die Tiefe der Berichterstattung den Unternehmen überlassen bleibt. Der GRI-Nachhaltigkeitsbericht umfasst drei Teile: 1. Unternehmensprofil und -strategie, 2. Angaben zum Managementansatz und 3. Leistungsindikatoren. Letztere sind unterteilt in wirtschaftliche, ökologische und soziale Indikatoren. Die sozialen Indikatoren sind nochmals unterteilt in Arbeitspraktiken, Menschenrechte in der Lieferkette, Indikatoren bezogen auf die Gesellschaft und Produktverantwortung.

Anhand der Zahl der Indikatoren lässt sich die Tendenz erkennen, dass der Umweltbereich höchste Priorität hat, schließlich wurde GRI auch von Umweltorganisationen entwickelt. Für den Umweltbereich gibt es zahlenmäßig die meisten Leistungsindikatoren (30), wohingegen der Bereich Arbeitspraktiken nur 14 und der Bereich Menschenrechte unter GRI 3.1. nur elf Indikatoren umfasst.

Die Menschenrechts-Indikatoren (HR) beziehen sich auf die Lieferkette bzw. die Geschäftätigkeit mit Zulieferern und deren Überprüfung mithilfe von Audits bzw. Zertifizierungen. Im Wesentlichen handelt es sich hier um die Überprüfung der Einhaltung der ILO-Kernarbeitsnormen (HR-Indikatoren 4 bis 7). Sie stellen das Kernstück der Menschenrechtsprüfung dar. Weitere Indikatoren wie sie im Kodex der Kampagne für Saubere Kleidung bzw. des Internationalen Bundes Freier Gewerkschaften (IBFG) enthalten sind und auch im Kodex der Unternehmensinitiative Business Social Compliance Initiative, werden im GRI-Standard nicht aufgeführt. Dies sind:

- Eine Arbeitszeit von 48 h pro Woche mit max. 12 Überstunden;
- Gesundheits- und Sicherheitsschutz am Arbeitsplatz;
- Bezahlung eines existenzsichernden Lohnes (im BSCI-Kodex ist es nur der gesetzlich vorgeschriebene Mindestlohn;
- Festes Beschäftigungsverhältnis (arbeits- und sozialrechtliche Verpflichtungen).

Es ist verwunderlich, dass diese Indikatoren nicht genannt werden, denn die meisten Unternehmen verpflichten ihre Lieferanten auf diese ILO-Normen – mit Ausnahme des existenzsichernden Lohns- in ihrem Verhaltenskodex.

41.5   Die Zulieferkette im Nachhaltigkeitsbericht von adidas und PUMA

Am Beispiel der Berichterstattung zweier großer Sportartikelhersteller – adidas und PUMA – soll gezeigt werden, wie die GRI-Richtlinien Eingang in die Berichterstattung der Unternehmen finden. Der adidas Konzern verfasste erstmals im Jahr 2010 seinen Nachhaltigkeitsbericht nach GRI-Standards. Nach Aussage des Unternehmens führte eine schwierige Datenlage jedoch dazu, dass die Berichterstattung nicht umfassend, sondern nur auf B-Level erfolgen konnte.[2] Dies bedeutet, dass das Dokument die GRI-Anforderungen nicht komplett abdeckt und auch nicht extern verifiziert wurde. Im Unterschied zu adidas stellte Puma 2010 seinen Nachhaltigkeitsbericht und den finanziellen Jahresbericht als integrierten Gesamtbericht der Unternehmen vor. Der integrative Finanz- und Nachhaltigkeitsbericht von 2012 zeichnet sich zudem durch eine bisher einmalige ökologische Gewinn- und Verlustrechnung aus. Die finanziellen und nicht-finanziellen Informationen wurden extern durch PwC geprüft. Puma hat seinen Bericht 2012 auch GRI vorgelegt, der Bericht wurde mit der Anwendungsebene A + bewertet.

Die Unternehmen adidas und PUMA stellen im Internet eine Liste ihrer Zulieferer zur Verfügung und widmen der Situation in ihren Lieferketten jeweils ein eigenes Kapitel ihres Nachhaltigkeitsberichts (2011). Der adidas Konzern gibt an, zu 75 % seiner Zulieferer direkte vertragliche Beziehungen zu unterhalten, d. h. diese unterstehen der Supervision des Unternehmens. Der Rest der Produktion ist weiter ausgelagert.[3] PUMA führt aus[4], dass eigene Audits immer tiefer in die Zulieferkette hineinreichen sollen. Allerdings wurden auch 2010 nur 46 % der Zulieferer im zweiten und 8 % im dritten Glied der Zulieferkette auditiert.[5] In beiden Berichten finden sich die meisten Verweise auf die Lieferkette in den Abschnitten über Menschenrechte. Dies gilt insbesondere für die Themen Zwangs- und Kinderarbeit, Vereinigungsfreiheit und Recht auf Kollektivverhandlungen.

PUMA schreibt beispielsweise, dass keine Kinderarbeit bei den auditierten Zulieferern festgestellt wurde, spricht aber diesbezüglich von einem fortbestehenden Risiko. Auf die Gefahr der Kinderarbeit soll deshalb bei der Auditierung besonders geachtet werden.[6] Der adidas Konzern legt offen, dass bei jeweils einem Prozent der Zulieferbetriebe Kinder- und Zwangsarbeit vorkommt. Dem soll durch die weitere Umsetzung der *Workplace Standards* begegnet werden, die von den Geschäftspartnern eingefordert werden. Auch die Regelbefolgung bei weiteren menschenrechtsrelevanten Aspekten wie Nicht-Diskriminierung, Löhne und Überstunden wird dokumentiert.[7] Das Thema Vereinigungsfreiheit findet sich nicht in der Statistik von PUMA; adidas stellt Verstöße bei nur einem geringen Teil seiner Zulieferer fest. Beide Unternehmen legen dar, wie sie dieses Recht stärken wollen. Der adidas Konzern setzt sich in verschiedenen Produktionsländern wie Kambodscha (durch Gespräche mit der Regierung) und Indonesien (durch eine Vereinbarung u. a. mit Oxfam Australia) für die Koalitionsfreiheit ein. PUMA gibt an, dass das Bewusstsein der Zulieferer für Vereinigungsfreiheit gering ist und setzt stattdessen vor allem bei Zulieferern in China und Vietnam auf die Einrichtung von Beschwerdemechanismen.[8]

---

[2] Adidas Group 2011a.

[3] Adidas Group 2011, S. 42.

[4] Die folgenden Ausführungen beziehen sich auf den Bericht Pumas von 2010.

[5] PUMA AG 2011, S. 41.

[6] PUMA AG 2011, S. 202.

[7] Adidas Group 2011, S. 50 und PUMA AG 2011, S. 43.

[8] PUMA AG 2011, S. 61.

Obwohl beide Nachhaltigkeitsberichte sich im Aufbau unterscheiden, erlaubt es vor allem der obligatorische GRI-Index, Informationen zumindest im Ansatz vergleichend zu betrachten. Generell ist die Vergleichbarkeit allerdings nur eingeschränkt möglich, da Umfang und Qualität der Informationen je nach Indikator und Unternehmen sehr unterschiedlich sind.[9]

41.6   Nutzen und Herausforderungen der GRI-Richtlinien

Die Schaffung von Transparenz ist das Hauptziel der GRI-Prinzipien. Transparenz beinhaltet eine wahrheitsgemäße und vollständige Berichterstattung. Die Analyse der Unternehmensberichte zeigt allerdings, dass es oft an Vollständigkeit mangelt. Es bleibt den Unternehmen überlassen, was und wie genau sie berichten wollen. Die Tiefe der Berichterstattung ist sehr unterschiedlich. Letztendlich schaffen die GRI-Kriterien nur eine scheinbare Transparenz, solange die Berichterstattung freiwillig bleibt. Die Transparenz wird vor allem da hergestellt, wo das Unternehmen sie haben möchte. Vorrangig wird die Einhaltung der vorgegebenen Standards dokumentiert. Damit ist nicht sichergestellt, dass die tatsächliche Lage der Beschäftigten angemessen abgebildet wird. Eine wesentliche Datengrundlage für die Nachhaltigkeitsberichte von adidas und PUMA bilden Audits. Auch Audits werden häufig kritisiert, da im Vordergrund die Befolgung des jeweiligen Verhaltenskodex, nicht aber die Situation der Beschäftigten steht. Zudem ist die Aussagekraft von Audits begrenzt, da sie nur punktuelle Informationen zu einem spezifischen Zeitpunkt liefern[10].

Der größte Nutzen der Nachhaltigkeitsberichterstattung nach GRI muss nach innen gesehen werden. Die Erstellung von Berichten wirkt positiv ins Unternehmen hinein und rückt die Wichtigkeit des Themas Nachhaltigkeit immer wieder neu ins Bewusstsein aller Mitarbeiterinnen und Mitarbeiter sowie des Managements. Der Bericht ist aber nur eingeschränkt geeignet, die Wirkung des Tuns eines Unternehmens zu messen, also das, was die EU-CSR-Strategie als CSR definiert: „Die Verantwortung von Unternehmen für ihre Auswirkungen auf die Gesellschaft."

Dennoch ist die Berichterstattung nach den GRI-Standards derzeit der am meisten verbreitete Standard, der allerdings völlig freiwillig ist. Eine verbindliche Berichterstattung ist unerlässlich, wenn sie angesichts von mehr als 80.000 transnationaler Konzerne weltweit nicht auf einige tausend Vorreiter beschränkt bleiben soll. Eine gesetzliche Verpflichtung zu mehr Transparenz, wie es die EU-Kommission angekündigt hat, wäre ein Schritt vorwärts. Dabei allerdings käme es auf die Ausgestaltung einer solchen Offenlegungspflicht an. Sollte die Berichterstattung anhand des GRI-Standards für alle Unternehmen verpflichtend werden, sollten die Menschenrechts-Indikatoren weiter spezifiziert werden.

---

[9] Für eine vertiefende Analyse der Nachhaltigkeitsberichte von adidas und Puma und weiterer Unternehmen (Tchibo, Otto, KiK)siehe: Burckhardt, Gisela 2012.

[10] siehe Kritik an Audits in diesem Band: Burckhardt/Merck, Sozialaudits – was bringen sie den Näherinnen in den Sweatshops?

Zusammenfassung der Beiträge und Fazit: Transparenz – Eine Voraussetzung für Unternehmensverantwortung

42

Gisela Burckhardt

Der erste Beitrag zu diesem Kapitel entlarvt die Idee vom „**politischen oder strategischen Konsum**" als schlaue **Marketingstrategie** für wohlhabende und gebildete Käuferschichten. VerbraucherInnen sind aufgrund der Flut an Informationen überfordert, denen sie zu Recht misstrauen, auch die Überarbeitung des Verbraucherinformationsgesetzes wird vermutlich keine Klarheit schaffen.

Auch der Beitrag über die **Labels** zeigt die Schwierigkeit, die Wahrheit über die Herstellungsbedingungen von Waren zu erfahren. Einer Untersuchung der Stiftung Warentest über Adidas widersprachen andere Recherchen und dem Internetportal „Kompass Nachhaltigkeit", das im Auftrag des BMZ 2011 geschaffen wurde, werden gravierende Mängel attestiert.

Die folgenden vier Beiträge widmen sich verschiedenen Formen der freiwilligen Berichterstattung von Unternehmen zum einen in einzelnen europäischen Ländern, zum anderen hinsichtlich der Inhalte (GRI und Nachhaltigkeits-Accounting). Der Beitrag zu **Offenlegungspflichten für Unternehmen in Deutschland** zeigt die Grenzen der derzeit noch bestehenden Regelung mit einer freiwilligen Berichterstattung auf. Sie verlangt von Unternehmen nur zu berichten, soweit dies für das Verständnis des Geschäftsverlaufs von Bedeutung ist. Hierüber kann jedes Unternehmen selber urteilen. Inzwischen hat die EU-Kommission im Mai 2013 einen Richtlinien-Entwurf vorgeschlagen, der von großen Unternehmen ab 500 MitarbeiterInnen eine Erklärung über die Umwelt-, Sozial- und Arbeitnehmerbelange verlangt. Der Vorschlag bleibt aber weit hinter den Forderungen von Nichtregierungsorganisationen zurück, insbesondere ist unklar, ob die gesamte Lieferkette einbezogen ist und es fehlen einheitliche Standards und Indikatoren, nach denen zu berichten ist, sowie Sanktionen bei Nichtberichterstattung.

G. Burckhardt (✉)
Heidebergenstraße 14,
53229 Bonn, Deutschland
E-Mail: gisela.burckhardt@femnet-ev.de

G. Burckhardt (Hrsg.), *Corporate Social Responsibility – Mythen und Maßnahmen*,
DOI 10.1007/978-3-658-02842-8_42, © Springer Fachmedien Wiesbaden 2013

Die Modernisierungsrichtlinie der EU hat **andere EU Mitgliedsländer** (Dänemark, Schweden, Holland) veranlasst, ihre Unternehmen aufzufordern, über Auswirkungen ihrer Tätigkeit nach dem Prinzip „Comply or explain" zu berichten. Die Verpflichtungen gehen zwar weiter als in Deutschland, am weitesten in Frankreich, sind aber dennoch auch in diesen Ländern relativ schwach formuliert.

Der Beitrag über **Nachhaltigkeits-Accounting** benennt beispielhaft anhand der Initiative des EFFAS -Dachverbands von Finanzanalysten in Europa – drei Problemfelder beim Versuch, qualitative Informationen zu den Bereichen Umwelt, Soziales und Unternehmensführung in quantitative Informationen umzuwandeln. Der Beitrag folgert, dass die interessen- und adressatengeleitete Initiative von EFFAS wenig zu einer ganzheitlichen Sichtweise auf Unternehmen beiträgt. Dagegen hat der „Integrated-Reporting-Ansatz" den Anspruch, nicht nur einzelne Indikatoren (KPIs) isoliert im jährlichen Geschäftsbericht bereitzustellen, sondern sie in ihren Wechselwirkungen aufeinander darzustellen. Skepsis bleibt allerdings auch hier hinsichtlich der Reduktion von Nachhaltigkeit auf nur einige KPIs.

Die **Global Reporting Initiative** (GRI), ein Standardformat für nachhaltige Berichterstattung auf freiwilliger Basis, wird beispielhaft anhand der Berichte von Adidas und Puma dargestellt. Die der GRI zugrunde liegende – wenn auch eingeschränkte – Vergleichbarkeit einzelner Leistungsindikatoren für alle Stakeholder bietet einen Zugewinn an Transparenz und Information. Die Tiefe der Berichterstattung ist jedoch sehr unterschiedlich und die Grenzen dieser Form der Berichterstattung sollten bewusst sein: Sie dokumentiert die Einhaltung vorgegebener Standards, die mit Hilfe von Audits ermittelt werden und zeigt nicht unbedingt die tatsächliche Lage der Beschäftigten. Letztendlich schaffen die GRI-Kriterien nur eine scheinbare Transparenz, solange die Berichterstattung freiwillig bleibt.

Fazit: Eine Offenlegungspflicht für Unternehmen zu den ökologischen, sozialen und menschenrechtlichen Aspekten ihres Kerngeschäfts, also über nicht-finanzielle Indikatoren, existiert in keinem europäischen Land in ausreichenden Maß, wird aber dringend benötigt.

Teil VII
Schlussfolgerungen und Vorschläge für Reformen

Schlussfolgerungen und Forderungen an die Bundesregierung

43

Gisela Burckhardt

Die Globalisierung der Märkte hat in vielen Niedriglohnländern eine massive Verletzung von Menschenrechten, Sozial- und Umweltstandards mit sich gebracht. Unter VerbraucherInnen nimmt das Umwelt- und Sozialbewusstsein zu und die öffentliche Aufmerksamkeit gegenüber unternehmerischem Handeln steigt weltweit. Bei einigen Unternehmen wächst zwar das Bewusstsein für eine gesellschaftliche Verantwortung, doch teilweise führt es zur Schönfärberei und viele kümmert das Thema immer noch nicht. Laut EU-Kommission veröffentlichen von rund 42.000 großen Unternehmen in der EU bisher nur 2.500 einen Nachhaltigkeitsbericht.

Zwar wächst in der Wirtschaft die Erkenntnis, dass Corporate Social Responsibility (CSR) für die eigene Reputation wichtig ist, dennoch kommt eine Befragung von KPMG im Jahre 2011 unter den DAX-Unternehmen zu dem Ergebnis, dass es den meisten Unternehmen vor allem um die Erfüllung gesetzlicher Vorgaben geht; nur 17 % haben auch Ethik, Moral oder nachhaltiges Wirtschaften im Blick. *„Unterschätzt wird also das Risiko eines Reputationsschadens durch unethisches, wenngleich nicht rechtswidriges Verhalten"* sagt KPMG-Partner Oliver Engels.[1]

Natürlich müssen Unternehmen profitabel wirtschaften, um am Markt erfolgreich zu sein. Es kommt aber auf die Art und Weise der Gewinnerzielung an. Es ist zwischen verantwortlicher Gewinnerzielung und unverantwortlicher Gewinnmaximierung zu unterscheiden. Gewinnerzielung wird zu unverantwortlicher Gewinnmaximierung, wenn sie auf Kosten von Beschäftigten im eigenen Land und entlang der gesamten Lieferkette sowie zu Lasten der Umwelt geschieht, wenn also der Eigennutz auf Kosten des Gemeinwohls geht.

---

[1] KPMG, 2011.

G. Burckhardt (✉)
Heidebergenstraße 14, 53229 Bonn, Deutschland
E-Mail: gisela.burckhardt@femnet-ev.de

G. Burckhardt (Hrsg.), *Corporate Social Responsibility – Mythen und Maßnahmen,*
DOI 10.1007/978-3-658-02842-8_43, © Springer Fachmedien Wiesbaden 2013

„Die Politik hat als Orientierung gebende und Vertrauen schaffende Instanz an Bedeutung verloren. Unternehmen stoßen in dieses Vakuum und besetzen das Thema durch CSR-Maß- nahmen, erleiden aber auch Vertrauensverluste"[2], schreibt die dritte Otto Group Trendstu- die von 2011 zum Thema ethischem Konsum. Politik muss wieder Vertrauen gewinnen: Staatliche Regulierung und gesetzliche Vorgaben sind vonnöten, um das Gemeinwohl zu schützen, weil die Mehrheit aller Unternehmen nicht von sich aus nachhaltig wirtschaf- tet. Aufgrund eines wachsenden Interesses von VerbraucherInnen für ethischen Konsum, nimmt die Gefahr des Schönfärbens der Unternehmen zu. Gesetzliche Auflagen für mehr Transparenz und mehr Rechenschaft der Unternehmen sind deshalb erforderlich.

Die Beiträge des Buches machen deutlich, dass freiwillige CSR-Maßnahmen von Unter- nehmen zwar dazu beitragen können, das Bewusstsein über Sozial- und Umweltstandards und Menschenrechte zu schärfen. Die Wirkungen von CSR-Maßnahmen, die einzelne Unternehmen durchführen, sind allerdings meistens auf den Bereich Gesundheit und Si- cherheit am Arbeitsplatz begrenzt. In den wichtigen Bereichen Bezahlung, Organisations- freiheit, Diskriminierung und Reduzierung der Überstunden gibt es nur relativ wenige Änderungen.

Freiwillige CSR-Maßnahmen von Unternehmen sind deshalb entweder unzureichend oder grenzen schnell an Schönfärberei (greenwashing). Für die Unterbindung negativer Auswirkungen von Geschäftstätigkeit wird eine stärkere gesetzliche Regulierung benö- tigt. Gesetzliche Vorgaben und freiwillige CSR-Maßnahmen von Unternehmen sind keine Gegensätze, sondern sollten sich sinnvoll ergänzen. Einen solchen „Mix von freiwilligen und wo nötig verpflichtenden Politikmaßnahmen" schlagen auch die UN-Leitprinzipien für Wirtschaft und Menschenrechte vor, die im Juni 2011 verabschiedet worden sind. Die neue CSR-Strategie der EU-Kommission, die am 25. Oktober 2011 veröffentlicht wurde, schlägt ebenfalls eine „Kombination aus freiwilligen Maßnahmen und nötigenfalls er- gänzenden Vorschriften" vor und verlangt eine größere Transparenz der Unternehmen in Form von Berichterstattung über soziale und ökologische Auswirkungen der Tätigkeit von Unternehmen.

Das Netzwerk für Unternehmensverantwortung (CorA) hat im April 2013 in einem Positionspapier die Erwartungen an einen deutschen Aktionsplan „Wirtschaft und Men- schenrechte" formuliert.[3] Eine Zusammenfassung des Papiers befindet sich im Anhang.

Aufbauend auf den vom UN-Menschenrechtsrat verabschiedeten Leitprinzipien zum Thema Wirtschaft und Menschenrechte sollten von Seiten der deutschen Regierung ge- setzliche Regelungen in folgenden Bereichen getroffen werden:

- Extraterritoriale Schutzpflichten
- Politikkohärenz zwischen Investitionsschutz und Menschenrechten

---

[2] Otto Group Trendstudie 2011, S. 4.

[3] http://www.cora-netz.de/wp-content/uploads/2013/05/Positionspapier_Aktionsplan- Wirtsch+MR_2013-04_korr.pdf.

- Wirkungsvolle Sozialklauseln in Handelsankommen
- Transparenz-Offenlegungspflicht für Unternehmen
- Rechtsschutz in Deutschland für Geschädigte aus Drittländern
- Stärkung von Rechtsstaatlichkeit in den Produktionsländern

Folgende Forderungen werden an die Bundesregierung und die Politik gerichtet.[4]

43.1 Unzureichende extraterritoriale staatliche Schutzpflichten

Im Bereich des Menschenrechtsschutzes bleibt das gegenwärtige europäische Regelungssystem lückenhaft. Auftraggeber in der EU können derzeit nicht zur Rechenschaft gezogen werden, wenn ihre Zulieferer Arbeitsrechte im Produktionsland verletzen. Eine extraterritoriale Schutzpflicht des Staates bleibt umstritten. Auch in den Vergabegesetzen, die die öffentliche Beschaffung regeln, spielen extraterritoriale menschenrechtliche Belange keine Rolle.

43.1.1 Forderungen

- Einführung direkter Haftung des Mutterunternehmens für schuldhafte Verstöße der Tochterunternehmen gegen Menschenrechte und Umwelt.
- Bei Unternehmen Ausweitung von bereits bestehenden Sorgfaltspflichten wie Organisationspflichten und Verkehrssicherungspflichten auf menschenrechtliche Belange im In- und Ausland.
- Einführung haftungsbewährter Sorgfaltspflichten des Mutterunternehmens für seine Tochterunternehmen und Zulieferer, zum Beispiel eine gesetzliche Verpflichtung, die Einhaltung von Sozialstandards in der gesamten Zulieferkette zu kontrollieren.
- Einführung einer Strafbarkeit von Unternehmen, die Menschenrechte verletzen oder deren Verletzung billigend in Kauf nehmen.
- Herleitung extraterritorialer Schutzpflichten der Europäischen Union und ihrer Mitgliedsstaaten aus der Europäischen Menschenrechtskonvention (EMRK).

---

[4] Die Forderungen an die Bundesregierung stützen sich auf Forderungen des CorA-Netzwerks für Unternehmensverantwortung sowie der European Coalition for Corporate Justice (ECCJ), dem europäischen Dachverband für Unternehmensverantwortung. Die European Coalition for Corporate Justice (ECCJ) ist ein 2005 gegründetes europäisches Netzwerk für verbindliche Unternehmensverantwortung, das sich für rechtlich verbindliche Regeln für Unternehmen auf EU-Ebene einsetzt. Das Netzwerk, mit Sitz in Brüssel, vertritt 250 einzelne Organisationen aus 15 europäischen Ländern. Deutsches Mitglied ist das CorA-Netzwerk für verbindliche Unternehmensverantwortung, mit seinen mehr als 50 Mitgliedsorganisationen.

• Einführung extraterritorialer menschenrechtlicher Belange als Vergabekriterium bei
   der öffentlichen Beschaffung.

43.2 Mangelnde Politikkohärenz zwischen Investitionsschutz und Menschenrechten

In den letzten Jahrzehnten haben EU-Mitgliedsstaaten über 1200 bilaterale Investitionsabkommen (BITs) unterzeichnet. Sie bieten ausländischen Investoren einen umfassenden
Rechtsschutz, vor allem vor Enteignung und willkürlichen oder diskriminierenden Eingriffen des Staates. BITs geben den Konzernen das Recht, gegen soziale, ökologische oder
ökonomische Regulierungsmaßnahmen von Regierungen vorzugehen, wenn diese ihre
Gewinne bedrohen könnten. Die Streitschlichtungsverfahren, die Teil der BITs sind, erlau-
ben ausländischen Investoren, Klage gegen Staaten vor internationalen Schiedsgerichten
zu erheben. Den besonderen Rechten von Investoren stehen kaum Pflichten gegenüber,
z. B. gibt es keine Pflicht für Investoren, eine Menschenrechtsverträglichkeitsprüfung
durchzuführen.

  Einerseits erklärt die Bundesregierung, sie setze sich für den Schutz der Menschenrechte ein. Andererseits ist die staatliche Übernahme von Bürgschaften und Garantien für
wirtschaftliche und politische Risiken im Ausland (Hermes-Bürgschaften) an Unternehmen nur unzureichend an die Einhaltung von Arbeits- und Menschenrechten geknüpft.

43.2.1 Forderungen

• Aufnahme der Schutzpflicht des Staates in die BITs, d. h. Anerkennung des Rechts einer
   Regierung zur Regulierung von Investitionen, um Umwelt- und Sozialstandards im eigenen Land zu schützen.
• Aufnahme einer menschenrechtlichen Sorgfaltspflicht der Investoren in die BITs.
• Einführung einer menschenrechtlichen Risikoprüfung (HRIA) bei der Vergabe von Ex-
   portkredit- und Investitionsgarantien.
• Aufbau von Expertise im Bereich der HRIA bei den für die Umsetzung der Außenwirtschaftsförderung staatlich beauftragten Mandataren, Euler Hermes Kreditversiche-
   rungsgesellschaft und PricewaterhouseCoopers AG, um sie in die Lage zu versetzen,
   geförderte Unternehmen effektiv bei der Umsetzung ihrer menschenrechtlichen Verantwortung zu unterstützen.
• Verknüpfung der OECD-Leitsätze mit der Vergabe von Exportkreditgarantien und Investitionsgarantien. Die Bundesregierung sollte hierfür die freiwillige Selbstverpflichtung der zu fördernden Unternehmen zur Einhaltung der OECD-Leitsätze zur Bedin-
   gung staatlicher Förderung machen.

43.3   Sozialklauseln in der Handelspolitik

Wirkungsvolle Sozialklauseln in Handelsabkommen können helfen, ein „race to the bottom" in transnationalen Wertschöpfungsketten zu verhindern. Bilaterale Handelsabkommen können, obwohl sie Sozialklauseln enthalten – die die Einhaltung von Kernarbeitsnormen und Sozialstandards garantieren sollen – die Arbeitsbedingungen in der Produktion durch verschärften Wettbewerb verschlechtern. Die bisher existierenden Sozialklauseln in der EU-Handelspolitik sind unzureichend.

Das Allgemeine Präferenzsystem (APS), mit dem die EU derzeit 176 Ländern niedrigere Zollsätze für den Import auf den EU-Markt gewährt, kann zwar bei schwerwiegenden Verletzungen von Arbeits- und Menschenrechtsabkommen ausgesetzt werden, doch wird dieses Instrument nicht anhand objektiver Kriterien, sondern je nach politischer Opportunität angewendet. Dadurch verliert das Instrument an Glaubwürdigkeit.

43.3.1   Forderungen

- Durchführung von menschenrechtlichen Folgeabschätzungen vor Aufnahme der Verhandlungen von EU-Handelsabkommen.
- Das Recht armer Länder, Unternehmen und ihre Wirtschaft zu regulieren oder sensible Bereiche wie etwa den Agrarsektor oder öffentliche Dienstleistungen von Liberalisierungen auszunehmen, muss respektiert werden.
- Bei systematischen Verletzungen von Menschenrechten sollten Untersuchungen und Sanktionen stets unter Einbeziehung einer neutralen internationalen Schlichtungsstelle erfolgen, um einer willkürlichen Anwendung der Instrumente zu protektionistischen Zwecken vorzubeugen. Eine solche Stelle sollte auch sicherstellen, dass die Ansichten und Erfahrungen der Arbeiter/innen im betroffenen Sektor bei der Beurteilung berücksichtigt werden.
- Die Entscheidung, ob Untersuchungen eingeleitet oder Sanktionen ergriffen werden, muss sich an sachbezogenen objektiven Kriterien festmachen und darf nicht von sachfremden außen- oder wirtschaftspolitischen Interessen beeinflusst werden.
- Eventuelle Sanktionen sollten sich möglichst nur auf Sektoren/Produkte beziehen, bei denen erhebliche Rechtsverletzungen vorliegen.
- Sozialklauseln sollten nicht grundsätzlich von den Streitschlichtungsverfahren in Handelsabkommen ausgenommen werden.
- Sozialklauseln sollten schrittweise auch neue internationale Arbeitsnormen wie das Übereinkommen über Heimarbeit einbeziehen, um auch Beschäftigte in besonders prekären und informellen Wirtschaftsektoren zu schützen.

43.4   Transparenz – eine Voraussetzung für Unternehmensverantwortung

VerbraucherInnen sind aufgrund der Flut an Informationen über unternehmerische Verantwortung oft überfordert, und wissen nicht, welchen Aussagen sie Glauben schenken können. Deutsches Recht fordert derzeit nur eine Offenlegung, soweit sie für das Verständnis des Geschäftsverlaufs von Bedeutung ist. Die Einschätzung, ob z. B. die Verletzung von Sozialstandards für den Geschäftsverlauf wichtig sind, bleibt jedem Unternehmen selbst überlassen. Ethische Kriterien spielen keine Rolle. Im April 2013 hat die EU-Kommission einen Richtlinien-Entwurf veröffentlicht, der eine stärkere Berücksichtigung von nichtfinanziellen Informationen in der regulären Berichterstattung von Unternehmen formuliert. Dieser Entwurf bleibt jedoch weit hinter den Erwartungen der Zivilgesellschaft zurück. Die schwarz-gelbe Bundesregierung und die deutschen Arbeitgeberverbände lehnen allerdings eine Verpflichtung von Unternehmen zur Berichterstattung ab.

Um dauerhaft soziale und ökologische Missstände in der Lieferkette von Unternehmen zu verhindern sowie Korruption und Steuerflucht vorzubeugen, ist es erforderlich, dass Unternehmen gesetzlich verpflichtet werden, umfassend nach einem einheitlichen Standard über die genannten Themen zu berichten. Transparenz ist deshalb der erste Schritt, um gesellschaftlich verantwortliches Verhalten von Unternehmen zu fördern.

43.4.1   Forderungen

- Verpflichtung von mittleren und großen Unternehmen zur Offenlegung von Informationen, unabhängig von ihrer Rechtsform und einschließlich börsennotierter Aktiengesellschaften und Unternehmen in Familienbesitz.
- Offenlegung von Informationen durch die Unternehmen über Arbeitnehmer- und Menschenrechte, Korruption, Lobbyaktivitäten sowie Umwelt- und Klimaschutz bei sich und ihre Lieferanten. Zentrale Informationen zu Arbeitsbedingungen sind zum Beispiel solche zu Gewerkschafts- und Tarifrechten, Arbeitszeiten und Löhnen. Im Bereich Umwelt sind zum Beispiel Informationen über Ressourcen- und Energieverbrauch, Emissionen von Kohlendioxid und anderen gefährlichen Stoffen sowie über Abfallvermeidungskonzepte bedeutsam.
- Offenlegung der Unternehmensstruktur, Lieferanten und Produktionsstandorte und Kennzeichnung der Herkunft der Produkte durch Unternehmen.
- Angabe der Umsätze und Gewinne, gezahlten Steuern, der Zahl der Angestellten und bei Rohstoffunternehmen Angabe zu den Mengen geförderter Rohstoffe für jedes Land.
- Regelmäßige Überprüfung der veröffentlichten Informationen durch unabhängige Stellen.
- Verhängung von Sanktionen bei Verstößen gegen die Offenlegungspflicht bzw. bei Falschinformationen.

- Recht für Betroffene von Menschenrechtsverletzungen und Umweltschäden in Deutschland und in Produktionsländern, die Offenlegung der relevanten Informationen von den Unternehmen einzufordern.

43.5   Unzureichender Rechtsschutz für Geschädigte aus Drittländern in Deutschland

Der Zugang zu Rechtsschutz für Geschädigte aus Drittländern ist in Deutschland unzureichend. Die hier zur Verfügung stehenden Rechtsmittel für Geschädigte aus Drittstaaten bieten den Betroffenen keinen effektiven Schutz und keine hinreichende Kompensation. Opfergruppen können in Deutschland, anders als im anglo-amerikanischen Rechtskreis, keine Sammelklagen einreichen.

43.5.1   Forderungen

- Verbesserter Rechtsschutz für Opfer von Menschenrechtsverletzungen, insbesondere gegenüber Unternehmen, die ihren Hauptsitz in Deutschland haben.
- Erleichterter Zugang für Betroffene von Unternehmensunrecht zu europäischen Gerichten. Einführung von Zuständigkeiten europäischer Gerichte, so dass Tochterunternehmen zusammen mit dem Mutterunternehmen im Heimatstaat verklagt werden können und von Notzuständigkeiten, die – wenn nötig in der EU – das Recht auf ein faires Verfahren für die Betroffenen gewährleisten.
- Anwendbarkeit europäischen Rechts in Fällen, in denen die Anwendung des Rechts des Gastlandes eine grobe Menschenrechtsverletzung darstellen würde.
- Verringerung prozessualer Hürden bei menschen- und umweltrechtlichen Gerichtsverfahren gegen Unternehmen zu Gunsten der Kläger.
  - Einführung von vorbereitenden Verfahren für Betroffene zur Risikoabwägung vor Klageerhebung.
  - Einführung von Beweiserleichterungen und Beweislastumkehrungen
  - Gewährung von Prozesskostenhilfe oder neutralen Kostenfestsetzungen zu Beginn des Verfahrens.
  - Einführung von Sammelklagen

43.6   Stärkung von Rechtsstaatlichkeit in den Produktionsländern

Selten setzen sich Unternehmen im Rahmen ihrer CSR-Politik für die Stärkung der Rechtsstaatlichkeit in einem Produktionsland ein. Im Gegenteil, Unternehmensverbände intervenieren sogar, wie das Beispiel China zeigt, wenn Staaten die Rechte der Beschäftigten stärken wollen.[5] Die Stärkung von Rechtsstaatlichkeit und bestimmten Verwaltungsstrukturen in den Produktionsländern ist aber wichtig, um menschenrechtliche, Sozial- und Umweltstandards wirksam durchzusetzen, da sie komplementär zu freiwilligen CSR-Instrumenten wirken könnten. Wenn beispielsweise in Bangladesch das nationale Arbeitsrecht von den lokalen Unternehmen befolgt würde, könnte damit rund 85 % eines Verhaltenskodex eines Einkäufers schon abgedeckt werden.

Die deutsche Entwicklungszusammenarbeit fördert zum Teil einseitig die lokalen Unternehmensverbände, wie am Beispiel eines Projektes in Bangladesch und des Projekts des Runden Tischs mit der Außenhandelsvereinigung des deutschen Einzelhandels gezeigt wurde. Mindestens ebenso wichtig ist die Förderung zivilgesellschaftlicher Gruppen und Gewerkschaften, damit sie für die Wahrnehmung ihrer Interessen eintreten können.

43.6.1   Forderung an die deutsche Entwicklungszusammenarbeit

- Förderung der Rechtsstaatlichkeit, z. B. Unterstützung beim Aufbau eines unabhängigen Justizsystems
- Unterstützung beim Aufbau von effizienten Verwaltungsstrukturen für die Überwachung von Sozial- und Umweltstandards
- Schulung von Fabrikinspektoren zur Überwachung von Sozialstandards
- Unterstützung von Nichtregierungsorganisationen, insbesondere Frauenorganisationen und Gewerkschaften, durch Trainings und andere „capacity building"-Maßnahmen in Schwerpunktländern arbeitsintensiver Produktion. Gewerkschaften und NROs benötigen Unterstützung, um als gut ausgebildete Sozialpartner ihre Aufgaben wahrnehmen zu können.

---

[5] Zur Stellungnahme des CorA-Netzwerks zum neuen Richtlinien-Entwurf siehe: http://www.cora-netz.de/wp-content/uploads/2013/05/CORA_Stellungnahme_EU-KOM_Offenlegung-nichtfinanzieller-Informationen_2013-05.pdf.

Netzwerk für Unternehmensverantwortung CorA: Positionspapier Wirtschaft und Menschenrechte – Erwartungen an einen deutschen Aktionsplan

Zusammenfassung des Positionspapiers

Macht und Einfluss transnationaler Konzerne haben im Zuge der Globalisierung stetig zugenommen. Einerseits wurden ihr Marktzugang und Investitionsschutz durch internationale Abkommen erheblich ausgeweitet und durch Schiedsgerichte abgesichert. Andererseits fehlen vergleichbare Instrumente, welche dieselben Konzerne international zur Einhaltung von Menschenrechten verpflichten und den Betroffenen von Menschenrechtsverstößen Zugang zu Gerichten ermöglichen. Solche menschenrechtlichen Regulierungslücken zu schließen, ist der Anspruch der UN-Leitprinzipien für Wirtschaft und Menschenrechte, die 2011 im UN-Menschenrechtsrat einstimmig verabschiedet wurden.

Die unterzeichnenden zivilgesellschaftlichen Organisationen dieses Positionspapiers erwarten von der Bundesregierung und dem Bundestag, dass sie auf Basis der UN-Leitprinzipien und anderer relevanter Menschenrechtsdokumente sowie unter aktiver Beteiligung der Zivilgesellschaft einen deutschen „Aktionsplan Wirtschaft und Menschenrechte" entwickeln und in der kommenden Legislaturperiode zügig umsetzen. Insbesondere sollten Bundesregierung und Bundestag:

- die deutschen Rechtsgrundlagen umfassend auf Regulierungslücken überprüfen, die einen effektiven Schutz vor Menschenrechtsverstößen durch Privatunternehmen erschweren;
- durch menschenrechtliche Folgenabschätzungen, reformierte Menschenrechtsklauseln und eine neue Prioritätensetzung sicherstellen, dass Investitions- und Handelsabkommen der EU sowie deutsche Rohstoffpartnerschaften die Umsetzung von Menschenrechten nicht behindern, sondern fördern;

G. Burckhardt (Hrsg.), *Corporate Social Responsibility – Mythen und Maßnahmen*,
DOI 10.1007/978-3-658-02842-8, © Springer Fachmedien Wiesbaden 2013

- für eine umfassende Verankerung der Menschenrechte in den Leitlinien und der operativen Arbeit von Weltbank, IWF und anderen internationalen Institutionen eintreten;
- Ausführungsbestimmungen zur menschenrechtlichen Sorgfaltspflicht von Unternehmen, auch mit Bezug auf deren Tochter- und Zulieferbetriebe sowie Vertriebspartner, entwickeln und diese in Deutschland gesetzlich vorschreiben;
- jegliche staatliche Unterstützung, etwa durch Außenwirtschaftsförderung oder öffentliche Beschaffung, von der strikten Einhaltung menschenrechtlicher Sorgfalt abhängig machen und transparent offenlegen;
- bei gravierenden Menschenrechtsverstößen eine Durchgriffshaftung von Unternehmen für ihre ausländischen Tochter- und Zulieferbetriebe sowie Vertriebspartner rechtlich verankern;
- bei Menschenrechtsverstößen unter Beteiligung deutscher Unternehmen im Ausland die Anwendbarkeit deutschen Rechts und eine Unternehmensstrafbarkeit rechtlich ermöglichen;
- die Zulässigkeit von Klagen durch Betroffene aus dem Ausland in Deutschland rechtlich ermöglichen sowie die finanziellen und prozessualen Hürden verringern;
- die Neufassung der OECD-Leitsätze für multinationale Unternehmen von 2011 konsequent und umfassend umsetzen sowie bei Verstößen Sanktionen vorsehen.

Quelle: Netzwerk für Unternehmensverantwortung (CorA) (April 2013), Positionspapier. Wirtschaft und Menschenrechte – Erwartungen an einen deutschen Aktionsplan. Zusammenfassung.

Das gesamte Papier ist erhältlich hier:

http://www.cora-netz.de/wp-content/uploads/2013/05/Positionspapier_Aktionsplan-Wirtsch+MR_2013-04_korr.pdf

Literatur

Einführung und Teil I: Unternehmensverantwortung zwischen Freiwilligkeit und Regulierung

1. **Augenstein, Daniel (2010)** Study of the Legal Framework on Human Rights and the Environment Applicable to European Enterprises Operating Outside the European Union
2. **Barrientos, Stephanie; Smith, Sally (2006)** The ETI code of labour practice: Do workers really benefit? Institute of Development Studies, University of Sussex
3. **Bundesministeriums für Umwelt, Naturschutz und Reaktorsicherheit (2011)** Verantwortung neu denken. Risikomanagement und CSR
4. **Bundesministerium für Arbeit und Soziales (2010)** Nationale Strategie zur gesellschaftlichen Verantwortung von Unternehmen (Corporate Social Responsibility – CSR) Aktionsplan CSR der Bundesregierung, Berlin (2010) http://www.csr-in-deutschland.de/portal/generator/3632/was__ist__csr.html
5. **Burckhardt (2010)** Die Schönfärberei der Discounter. Klage gegen Lidl's irreführende Werbung, Wuppertal
6. **Caubet, Christian G (2005)** Big Business bittet zum runden Tisch Das neue Zauberwort heißt Global Compact, in: LE MONDE diplomatique vom 16.09.2005 http://www.monde-diplomatique.de/pm/2005/09/16/a0012.text.name, askIj1Hko.n,0
7. **Clean Clothes Campaign (2005)** Made by Women. Gender, the Global Garment Industry and the Movement for Women Workers' Rights, Amsterdam
8. **Comte-Sponville, André (2009)** Kann Kapitalismus moralisch sein?
9. **CoRA und Forum Menschenrechte (2013)** Positionspapier Wirtschaft und Menschenrechte – Erwartungen an einen deutschen Aktionsplan, Berlin
10. **Dachverband** der kritischen Aktionäre (2011) Stop Greenwashing!
11. **De Schutter, Olivier et al (2012)** Human Rights Due Diligence: The Role of States, ECCJ und ICAR et al
12. **Die ZEIT (Mai 2011)** Beilage CSR, In'pact Mediaverlag
13. **Dilling, Olaf (2005)** Die Produktionsbedingung als Produkteigenschaft – Ein Fallbeispiel für die Haftung bei Werbung mit ethischen Produktionsstandards nach der Schuldrechtsreform. In: Gerd Winter (Hrsg.): Die Umweltverantwortung multinationaler Unternehmen. S. 283 ff.
14. **Europäische Kommission (2001)** Grünbuch – Europäische Rahmenbedingungen für die soziale Verantwortung der Unternehmen. KOM (2001) 366 endg.
15. **Europäische Kommission (2006)** Umsetzung der Partnerschaft für Wachstum und Beschäftigung: Europa soll auf dem Gebiet der sozialen Verantwortung der Unternehmen führend werden. Mitteilung KOM (2006) 136 endg.

16. **EU Kommission (2011)** Eine neue EU-Strategie (2011-14) für die soziale Verantwortung der Unternehmen (CSR), Brüssel, 25.10.2011 (KOM(2011) 681endgültig http://ec.europa.eu/enterprise/newsroom/cf/_getdocument.cfm?doc_id=7008

17. **Feldt, Heidi (2006)** ILO – UN-Normen – Synergien oder Konkurrenz? Diskussionspapier im Auftrag von MISEREOR, Friedrich-Ebert-Stiftung und IG-Metall, Essen/Genf

18. **Gallard, Amy (2010)** As You Sow. Toward a Safe, just workplace: apparel supply chain compliance programs

19. **Geneva Women in International Trade (2003)** Gender and Trade in the Multilateral Trading System

20. **GIZ** (o.D.) The impact of violence against women in the Ready-Made Garment Sector in Bangladesh. A rapid qualitative assessment

21. **GIZ; PSES (2011)** Fact sheets, social compliance

22. **GIZ; PSES (2011)** The impact of violence against women in the Ready Garment sector in Bangladesh. Dhaka

23. **GIZ; PSES (2011)** newsletter, Empowerment of women Ready Garment workers in Bangladesh, 14. Oktober 2011

24. **GTZ (2010)** Progress Fact sheets, Empowerment of female garment workers

25. **GTZ (2010)** Progress Fact sheets, Social compliance/human rigths

26. **GTZ** (o.D.) Progress Fact sheets, Social standards training in the ready made garment secor

27. **GTZ** (o.D.) Progress Fact sheets, Lean production

28. **GTZ** (o.D.) Progress, working paper, Salient features of the Bangladesh Labour law 2006 related to RMG sector

29. **Human Rights Council (2008)** Protect, Respect and Remedy: a Framework for Business and Human Rights. (A/HRC/8/5), Geneva

30. **Internationaler Gewerkschaftsbund (2011)** Jährliche Übersicht über die Verletzung von Gewerkschaftsrechten http://www.ituc-csi.org/weltweite-ubersicht.html (Letzter Zugriff: 02.10.2011)

31. **Institut für Wirtschaftsethik der Universität St. Gallen (2011)** Studiengang „Certified CSR Professional" http://www.iwe.unisg.ch/Weiterbildung (17.9.2011)

32. **Kempen, Otto Ernst; Zachert, Ulrich (Hrsg.) (2006)** Kommentar zum Tarifvertragsgesetz, 4. Aufl., Frankfurt a. M.

33. **Kocher, Eva (2004)** Mindeststandards vor Gericht. In: Brühl, Tanja; Feldt, Heidi; Hamm, Brigitte; Hummel, Hartwig; Martens, Jens (Hrsg.) (2004): Unternehmen in der Weltpolitik. S. 201-223.

34. **Kocher, Eva (2010)** Corporate Social Responsibility: Eine gelungene Inszenierung? In: Kritische Justiz (KJ), Heft 1

35. **KPMG (2011)** Studie: Wie sieht der typische Wirtschaftskriminelle aus? http://www.controlling-portal.de Compliance benchmark, (letzter Zugriff: 17.10.2011)

36. **Martens, Jens (2008)** Problematic Pragmatism – The Ruggie Report 2008: Background, Analysis and Perspectives. Studie im Auftrag von Misereor und Global Policy Forum Europe (Hrsg.), Aachen/Bonn

37. **Mund Horst,; Priegnitz Klaus (2007)** Soft law – Second Best Solution or a Privatization of Social Rights? Some Points for a Future Discussion. In: Transfer Vol. 13, Heft 4

38. **Oxfam (2004)** Unsere Rechte im Ausverkauf. Frauenarbeit in globalen Lieferketten von Bekleidungsunternehmen und Supermärkten. Berlin

39. **Ruggie, John (2011)** Guiding Principles on Business and Human Rights: Implementing the United Nations „Protect, Respect and Remedy" Framework. UN Doc A/HRC/17/

40. **Ruggie, John (2011)** Presentation of Report to United Nations Human Rights Council. 30 May 2011, Geneva.

41. **Seifert, Achim (2007)** Die Schaffung transnationaler Arbeitnehmervertretungen in weltweit tätigen Unternehmen. In: Zeitschrift für ausländisches und internationales Arbeits- und Sozialrecht (ZIAS), Heft 3

42. **Strohscheidt, Elisabeth (2011)** Menschenrechtsrat: Leitprinzipien für Unternehmensverantwortung. In: Zeitschrift für die Vereinten Nationen, Heft 5/2011
43. **Strohscheidt, Elisabeth (2005)** Die „Normen der Vereinten Nationen für die Verantwortlichkeiten transnationaler Konzerne und anderer Wirtschaftsunternehmen im Hinblick auf die Menschenrechte". In: Bussler, Christian und Alexander Fonari (Hrsg.): Sozial- und Umweltstandards bei Unternehmen: Chancen und Grenzen, München
44. **Somo (2011)** Gender aspects in the Latin American garment industry, Amsterdam
45. **Somo (2009)** Reset. Corporate social responsibnility in the global electronics supply chain, Amsterdam
46. **UN Human Rights Council (2011)** Guiding Principles on Business and Human Rights: Implementing the United Nations „Protect, Respect and Remedy" Framework (A/HRC/17/31), Geneva. Professor John G. Ruggie, Special Representative of the Secretary-General for Business and Human Rights, Presentation of Report to United Nations Human Rights Council, Geneva, 30 May 2011
47. **UNHCR** Webseite: http://www.unhcr.de/presse (Zugriff am 2.10.2011)
48. **War on Want, Alam, Khorshed (2011)** Stitched up. Women workers in the Bangladeshi garment sector. London
49. **Windfuhr, Michael (2012)** Wirtschaft und Menschenrechte als Anwendungsfall extraterritorialer Staatenpflichten, in: Zeitschrift für Menschenrechte, 2/2012, S. 95-118.
50. **Women working worldwide (2003)** Action Research on Garment Industry Supply chain , Manchester

Teil II: Staatliche Schutzpflicht und Rechtsschutz in Europa, insbesondere in Deutschland

51. **Augenstein, Daniel et al (2010)** Study of the Legal Framework on Human Rights and the Environment Applicable to European Enterprises Operating Outside the European Union. Study for the European Commission ENTR/09/045, submitted by the University of Edinburgh, http://ec.europa.eu/enterprise/policies/sustainable-business/files/csr/documents/stakeholder_forum/plenary-2010/101025_ec_study_final_report-exec_summary_en.pdf (Letzter Zugriff: 13.07.2011).
52. **Brot für die Welt, Misereor (2011)** Transnationale Unternehmen in Lateinamerika: Gefahr für die Menschenrechte?
53. **European Coalition for Corporate Justice (2010)** Principles & Pathways: Legal Opportunities to improve Europe's Corporate Accountallity Framework
54. **European Coalition for Corporate Justice (2008)** „Fair Law: Legal Proposals to Improve Corporate Accountability for Environmental and Human Rights Abuses".
55. **Germanwatch (2010)** Unternehmensverantwortung – Vorschläge für EU-Reformen. Eine juristische Analyse der Auslandstätigkeit deutscher Unternehmen, Berlin
56. **Hamm, Brigitte; Scheper, Christian; Schölmerich, Maike (2011)**: Menschenrechtsschutz und deutsche Außenwirtschaftsförderung. Ein Plädoyer für konsequente Reformen. INEF Policy Brief 8/2011, Institut für Entwicklung und Frieden, Duisburg
57. **Independent Evaluation Group (2010)** Safeguards and Sustainability Policies in a Changing World. An Independent Evaluation of World Bank Group Experience. http://siteresources. Worldbank.org/EXTSAFANDSUS/Resources/Safeguards_eval.pdf (Letzter Zugriff: 22.05.2011).

58. **Jacob, Marc (2010)** International Investment Agreements and Human Rights. INEF Research Paper Series Human Rights, Corporate Responsibility and Sustainable Development 03/2010, Institut für Entwicklung und Frieden, Duisburg
59. **Lambert, Tobias (2011)** Schutzschirm für Land Grabber? Verfügbar unter http://land-grabbing. de/triebkraefte/spekulation/investitionsschutzabkommen-verhindern-landreformen/ (Letzter Zugriff: 07.09.2011)
60. **SPD Bundestagsfraktion (2011)** Die UN-Leitlinien für menschenrechtlich verantwortliches unternehmerisches Handeln aktiv unterstützen, BT Drucksache 17/6087, 07.06.2011
61. **Ruggie, John (2011)** Guiding Principles on Business and Human Rights: Implementing the United Nations „Protect, Respect and Remedy" Framework'. UN Doc A/HRC/17/31, verfügbar zusammen mit den früheren Berichten und weiterführender Dokumentation unter http://www. business-humanrights.org/SpecialRepPortal/Home (Letzter Zugriff: 13.07.2011).
62. **United Nations (2007)** Human Rights Impact Assessments – resolving key methodological questions. Report of the Special Representative of the Secretary-General on the issue of human rights and transnational corporations and other business enterprises. Human Rights Council, 5. Februar 2007, Dokument A/HRC/4/74.
63. **Universität Edinburgh im Auftrag der Europäischen Kommission (2010)** Legal Framework on Human Rights and the Environment Applicable to European Enterprises Operating outside the European Union
64. Human Rights Impact Assessments for Trade and Investment Agreements (June 2010) Report of the Expert Seminar, Geneva
65. Von Bernstorff, Jochen (2010) Die völkerrechtliche Verantwortung für menschenrechtwidriges Handeln transnationaler Unternehmen. Unternehmensbezogene menschenrechtliche Schutzpflichten in der völkerrechtlichen Spruchpraxis. INEF Forschungsreihe Menschenrechte, Unternehmensverantwortung und Nachhaltige Entwicklung 05/2010, Institut für Entwicklung und Frieden, Duisburg
66. War on Want (2009) Fighting global poverty, Trading away our jobs. How free trade threatens employment around the world

Teil III: Mangelnder Schutz der Betroffenen in ausgewählten Produktionsländern

67. **Adidas (2011)** Training our suppliers. http://www.adidas-group.com/de/SER2010/suppliers/training-our-suppliers/better-work/Default.aspx (Letzter Zugriff: 18.09.2011).
68. **Ain o Salish Kendra (2011)** Workers' Rights http://www.askbd.org/Hr06/Worker.htm. (Letzter Zugriff: 04.10.2011)
69. **Armistead, Emily (2011)** The real Asda price: poverty and abuse in George's showcase factories. ActionAid, London
70. **Asia Floor Wage Campaign (2011)** http://www.asiafloorwage.org/Resource-Reports. (Letzter Zugriff: 02.10.2011)
71. **Asia Floor Wage Campaign (01.05.2011)** Living Wage for All! Press Release, http://www.asiafloorwage.org/documents/AFW%20May%20Day%202011%20COMMON%20PRESS%20RE-LEASE.pdf (Letzter Zugriff: 13.09.2011), Wechselkurs vom 13.9.11
72. **Cambodia Edition (10.06.2011)** Cambodia's garment exports surged 45 percent. http://businessnewscambodia.com/2011/06/cambodias-garment-exports-surged-45-percent/
73. **Chahoud, Tatjana (2011)** Policies on Corporate Social Responsibility. In: Scherrer, Christoph(Hg) (2011): China's Labour Question. München

74. **Chahoud, Tatjana (2008)** Corporate Social Responsibility and Labour Rights in VR China. DIE Analysen und Stellungnahmen 2008, Bonn
75. **Chahoud, Tatjana et al (2011)** Corporate Social Responsibility (CSR) and Black Economic Empowerment in South Africa – A case study of German Transnational Corporations. DIE, Bonn
76. Cividep- India, Workers rights and corporate accounatbility, http://www.cividep.org
77. CREM; Somo (2011) Responsible supply chain management, potential success factors and challenges addressing prevailing human rights and other CSR issues in supply chains of EU based companies. Study on behalf of the EU Commission. Amsterdam
78. Fair Wage Network (2011) Minimum wage increase in garments and shoes in Cambodia from October 1, 2010 http://fair-wage.com/en/fair-wage-observatory/new-legal-provisions/88-increase-of-the-minimum-wage-in-garments-and-shoes-in-cambodia-from-october-1-2010. html (Letzter Zugriff: 18.09.2011).
79. **Ferenschild, Sabine; Wick, Ingeborg (2004)** Globales Spiel um Knopf und Kragen. Das Ende des Welttextilabkommens verschärft soziale Spaltungen. Hg. v. Südwind Institut für Ökonomie und Ökumene, Siegburg
80. **Grassi, Sergio (2008)** The New Tasks for Chinese Trade Unions. Friedrich Ebert Stiftung, Berlin
81. **International Labour Organization (2011)** Better Work. http://www.betterwork.org (Letzter Zugriff 18.09.2011 (Letzter Zugriff 18.09.2011
82. **Labour behind the Label (2011)** Revised Asia Floor Wage figures for 2011. http://www.labourbehindthelabel.org/campaigns/item/934-latest-asia-floor-wage-figures (Letzter Zugriff: 16.09.2011)
83. **Miller, Doug et al. (2007)** ‚Business – as Usual?' Governing the Supply Chain in Clothing Post MFA Phase Out. The Case of Cambodia.Discussion Paper No. 6, Hg. v. GURN (Global Union Research Network) http://library.fes.de/pdf-files/gurn/00268.pdf. (Letzter Zugriff: 13.09.2011)
84. **Robertson Raymond (2011)** Apparel Wages Before and After Better Factories Cambodia. Better Work Discussion Paper Series: No. 3. http://www.betterwork.org
85. **Scherrer Christoph (Hg) (2011)** China's Labor Question. München
86. **Schucher, Günter (2006)** Chinas neues Arbeitsgesetz – Stärkung der Schwachen oder Beruhigungspille? In: *China Aktuell*, Journal of Current Chinese Affairs, GIGA
87. **War on Want (2011)** Stitched Up. Women workers in the Bangladeshi garment sector. London
88. WTO (2010) International Trade Statistics 2010. Geneva

Teil IV: Freiwillige CSR-Initiativen zur Umsetzung von Unternehmensverantwortung

89. **Beiträge zum transnationalen Wirtschaftsrecht, Heft 112/Juni 2011**, Institut für Wirtschaftsrecht, Forschungsstelle für Transnationales Wirtschaftsrecht, Juristische und Wirtschaftswissenschaftliche Fakultät der Martin-Luther-Universität Halle-Wittenberg
90. **BSCI (2010)** Annual Report 2010, Brüssel
91. **DBG-Bundesvorstand (2009)** Verbindliche Regeln, die für alle gelten! 10-Punkte-Papier des DGB zu Corporate Social Responsibility
92. **Huarte Melgar, Beatriz/Nowrot, Karsten/Yuang; Wang (2011)** The 2011 Update of the OECD Guidelines for Multinational Enterprises: Balanced Outcome or an Missed Opportunity?
93. Institute of Development Studies (2006) Report on the ETI Impact Assessment: The ETI code of labour practice: do workers really benefit? Sussex

94. **Internationaler Gewerkschaftsbund (2006)** Entschließung Globale Gewerkschaften und Unternehmen, 2. Weltkongress Juni 2006 des IGB (2 CO/G/6.5)

95. **Locke R M, F Qin and A Brause (2006)** Does Monitoring Improve Labor Standards? Lessons from Nike. Industrial and Labor Relations Review 61(1)

96. **Locke, R, M Amengual, A Mangla (2009)** Virtue out of Necessity?: Compliance, Commitment and the Improvement of Labor Conditions in Global Supply Chains. Politics & Society 37(3)

97. Nadvi 2011; Nadvi K, P Lund-Thomsen, H Xue, N Khara (2011): Playing against China: global value chains and labour standards in the international sports goods industry. Global Networks 11(3)

98. **OECD (2011)** OECD Guidelines for Multinational Enterprises: Recommendations for Responsible Business Conduct in a Global Context, 25 May 2011, Paris

99. **OECD (2010)** OECD Guidelines for Multinational Enterprises, Report by the Chair of the 2010 Meeting of the National Contact Points, Paris

100. **Runder Tisch Verhaltenskodizes (2006)** Förderung der Dialogfähigkeit von Management und Beschäftigten Rumänien, Abschlussbericht

101. **Runder Tisch Verhaltenskodizes (2007)** Förderung der Dialogfähigkeit von Management und Beschäftigten, Bulgarien, Abschlussbericht

102. **Runder Tisch Verhaltenskodizes (2008)** Refokussierung des Runden Tisches Verhaltenskodizes" – Ergebnisse der Reformdiskussion im Jahr 2008, Internes Papier

103. **Starmanns, M. (2010)** The Grand Illusion? Corporate Social Responsibility in Global Production Networks. Dissertation Universität Köln

104. **TUAC (Trade Union Advisory Committee) (2011)** Update of the OECD Guidelines for Multinational Enterprises: Key Elements, Paris, 25 May 2011

105. **Usher A & K Newitt (2011)** Beyond auditing. Tapping the full potential of labour standards promotion. IDS. Utrecht.

106. **Utz, Britta (2011)** Update oder Upgrade? Eine Bilanz zur Revision der OECD-Leitsätze für multinationale Unternehmen, Friedrich-Ebert-Stiftung, Globale Politik und Entwicklung, Internationale Politikanalyse, Berlin, Juni 2011

Teil V: CSR-Maßnahmen von Unternehmen und ihre Wirkungen Beispiele aus den Branchen Bekleidung, Spielzeug, Elektronik, Social Business

107. **Acona (2011)** CSR Asia, Responsibility in global supply chains – how far can a company be expected to go? 28 March 2011

108. **Aktion fair spielt (2011)** http://www.fair-spielt.de (letzter Zugriff: 17.09.2011)

109. **Alam, Khorshed; Hearson, Martin (2006)** Fashion victims. Studie im Auftrag von War on Want, London

110. **Alam, Khorshed (2008)** Purchasing practices of apparel discounters/retailers, in CCC, Wer bezahlt unsere Kleidung bei Lidl und KiK? Studie im Auftrag der deutschen Kampagne für Saubere Kleidung, Wuppertal.

111. **Ararat, Melsa, Bayazit, Mahmut (2008)** Does the adoption of Codes of Conduct marginalize labour unions? The case of Turkey's Garment Industry

112. **Armistead, Emily (2011)** The real Asda price: poverty and abuse in George's showcase factories

113. **Arthurs, Harry (1996)** Labor law without the state. University of Toronto Law Review, Canada

114. **Asia Floor Wage Campaign (01.05.2011)** Living Wage for all! Press Release. http://www.asi-afloorwage.org/documents/AFW%20May%20Day%202011%20COMMON%20PRESS%20RELEASE.pdf (Letzter Zugriff: 10.09.2011)
115. **Asda George (2011)** Doing the right thing 2011
116. **Barrientos, Stephanie; Smith, Sally (2006)** The ETI code of labour practice: Do workers really benefit? Institute of Development Studies, University of Sussex
117. **Barrientos, Stephanie and Sally Smith (2006)** Summary of an independent assessment for the Ethical Trading Initiative, The ETI code of labour practice: Do workers really benefit?
118. **Blackett, Adelle (2001)** Global governance, legal pluralism and the decentered state: a labor law critique of codes of corporate conduct. Indiana Journal of Global Legal Studies, USA
119. **Burckhardt, Gisela (Hg.) (2010)** Die Schönfärberei der Discounter, Klage gegen Lidl's irreführende Werbung, Wuppertal
120. **Clean Clothes Campaign (2008)** „Cashing In". Giant retailers purchasing practices and working conditions in the garment industry. Amsterdam
121. **Clean Clothes Campaign (2005)** Looking for a quick fix: How weak social auditing is keeping workers in sweatshops. Amsterdam
122. **Clean Clothes Campaign (2008c)** Die Hürden überwinden: Schritte zur Verbesserung von Löhnen und Arbeitsbedingungen in der globalen Sportbekleidungsindustrie, Münster
123. **CEC (2006)** Pallavia Mansingh, Priyanka Kumar, Study on social audits in Garment Industry in North India, Neu Delhi
124. **Clean Clothes Campaign (2005)** Looking for a Quick fix: How weak Social Auditing is keeping workers in Sweatshops. Amsterdam
125. **Christliche Initiative Romero (2011)** Vollständiges Interview mit Vertretern von hess natur. http://www.ci-romero.de/gruenemode_afw/
126. **Czubak, Bozena (2002)** Labour Law Developments in Hungary. In: South-East Europe Review for Labour and Social Affairs (03)
127. **Dager, Chris (2010)** GTZ-Asda/George Pilot Project: Productivity and Social Enhancement Project – Bangladesh. Unveröffentlichter Bericht
128. **Ethical Trading Initiative (2006)** The ETI code of labour practice: Do workers really benefit? London
129. Fair Labour Association (2010) Annual Report
130. Fair Wear Foundation, 2010 The Fair Wear Formula (http://fairwear.org/images/2010-04/thefairwearformula.pdf)
131. Falkner, Gerda; Treib, Oliver; Holzleithner, Elisabeth (2008) Compliance in the Enlarged European Union: Living Rights or Dead Letters? Burlington
132. Fédération Internationale des Ligues des Droits de l'homme (FIDH) (2008) Bangladesh. Labour rights in the supply chain and Corporate Social Responsibility, Paris
133. Forum Nachhaltig Wirtschaften (25.07.2011) Fabrik der Zukunft. Projekt von Otto und Mohammed Yunus in Bangladesch kommt nicht voran. http://www.nachhaltigwirtschaften.net/scripts/basics/eco-world/wirtschaft/basics.prg?a_no=4666 (Letzter Zugriff: 13.09.2011).
134. Freeman Richard B. and James L. Medoff (1984) What do unions do? New York, USA
135. Gallard, Amy (2010) As You Sow. Toward a Safe, just workplace: apparel supply chain compliance programs
136. Genisis Institute for Social Business and Impact Strategies (2011): Grameen Danone – VISION AWARD '09 für das erste Global Social Joint Venture http://www.visionsummit.org/award_grameendanone.html (Letzter Zugriff: 13.09.2011)
137. GTZ/PROGRESS o.D., Focuses on Compliance Issues, Dhaka
138. GTZ/PROGRESS, o.D. Fact sheet lean production in the RMG industry, Dhaka
139. GIZ/PSES, o.D. Fact sheet, Social Compliance Overview
140. GTZ/Ramboll (2010) Final report. Impact assessment of the public private partnership of

141. GTZ and Tchibo – WE project, Berlin
142. **Hartmann, Kathrin (2010)** Joghurt für die Welt. In: Enorm 2/2010
143. **Hartmann, Kathrin (2011)** Wo sind die Danone Ladies? In: Enorm 3/2011
144. **Hartmann, Kathrin (2012)** Wir müssen leider draußen bleiben. Die neue Armut in der Konsumgesellschaft, München
145. Held, David; Koenig-Archibugi, Mathias (Hg.) (2003) Taming Globalization: Frontiers of Governance. Cambridge Hewlett Packard (2010) Global Citizenship Report.
146. **Humberg, Kerstin (2011)** Poverty Reduction through Social Business? Lessons learnt from Grameen Joint Ventures in Bangladesh. München
147. **International Labour Office (2006)** Strategies and practice for labour inspection. GB. 297/ESP/3, Geneva **ICTI CARE Foundation (2011)** http://www.icti-care.org (letzter Zugriff: 17.09.2011)
148. **Jenkins, Rhys (2001)** Corporate Codes of Conduct; Self Regulation in a Global Economy. Geneva, Switzerland
149. **Kampagne für Saubere Kleidung (2008)** Wer bezahlt unsere Kleidung bei Lidl und KiK? Wuppertal
150. **Kampagne für Saubere Kleidung (2010)** http://www.sauberekleidung.de/ccc-70_archiv/ccc-71_archiv_eilaktionen.html
151. **Kelly, Annie (2007)** Who pays? The real cost of cheap school uniforms. ActionAid, London
152. **Labour Behind the Label (2011)** Revised Asia Floor Wage figures for 2011. http://www.labourbehindthelabel.org/campaigns/item/934-latest-asia-floor-wage-figures (Letzter Zugriff: 18.09.2011)
153. **Locke, Richard; Romis, Monica (2006)** Beyond Corporate Codes of Conduct. Massachusetts Institute of Technology, Sloan School of Management, USA
154. **Locke, Richard; Qin, Fei; Brause, Alberto (2006)** Does Monitoring Improve Labor Standards: Lessons from Nike, Corporate Social Responsibility Initiative. Sloan School of Management, Massachusetts Institute of Technology
155. **Locke, Richard; Distelhorst, Greg; Pal, Timea; Samel, Hiram (im Druck 2011a):** Production Goes Global, Standard Stay Local. Private Labor Regulation in the Global Electronics Industry
156. **Locke, Richard; Rissing, Ben; Pal, Timea (im Druck 2011b)** Public vs. Private Regulation and the Improvement of Labor Standards in Global Supply Chains
157. **Maher, S. and McMullen, A. (2011)** Let's clean up fashion, the state of pay behind the high street, Labour Behind the Label, Bristol
158. **makeITfair (2007)** Powering the mobile world. Cobalt production for batteries in the DR Congo and Zambia. Hrsg. Von SwedWatch, Stockholm
159. **makeITfair (2008)** Silenced to Deliver. Mobile phone manufacturing in China and the Philippines. Hrsg. von SOMO & SwedWatch, Amsterdam und Stockholm
160. **makeITfair (2009)** Mobile phone production in China. A follow-up report on two suppliers in Guangdong. Hrsg. von SOMO & SwedWatch, Amsterdam und Stockholm
161. **makeITfair (2009)** Playing with labour rights. Music player and game console manufacturing in China. Hrsg. von FinnWatch, SACOM & SOMO, Helsinki, Hong Kong und Amsterdam
162. **makeITfair (2010)** Voices from the inside. Local views on mining reform in Eastern DR Congo. Hrsg. Finnwatch & SwedWatch, Helsinki und Stockholm
163. **makeITfair (2011)** Game console and music player production in China. A follow-up report on four suppliers in Guangdong. Hrsg. von Finnwatch, SACOM & SOMO, Helsinki, Hong Kong und Amsterdam
164. **Mallin, Christine A. (2009)** Corporate Social Responsibility: A case study approach. Cheltenham, UK

165. **Otto Group (2011)** Otto Group und Grameen gründen ein modernes Social Business zur Produktion von Textilien – „Fabrik der Zukunft". http://www.ottogroup.com/de/medien/meldungen/otto-group-und-grameen.php (Letzter Zugriff: 12.09.2011)

166. **Reed Consulting/GTZ (2010)** A CSR Guide for Entrepreneurs and Factory Managers, Dhaka

167. **Ruggie, John (2011)** Guiding Principles on Business and Human Rights: Implementing the United Nations „Protect, Respect and Remedy" Framework

168. **Ruggie, John Gerard (2003)** Taking Embedded Liberalism Global.The Corporate Connection. In: Held, David; Koenig-Archibugi, Mathias (Hg.): Taming Globalization:

169. **SACOM (2011)** Shielding Labour Rights Violations in the ICT Certification System

170. **SACOM (2010 a)** Disney, Walmart and ICTI Together Make Workers' Rights Violations Normal and Sustainable

171. **SACOM (2010 b)** Tolerating Violations in the ICTI CARE Process (verfügbar unter http://www.sacom.hk)

172. **Südwind Institut (2007)** All die Textilschnäppchen – nur recht und billig, Siegburg

173. **Tchibo (2011)** http://www.we-socialquality.com (Letzter Zugriff: 10.10.2011)

174. **War on Want, Alam (2011)** Stitched up. Women workers in the Bangladeshi garment sector, London

175. **Welford, Richard (2011)** Responsibility in global supply chains – how far can a company be expected to go? Rede am 28. März 2011

Teil VI: Transparenz – Eine Voraussetzung für Unternehmensverantwortung und Teil VII Schlussfolgerungen und Vorschläge für Reformen

176. **Adidas Group (2011)** Performance ist das, was wirklich zählt. Nachhaltigkeitsbericht 2010. Herzogenaurach. http://www.adidas-group.com/de/SER2010/ (Letzter Zugriff am 06.10.2011)

177. **Adidas Group (2011a)** Stellungnahme zur GRI. http://www.adidas-group.com/de/sustainability/reporting/global_reporting_initiative/default.aspx (Letzter Zugriff am 06.10.2011)

178. **A4S (2009)** Connected Reporting. A practical guide with working examples. London The Prince's Accounting for Sustainability Project.

179. **Bergius, Susanne (2011)** Deutsche Börse lanciert Öko-Indizes. Handelsblatt vom 12.04.2011

180. **Burckhardt, Gisela (Hg) (2010)** Die Schönfärberei der Discounter. Klage gegen Lidl's irreführende Werbung. Wuppertal

181. **Burckhardt, Gisela (2012)** Soziale Indikatoren in Nachhaltigkeitsberichten- Freiwillig, verlässlich, gut? Studie im Auftrag der Friedrich Ebert Stiftung, WISO Diskurs

182. **Christliche Initiative Romero (2011)** Kampagne für Saubere Kleidung – Sport. http://www.ci-romero.de/ccc_sport/ (Letzter Zugriff: 05.09.2011)

183. **CorA (2013)** http://www.cora-netz.de/wp-content/uploads/2013/05/Positionspapier_Aktionsplan-Wirtsch+MR_2013-04_korr.pdf

184. **CorA (2013)** Stellungnahme zum Vorschlag der EU-Kommission zur Offenlegung von nichtfinanziellen Informationen durch Unternehmen http://www.cora-netz.de/wp-content/uploads/2013/05/CORA_Stellungnahme_EU-KOM_Offenlegung-nichtfinanzieller-Informationen_2013-05.pdf (letzter Zugriff: 2.6.2013)

185. **Directorate General for the Internal Market and Services (2011)** Summary report of the responses received to the public consultation on disclosure of non-financial information by companies, April 2011

186. **Dusch Silva, Sandra (2011)** Wege aus dem Labeldschungel. Christliche Initiative Romero (CIR), Münster
187. **EFFAS/DVFA (2010):** KPIs for ESG. A Guideline for the Integration of ESG into Financial Analysis and Corporate Valuation. Version 3.0 as of 2010-09-20. Frankfurt am Main
188. **EU Kommission (2011)** Eine neue EU-Strategie (2011-14) für die soziale Verantwortung der Unternehmen (CSR), Brüssel, 25.10.2011 (KOM(2011) 681endgültig http://ec.europa.eu/enterprise/newsroom/cf/_getdocument.cfm?doc_id=7008
189. **Europäische Kommission (2013)** Proposal for a Directive of the European Parliament and of the Council amending Council Directives 78/660/EEC and 83/349/EEC as regards disclosure of nonfinancial and diversity information by certain large companies and groups – COM(2013) 207 final, Strasboug, 16.4.2013
190. **Europäisches Parlament (2003)** Richtlinie 2003/51/EG des Europäischen Parlaments und des Rates vom 18. Juni 2003
191. **Evangelischer Entwicklungsdienst (Hg) (2010)** Sozialstandards und Strategien zur Armutsminderung im Baumwollsektor. Fairtrade und Cotton made in Africa im Vergleich. Bonn
192. **Greenpeace Magazin (2011)** Der Klima-Lügendetektor. http://www.klima-luegendetektor.de/2011/05/25/ (Letzter Zugriff: 05.09.2011)
193. **GRI (o. J.)** External Assurance. GRI and external assurance. http://www.globalreporting.org/ReportingFramework/ApplicationLevels/ExternalAssurance.htm (Letzter Zugriff am 06.10.2011)
194. **GRI (o. J.)** G4 Developments. http://www.globalreporting.org/CurrentPriorities/G4Developments/ (Letzter Zugriff am 14.09.2011)
195. **Hesse, Axel (2010)** SD-KPI Standard 2010 – 2014. Sustainable Development Key Performance Indicators (SD-KPIs). Mindestberichtsanforderung für bedeutende Nachhaltigkeitsinformationen in Lageberichten von 68 Branchen. Version 1.2. Münster
196. **Hopwood, Anthony G./Unerman, Jeffrey/Fries, Jessica (Hg.) (2010)** Accounting for Sustainability. Practical Insights. London, Washington, DC
197. **IIRC (2011a)** Integrated reporting, http://www.theiirc.org/about/aboutwhy-do-we-need-the-iirc (Letzter Zugriff:18.10.2011)
198. **IIRC (2011b)** Towards Integrated Reporting. Communicating Value in the 21st Century
199. **Institute for Human Rights and Business (2011)** The "State of Play" of Human Rights Due Diligence. London
200. **Kompass Nachhaltigkeit (2011)** Willkommen beim Kompass Nachhaltigkeit. http://www.kompass-nachhaltigkeit.de/ (Letzter Zugriff: 05.09.2011)
201. **KPMG (2011)** Studie: Wie sieht der typische Wirtschaftskriminelle aus? http://www.controllingportal.de Compliance benchmark (letzter Zugriff: 17.10.2011)
202. **Maquila Solidarity Network (MSN) (2007)** The next generation of CSR reporting. Will better reporting result in better working conditions?
203. **Maquila Solidarity Network (Hg) (2008)** Who's got the Universal Code? Toronto
204. **Maquila Solidarity Network (MSN) (2011)** Can CSR ratings help improve labour practices in global supply chains? http://en.maquilasolidarity.org/node/1010
205. **Otto Group Trendstudie (2011)** zum ethischen Konsum, Verbrauchervertrauen http://www.ottogroup.com/media/docs/de/studien/Otto-Group-Trendstudie-2011-Verbauchervertrauen.pdf
206. **PUMA AG (2011)** Geschäfts- und Nachhaltigkeitsbericht 2010. Herzogenaurach. http://ir2.flife.de/data/puma/igb_html/index.php?bericht_id=1000004&lang=DEU
207. **Puma AG (2012)** Clever Little Report, Geschäfts- und Nachhaltigkeitsbericht 2011. http://www.puma-annual-report.com/en/PUMAGeschaeftsbericht2011_DEU.pdf
208. **Spiegel (2011)** Vorwürfe gegen den WWF. http://www.spiegel.de/wissenschaft/natur/0,1518,770184,00.html (Letzter Zugriff: 05.09.2011).

209. **Stiftung Warentest (2009)** Harte Arbeit, wenig Geld. http://www.test.de/themen/bildung-soziales/test/Laufschuhe-CSR-Harte-Arbeit-wenig-Geld-1781959-1778952/ (Letzter Zugriff: 05.09.2011)

210. **Stiftung Warentest (2010)** CSR. 20 Anbieter von Damen-T-Shirts im Test. http://www.test.de/themen/freizeit-reise/test/T-Shirts-Unternehmensverantwortung-Nur-einer-stark-enga-giert-4118781-4121992/ (Letzter Zugriff: 05.09.2011)

211. **TÜV Rheinland (2011)** Verifizierungsstatement. Bescheinigung über eine unabhängige be-triebswirtschaftliche Prüfung http://www.tuv.com/de/geschaeftsbericht/nachhaltigkeit_1/veri-fizierungsstatement/verifizierungsstatement.jsp (Letzter Zugriff am 06.10.2011)

212. **UNCTAD (2008)** Guidance on Corporate Responsibility Indicators in Annual Reports. New York, Genf: United Nations Publication

213. **Utopia (2011)** Alle Einkaufstipps. http://www.utopia.de/produktguide/alle-einkaufstipps (Letzter Zugriff: 05.09.2011)

The manufacturer's authorised representative in the EU is Springer
Nature Customer Service Centre GmbH, Europaplatz 3, 69115 Heidelberg,
Germany. If you have any concerns regarding our products, please
contact ProductSafety@springernature.com

Printed and bound by CPI Group (UK) Ltd, Croydon, CR0 4YY

27/04/2026

02097658-0009